U0616728

基金项目：山东科技大学人才引进科研启动基金项目资助（2014RCJJ025）

铁路运营管理技术体系研究

TIELU YUNYING GUANLI
JISHU TIXI YANJIU

张嘉敏○著

西南交通大学出版社
·成 都·

内 容 简 介

本书是由山东科技大学人才引进科研启动基金项目（2014RCJJ025）资助完成的。关于铁路客运产品设计，本书首先分析了铁路旅客运输环境的结构特性，在此基础上提出了基于 ABMS 的铁路客运专线网核心产品结构设计方案，并研究了基于 IPxy 模型的青荣城际铁路列车开行方案，分析了高速铁路换乘延误管理的问题及列车运行调整问题，初步探讨了基于行业属性的铁路经营管理方略。作为铁路运营管理的组成部分，本书研究了高速铁路能力计算与评估的理论和方法，也研究了以铁路为核心的货运服务供应链设计策略，以及固定数量条件下动车组的优化运用方案。

图书在版编目（ＣＩＰ）数据

铁路运营管理技术体系研究 / 张嘉敏著. —成都：
西南交通大学出版社，2015.11
ISBN 978-7-5643-4305-7

Ⅰ. ①铁… Ⅱ. ①张… Ⅲ. ①铁路运输 – 运营管理 –
研究 – 中国 Ⅳ. ①F532.6

中国版本图书馆 CIP 数据核字（2015）第 222808 号

铁路运营管理技术体系研究	张嘉敏 著	责任编辑　周　杨 封面设计　何东琳设计工作室

印张 12.75　　**字数** 319千	**出版 发行**　西南交通大学出版社
成品尺寸　185 mm×260 mm	**网址**　http://www.xnjdcbs.com
版本　2015年11月第1版	**地址**　四川省成都市金牛区交大路146号
印次　2015年11月第1次	**邮政编码**　610031
印刷　成都蓉军广告印务有限责任公司	**发行部电话**　028-87600564　028-87600533
书号: ISBN 978-7-5643-4305-7	**定价:** 49.00元

前　言

铁路运输系统的技术经济特性符合"资源节约型、环境友好型"的科学发展理念，在综合交通运输体系中一直占据着主导地位，在国家最新提出的"一带一路"国内国际经济战略布局中还将继续发挥重要作用。从 1997 年第一次提速开始，我国铁路经历了全国范围内的六次大提速，2007 年第六次大提速推出了速度为 200 km/h 等级动车组这一崭新的技术装备，全面提高了全路的运输能力和运输效益，中国铁路的硬件物理设施已初具规模，路网结构不断优化，路网质量明显提升，客货运装备现代化水平显著提高。按照《国家中长期铁路网规划》所提出的发展目标，到 2020 年，全国铁路营业里程达到 12 万 km 以上，复线率和电化率分别达到 50%和 60%以上，主要繁忙干线实现客货分线，基本形成布局合理、结构清晰、功能完善、衔接顺畅的铁路网络，运输能力满足国民经济和社会发展需要，主要技术装备达到或接近国际先进水平。截至 2014 年年底，我国铁路营业里程达 11.2 万 km，其中高速铁路 1.6 万 km，四纵四横的高速铁路客运专线网已初具规模。

在铁路固定基础设施的"质"和"量"日益提高的同时，铁路交通运输业的内外部环境也随之发生着变化，2013 年中国铁路的经营管理经历了"大部制"改革——撤销铁道部，成立国家铁路局和中国铁路总公司，其中国家铁路局并入交通运输部，以适应大部制一体化的交通运输发展格局。在铁路运输系统新的背景环境下，从两相适应的角度考虑，对与之相辅相成的铁路客运产品规划设计、高速铁路能力计算与评估等铁路运营管理技术体系自然也提出了新的研究课题。本书以中国铁路及高速铁路为主要研究对象，针对其速度高、密度大、距离长、跨线列车多、运量大、可持续等技术经济特点，围绕铁路运营管理的关键技术体系开展深入研究探索，使铁路系统可以以更加优质的服务满足多样性的客货运输需求，具有一定的理论研究意义和现实应用价值。

关于铁路客运产品设计，本书首先分析了铁路旅客运输环境的结构特性，在此基础上提出了基于 ABMS 的铁路客运专线网核心产品结构设计方案，并研究了基于 IP_{xy} 模型的青荣城际铁路列车开行方案，分析了高速铁路换乘延误管理的问题及列车运行调整问题，初步探讨了基于行业属性的铁路经营管理方略。作为铁路运营管理的组成部分，本书也研究了以铁路为核心的货运服务供应链设计策略，以及固定数量条件下动车组的优化运用方案等问题。关于高速铁路能力计算与评估，本书主要研究工作为：

（1）提出了铁路能力计算与评估衡量的新标准。

（2）高速铁路能力计算与评估相关基础时间项的研究总结。

（3）混合类型条件下高速铁路列车运行计划的综合平衡分析。

（4）高速铁路能力计算与评估方法研究及案例应用。

①高速铁路车站能力计算与评估方法研究及案例应用。

②高速铁路线路能力计算与评估方法研究及案例应用。

③高速铁路路网能力计算与评估。

本书的出版得到了山东科技大学人才引进科研启动基金项目（2014RCJJ025）的资助，在此深表谢意！

张嘉敏

2015 年 6 月于山东青岛

目　　录

第一章 绪 论

第一节 铁路运营管理之客运产品设计

按照《国家中长期铁路网规划》所提出的发展目标，到 2020 年，全国铁路运营里程达到 12 万 km 以上，复线率和电化率分别达到 50%和 60%以上，主要繁忙干线实现客货分线，基本形成布局合理、结构清晰、功能完善、衔接顺畅的铁路网络，运输能力满足国民经济和社会发展需要，主要技术装备达到或接近国际先进水平。在铁路固定基础设施的"质"和"量"日益提升的同时，铁路交通运输业的内外部环境也随之发生了变化。这样从两相适应的角度考虑，对与之相辅相成的铁路客运产品规划设计、能力计算与评估等铁路运营管理技术体系自然也提出了新的研究课题。本书将在既有相关研究成果的基础上，以中国铁路及高速铁路为主要核心研究对象，针对其速度高、密度大、距离长、跨线列车多、可持续性等技术经济特点，围绕其运营管理的关键技术体系开展深入探索，并规划设计满足客户个性化需求的、适合市场变化的、柔性化的铁路客运产品，使铁路运输业以优质服务满足多样性的旅客出行需求，具有一定的理论研究意义和现实应用价值。客运产品设计关系到客运需求的满足程度和运输资源的利用程度，是铁路客运组织的关键环节，设计过程就是将旅客的需求总和转化为目标产品的技术特性。从不同角度研究铁路客运产品设计，主要涉及宏观战略层的客运产品结构优化、中观策略层的旅客列车开行方案优化、微观操作层的旅客列车运行图优化等几个层面。

根据日本、法国、德国等国家多年的运营实践表明，高速铁路具有对密集城市带旅客出行需求的强大适应性、能够拉动社会经济发展、改善人们生活质量等技术经济优势。世界范围内已掀起了高速铁路规划与建设的热潮，例如西班牙、意大利、俄罗斯、澳大利亚、韩国等正大力修建其本国的高速铁路，而美国、巴西、沙特等许多国家也开始筹划高速铁路的建设工作，中国的政府高层也在积极推行高速铁路外交策略。我国在 2004 年年初就已经规划了全国高速铁路网的宏伟蓝图，以缓解我国既有铁路运能难以满足运量需求的矛盾以及客货混跑争能的矛盾，并能够在推动工业化与城镇化发展、缩短人们出行的时空距离、带动产业结构优化升级等方面实现广泛的社会效益。

我国高速铁路网规划呈现出总体规模大、与既有线联系紧密、点多、线长、面广、分期分线快速集中建设、各条线路运营条件不同等特点，在客流特征上则呈现出区域间客流交流量不均衡、旅客出行需求层次多、平均运距长、客流波动大等特点。这些因素共同造就了高速铁路独特的运营环境，现今的既有线和任何一个国家高速铁路的运营管理方式都不能完全适应这种新的运营环境，相关运营管理技术亟待研究。

我国铁路经过多年的运营实践，在既有线旅客列车开行方案编制方面已形成较多的研究成果。王甦男（2003）系统描述了现阶段既有铁路旅客列车开行方案的编制方法。徐琳（2001）提出从列车开行径路方面优化旅客列车开行方案，并运用层次分析法对最佳开行径路问题进行了层次化分析。徐瑞华等（2005）通过分析客运专线列车开行方案的特性及其确定过程，提出了通过车流合并来确定和优化列车开行方案的方法。兰淑梅（2002）在分析日本新干线运营经验的基础上，结合我国铁路的实际情况，对未来的京沪高速铁路中有关旅客运量的分解、列车的停站方案、运行图的铺画格式、高速动车组的运用方式等进行了初步研究。胡思继（1995）通过对京沪线实际客流和现行旅客快车开行方案结构的深入分析，提出了"跨线客流与本线客流各占 50%左右，跨线旅客快车开行对数约占 2/3，本线旅客快车开行对数约占 1/3"的结论。闫海峰（2007，2008）指出旅客列车开行方案的形成一般要经历 3 个阶段，即 OD 客流的生成与分析、列车开行方案编制与优化、旅客列车方案运行图编制三个阶段。徐行方（2008）基于对城际客运市场的调查分析，探讨了城际列车的种类及其承担客流比率等客运产品设计的基本问题，提出了分层次地确定开行方案的新模型。彭其渊（2007）对客运专线车站布局、运输组织模式、列车运行计划、动车组运用、旅客列车开行方案等内容进行了系统的研究。史峰（2004，2007）在既有旅客列车开行方案研究的基础上，基于客运专线和高速铁路建设路网发展规划，通过抽象归纳制定开行方案的经验，从铁路运输企业和旅客两方面的利益出发建立了客运专线相关旅客列车开行方案的多目标优化模型，从客运专线网的角度对客车开行方案进行了优化。查伟雄（2000）采用定量和定性分析相结合的办法，根据路网旅客 OD 流量，以方便旅客出行为目标，将直通旅客列车开行方案的编制问题归结为二分图的最大权匹配问题。叶怀珍（2009）定性地提出编制列车开行方案时应该注意的适用原则。王喆等（2006）分析传统最短路算法的不足，提出利用遗传算法求解网中任意两点间的 K 条最优列车运行路径，并进行仿真计算。何宇强等（2006）首先提出旅客出行方便度的概念，并研究不同时段旅客出行的方便度，绘制方便度曲线，然后分析不同类型列车的客流平衡条件，建立不同类型列车的广义费用函数。汪波等（2007）针对城际铁路的客流性质、承担的运输任务以及提供给旅客的服务水平都对铁路既有线有不同的具体需求的现象，提出制定开行方案应考虑以周期运行图为特征的运输组织模式。邓连波等（2006）通过对旅客运输组织和设备运用现行指标进行分析，综合建立列车开行方案的周转量指标、速度指标、客车运用指标。

国外研究中普遍体现出分阶段、分层次处理众多影响因素并将其进行有机合成的思想。Wegel（1974）根据列车定员数据，计算每个区段可以满足客流需求的列车服务频率，建立目标函数为旅客最大化的模型，并以区段列车开行数量的限制作为约束条件，算法开始于每个区段开行一列列车的一个初始基本方案。Dienst（1974）在 Wegel 的研究基础上引入了分支-定界（branch-and-band）的求解方法。Simonis（1980）通过不断循环迭代逐列地加入列车数据，连续地计算路网中的最短路。Assad（1980，1981）指出开行方案的制定和优化过程是一个具有层次结构的优化问题。Michael R. Biissieck（2004）是较早研究周期运行模式下旅客列车开行方案的学者，他将列车开行方案的基础定义为列车线路方案；列车开行决定了一个时间周期内，连接始发站和终到站的列车数量，以列车服务频率作为模型计算的导出量，以直达旅客人数最大化为目标建立了模型，该目标也等同于旅客换乘总次数最少化，研究了成本最优的旅客列车开行方案，将成本优化的列车开行方案问题定义为以最少的成本设计出一个可行的列车开行方案，问题属性为强 NP-hard 问题。J.W.H.M.Goossens（2002）从运营商的角度，以最小化运营费用即最小化列车开行费用为目标建立模型，引入了多种模型解决同一线路被用于不同停站方式的问题。Katja Boos（2002）介绍了两种不同生成列车开行方案的模型，其中模型的建立分别基于直达旅客数量最大化和成本最优化的列车线路分配方案。

关于铁路客运产品设计，本书首先分析了铁路旅客运输环境的结构特性，在此基础上提出了基于 ABMS 的铁路客运专线网核心产品结构设计方案，并研究了基于 IP_{xy} 模型的青荣城际铁路列车开行方案，此外分析了高速铁路换乘延误管理的问题及列车运行调整问题，初步探讨了基于行业属性的铁路经营管理方略。作为铁路运营管理的组成部分，本书也研究了以铁路为核心的货运服务供应链设计策略，以及固定数量条件下动车组的优化运用方案等问题。

第二节　高速铁路能力计算与评估

铁路能力不仅是运输资源配置的基本条件，也是评价资源运用状况的重要指标。铁路能力计算与评估是一个比较经典的研究课题，具有一定的学术研究意义及实践应用价值。本书旨在对国内外关于铁路能力计算与评估的理论与方法的主要发展脉络及发展趋势进行系统的分析评述；针对能力计算准确性不尽如人意的现实问题，充分把握铁路能力的动态性和不确定性等特征，从基础设施物理拓扑结构——旅客市场需求——时刻表规划的角度提出高速铁路列车服务-需求意向集合，以完成给定时间内列车服务-需求意向集合（train service-demand intention set，TSDIS）所需占用基础设施时间为目标更新能力的衡量标准，构建时刻表规划阶段无运行图条件下高速铁路车站节点、线路和路网的能力计算与评估框架体系，提出相应的能力计算与评估的策略和方法，并给出具体的算法与案例应用，探讨在经过优化的使用方式下高速铁路基础设施能力计算与评估之理论和方法。

从学术意义上，铁路能力计算与评估是一个比较经典的研究课题；在铁路运输实践中，能力计算与评估亦是铁路系统运营规划与管理的一个必备前提。铁路运输能力不仅是运力资源分配的基本条件，也是对于运力资源使用情况进行评价的一项重要指标集。中国既有传统铁路通常利用扣除系数法及其改进方法来计算能力，用这种方法计算得到的能力是最大理论能力；但由于以货运为主要服务对象的既有传统铁路的能力计算是以充分发挥铁路运输设备效能为出发点，致使过去计算能力时过于强调列车数而忽略了其他与运输服务质量相关的一些约束条件，比如列车运行过程中的平均速度、列车的异质性、时刻表的稳定性以及铁路网络效应的影响。然而，铁路能力（特别是高速铁路能力）恰恰是在这些因素作用影响下的综合平衡的结果。

能力研究的目的旨在从总体及各环节、各要素上把握运输能力，以指导运输组织生产实践，合理而有效地利用能力。为解决这些问题，优化高速铁路运力资源配置，指导高速铁路列车运营组织的实践，在高速铁路基础设施建设完成后，有必要从时刻表规划的角度出发去充分把握能力的动态性与不确定性。本书系统的分析评述国内外关于铁路能力计算与评估的理论与方法，并把握主要发展脉络及发展趋势；针对能力计算准确性不尽如人意的现实问题，充分把握铁路能力的动态性和不确定性等特征，从基础设施物理拓扑结构——旅客市场需求——时刻表规划角度提出高速铁路列车服务-需求意向集合，以完成给定时间内列车服务-需求意向集合（TSDIS）所需占用基础设施时间作为目标更新能力的衡量标准，构建时刻表规划阶段无运行图条件下高速铁路车站节点、线路和路网的能力计算与评估框架体系，提出相应的能力计算与评估的策略和方法，并给出具体的算法与案例应用，探讨在优化的使用方式下高速铁路基础设施能力计算与评估之理论与方法。以更加科学的方式定义中国高速铁路能力计算与评估的衡量标准，通过深入研究铁路能力计算与评估的理论与方法，为中国高速铁路构建一个能力计算与评估的框架体系，并提出点、线和基于点线协调的高速铁路能力计算与评估技术，这不仅对于车站、线路的能力计算与评估及路网的瓶颈识别是必不可少的，而且对于高速铁路基础设施（高速铁路基础设施的能力设计、高速铁路基础设施的能力利用评估）和高速铁路运行管理（确定特定服务需求、服务质量下所需的基础设施配置，为编制列车运行计划、列车开行方案提供能力约束）也将具有极为深远的意义。

关于高速铁路能力计算与评估，本书主要研究工作与创新点归纳总结如下：

一、提出了铁路能力计算与评估衡量的新标准。

本书根据能力的动态性和不确定性特征，依据高速铁路车站、线路、路网特点及其所服务的客流特征，结合不同时段作业要求，探讨从基础设施物理拓扑结构——旅客市场需求——时刻表规划角度定义高速铁路列车服务-需求意向集合（TSDIS），以完成特定的列车服务-需求意向集合（TSDIS）所需的基础设施占用时间作为衡量高速铁路能力的新标准。基于不同场景与条件，将高速铁路能力划分为基础能力、现实能力和可开发能力。

二、高速铁路能力计算与评估相关基础时间项的研究总结。

铁路基础设施能力的影响因素众多，但大多影响最终都体现在时间维上；从微观角度应用牛顿动力学分析列车运行过程中可能得到的各项时间的精确值，从数学意义上分析，铁路能力的计算要兼顾到这种微观的精确性。在时间维，铁路运输系统是一个灰色系统，各项作业时间带有一定的模糊性；在空间维，铁路基础设施各子系统作业之间要有一定的协调匹配性；铁路能力的评估要兼顾到这种模糊性与协调匹配性。基于此，本书在进行铁路基础设施能力计算与评估时，分析了列车运行的静态描述与动态过程，总结分析了闭塞时间与基础设施占用时间、间隔时间与最小间隔时间、缓冲时间及维修时间，并为了改变目前铁路能力的单纯刚性计算而加入柔性分析，从而提高能力计算与评估结果的可信度与准确性。在此基础上，提出了以"时间"作为高速铁路能力计算与评估的新衡量标准。

三、混合类型条件下高速铁路列车运行计划的综合平衡分析。

列车运行计划决定了铁路基础设施的使用方式，本书研究了在混合交通流条件下列车数、平均速度、稳定性、异质性及其相互影响关系，提出了 Pareto 最优状态下列车运行计划的综合平衡思想，以 Pareto 最优条件下的异质性数值作为铁路能力计算与评估、列车运行计划编制与评价的基本标准依据。

四、高速铁路能力计算与评估方法研究及案例应用。

根据客流时空分布规律，从客流市场需求的角度，基于一定的服务质量要求，构建了一定服务质量条件下的高速铁路能力计算与评估体系。

（一）高速铁路车站能力计算与评估方法研究及案例应用

根据高速铁路车站自身特点及其所服务的客流特征，结合不同时段作业要求，定义并构建各时段特定场景的列车服务-需求意向集合 t@s-tsdis，总结分析了几种高速铁路车站能力计算与评估策略，并提出总体层-局部层的双层模型体系来计算与评估高速铁路车站能力。对某高速铁路车站 BJSS，运用双层模型体系，在总体层得出了某时段 BJSS 站 t@s-tsdis 任务列表中列车占用车站股道的优化时序，并通过局部层的检验最终得出完成 BJSS 站 t@s-tsdis 任务列表所需的时间（即 BJSS 站的时段能力），并指出 BJSS 站能力的瓶颈所在。

（二）高速铁路线路能力计算与评估方法研究及案例应用

依据 UIC406 能力手册，将列车数、平均速度、异质性及稳定性作为能力使用的核心元素，定义了高速铁路线路列车服务-需求意向集 t@l-tsdis，兼顾运输服务质量与铁路运营效益，构建多目标（最小化异质性、最大化可靠性、最小化运行时间）优化的高速铁路线路能力计算与评估模型（mathematical program for line capacity，MPLC），给出了 MPLC 以问题为导向的带约束的多目标滚动优化的模型求解算法（改进的 Pareto 存档进化策略与交互法相结合），并将模型与算法应用于京沪高速铁路线路能力计算与评估。我国高速铁路线路可分为城际型、通道型、网络末端型，本书提出的高速铁路线路能力计算与评估的模型与算法不仅适用于京沪线这种通道型的，也同样适用于城际型及网络末端型高速铁路线路的能力计算与评估。

（三）高速铁路路网能力计算与评估

在探讨了高速铁路列车服务网络设计问题，分析了网络化条件下轨道交通系统的能力的前提下，提出了高速铁路网络服务质量框架体系及高速铁路网络能力计算与评估的基本思路，并针对高速铁路网是一个多级递阶控制系统的特点，分析了高速铁路的网络效应。

第二章 铁路旅客运输环境结构特性分析

第一节 铁路旅客出行需求特性分析

旅客运输需求是指在一定时期内和一定价格水平下，旅客社会经济生活在旅客空间位移方面所提出的具有支付能力的需要。通道或区域内客运需求的影响因素主要包括社会经济发展水平及城市化水平、人口数量及结构、人均收入水平、综合交通的发展水平和客运产品的价格等。旅客运输市场的划分见表 2.1。我国铁路旅客运输市场总量大，受地域影响，旅客平均运距大，客流流向分散、分布不均衡。按出行目的划分，我国既有传统铁路客流成分主要有公务、商务、旅游、学生、农民工出行等几部分。在某些时期各种客流会大量叠加，比如春运、暑运、黄金周等，而从需求偏好属性上看更注重安全性、经济性、可达性，且对票价敏感性较高。

表 2.1 旅客运输市场划分

划分依据	划分类别	具体描述
运输距离	长途客运市场	运输距离在 1 200 km 以上，铁路具有票价优势
	中长途客运市场	运输距离为 300～1 200 km，铁路占主导地位
	短途客运市场	运输距离在 300 km 以内，铁路具有一定竞争力
客流性质	学生客运市场	寒暑假期间的往返高峰
	农民工客运市场	春节前后往返高峰
	商务客运市场	经常性商务公务往返
	旅游、日常通勤客运市场	旅游、通勤客流的往返
服务区域	城际客运市场	远距离城市间的商业、通勤乘客往来
	城郊客运市场	城市与城郊的通勤往来
	城间客运市场	大城市之间的商业、经济、旅游等客流服务
	跨国客运市场	服务跨越国境线的乘客

自 1997 年以来随着铁路列车六次大提速、高速铁路客运专线、城际铁路的开通运营，路网结构与路网质量得到优化提升；但客流需求压力大，在产品多样化、能力短缺等方面竞争力不足现象仍然明显。铁路客流呈现时间性、方向性的不均衡分布特征，如波动性（寒暑假、春运、农忙、双休日、小长假）、刚性需求（如公务、商务、务工等出行）、地域性（绝大部分铁路局管内客流比例显著大于其直通客流比例，如据齐致源（2014）调查研究表明，呼铁局直通管内比例是 38∶62，且直通客流主要以京沪、西南方向及北京地区为主，春暑运时东北方向能力紧张，管内、直通客流均呈现出一定的地域性）。高速铁路客运专线建成后，铁路通道内客流主要有高速铁路客运专线本线客流、高速铁路客运专线跨线客流、既有线客流、高峰期客流等。在网络化条件下，铁路会诱增更多的跨线长途客流，旅客的出行距离会更远；

与既有线相比，高速铁路客流吸引范围更大。特别是高速铁路运营线路长，客流需求特征在沿线地区乘降区间、运行速度、价格、服务质量以及客流所处的阶层等方面存在很大的差异；高速列车动车组运行时间长，站间距离大，每列车内的旅客对高速铁路运行中服务需求存在很大的差异。从需求偏好属性上看，高速铁路旅客时间价值高，对安全性、快速性、准时性、方便性、舒适性有较高的要求。

一、铁路旅客出行距离与出行时间

旅客的出行距离对旅客的交通行为有着很大的影响，也是各种客运交通方式优势互补、协调配合的根本着眼点。在高速铁路未发展时的西欧，铁路客运的最优距离为 600 km，铁路的优势竞争旅行时间在 8 h 左右，小汽车在 500 km 以内优于铁路，公路的优势竞争旅行时间在 3 ~ 4 h 以内，运距在 600 km 以上时最受欢迎的交通方式为航空。据杜春江（2007）对哈尔滨铁路局管内旅客出行调查结果分析，铁路旅客能够承受的心理旅行距离为 200 ~ 1 500 km，最受旅客认可的旅行距离是 200 ~ 500 km，比重达 46.5%，其中哈尔滨铁路局管内哈尔滨-齐齐哈尔（约 288 km）、哈尔滨-牡丹江（约 355 km）、哈尔滨-佳木斯（约 507 km）是最受旅客认同的产品，29.8% 的旅客认同旅行距离为 500 ~ 1 500 km；最受动车组旅客认可的理想旅行距离是 500 ~ 1 500 km，比重达 41.1%，如哈尔滨—沈阳（约 546 km）、哈尔滨—北京（约 1 249 km），41.1% 的旅客认为动车组旅行距离 500 ~ 1 500 km 较合适，37.1% 的旅客认为动车组旅行距离 200 ~ 500 km 较合适。根据人机工程学的研究成果，一般当旅行时间超过 6 h 便会引起人的疲劳。杜春江（2007）的调查研究也表明，铁路旅客能够承受的心理旅行时间为 2 ~ 12 h，在 200 ~ 1 500 km 这一距离区段铁路客运的优势竞争心理旅行时间为 2 ~ 5 h（44.4% 的旅客认同），被认为是铁路最佳旅行时间，29% 的旅客认同 5 ~ 12 h，但是当旅行时间超过 5 h，旅客的承受能力开始变差，超过 12 h 以后，旅客的承受能力急剧降低。其分析得出的结论认为如果列车能够保证 120 ~ 160 km/h 的运行速度，辅之以合理的到发时间和列车密度，那么铁路具有非常明显的市场竞争优势，并建议集中发展旅行时间 10 h 以内的旅客运输。

旅客运输市场可按照旅客行程、旅客对旅行条件的要求、运行径路、地理位置、流向分布、旅客出行目的等进行细分。陈章明，戴晓峰（2009）以 300 km/h 高速列车运行时间为标准，将铁路旅客运输市场细分为通勤流、近程城际流、远程城际流、夕发朝至流、一日到达流五个子市场。贾俊芳（2013）综合考虑出行距离和旅行时间，通过将运行时间按高铁最高运行时速 300 km/h 乘以 0.8 除以运行里程近似得到，将客运市场划分为短途、中途、中长途、长途 4 个子市场。综合既有相关研究，根据旅行距离与旅行时间，细分快速铁路客运市场如表 2.2 所示。相关研究表明，运距小于 700 km 市场，高速铁路与航空相比具有较强的竞争优势；运距在 700 ~ 1 000 km 市场，是高速铁路与航空竞争的重要市场；运距大于 1 000 km 市场，航空具有较强的竞争优势；不同速度等级的高速列车有其各自的优势距离（速度 210 km/h 的优势距离为 300 ~ 500 km，速度 250 km/h 的优势距离为 250 ~ 700 km，速度 300 km/h 的优势距离为 200 ~ 950 km）。铁路企业在进行客运产品设计时，需要秉承突出市场竞争优势的原则，进行客运市场细分，找准优势距离，这样才有利于自身竞争优势的发挥。

表 2.2   快速铁路客运市场细分

序号	细分市场类型	旅行时间（h）	旅行距离（km）	市场特点
1	短途流	<1.5	<300	大部分为通勤客流，客运产品主要竞争对手为既有铁路、公路，竞争重点更多在于费用、方便、服务等软因素
2	中途流	1.5～3	300～800	大部分为近程城际流，客运产品与既有铁路、公路竞争激烈，快速铁路可以实现"朝发夕归"，具有相对竞争优势
3	中长途流	3～5	800～1 500	大部分为近程城际流、远程城际流，客运产品与既有铁路、公路相比，在旅行时间上具有竞争优势；与航空相比，在价格、服务上具有竞争优势
4	长途流	5～8	1 500～2 000	大部分为远程城际流、夕发朝至流，客运产品与航空相比，旅行总耗时接近，但在价格、服务上具有竞争优势
5	超长途流	>8	>2 000	大部分为夕发朝至流、一日到达流，客运产品与航空相比，航空的竞争优势为旅行时间；若开行卧铺动车组，快速铁路也可实现"夕发朝至"，虽然其费用可能与航空持平，但由于可以充分利用夜间旅行，会有一定竞争优势

二、铁路客运服务质量的衡量指标

旅客运输服务产品的特性包括安全性、快速性、经济性、准时性、方便性、舒适性等几方面，不同运输产品的质量技术特性存在客观区别，对旅客的吸引程度也不同；因此应确立以旅客运输需求为导向的经营管理和运输组织原则，充分考虑到旅客需求的动态性、多样性特点，规划设计满足客户个性化需求的、适合市场变化的、柔性化的铁路客运产品。铁路旅客需求行为主要反映为要求铁路客运产品具有安全、及时、便捷、经济、舒适等方面的特性，这也是决定旅客选择交通方式的因素，铁路客运产品的质量属性或衡量标准可以概括为安全性、舒适性、快速性、便捷性、准时性、经济性几个方面，其中安全性主要包括列车运行秩序，治安秩序；舒适性主要包括到发时刻、时长，列车等级，服务质量，设备设施；快速性主要包括开行区间及停站，到发时刻、时长，列车等级；便捷性主要包括可达性（开行区间、停站），中转换乘接续，开行频率，购票、行包托运、提取等增值性附加服务的便利程度，是旅客选择出行客运产品的重要条件；准时性主要包括能否遵守规定的时刻按时到达、出发，决定了旅客出行时间点是否有保障；经济性主要包括列车等级，设备设施，服务质量，定价策略，时间成本等方面。据李明生（2005）调查分析结果显示，旅客运输需求行为首选为安全的占 56.2%，首选为时间的占 17.3%，首选为经济的占 13.0%，首选为买票的占 5.6%，首选为班次的占 2.9%，首选为舒适的占 2.9%，首选为服务的占 2.1%；如果把买票和班次归属为便捷，则首选便捷的占 8.5%；如果把服务并于舒适，则首选舒适的占 5%。

不同出行目的的旅客对铁路客运服务质量要求的侧重点不尽相同，出差的旅客属公费旅行，对经济性的需求会弱一些，对舒适性、快速性、便捷性的需求会强烈一些；自费出行的一般旅客对经济性的需求往往是比较强烈的。根据 1997 年某项（刘卫果，1998）以铁路旅客列车为主、兼顾车站的全国铁路客运市场调查结果显示，几个指标的重要性权值分别为：安全性 1.44，舒适性 0.97，便捷性 0.99，快速性为 0.97，准时性 1.00。随着社会经济的发展，旅客对舒适性、快速性、便捷性等的需求将逐步弱化对经济性的需求，但这几个指标的提高均是以经济性的降低为前提的，而普通旅客的购买力是有限的，因而其对经济性的要求也是不可避免的。据研究，短途客流对服务频率非常敏感。可靠性、安全性、快速性、方便性、舒适性、经济性、可达性等是整个轨道交通系统共有的客流需求偏好特征，但不同轨道交通方式对上述各项的偏好程度又有所不同。面向旅客的高速铁路运输服务应以人为主体，不是传统意义上的给列车排列进路，而应是着眼于把握客流需求特征，充分考虑高速铁路客流需求与运能供给间的综合平衡。

第二节　铁路旅客运输供给特性分析

运输供给是指分布在一定空间上的能力，运输业是一种特殊的行业，因此具有特殊的供给特点。铁路运输供给水平受路网基础设施、移动设备、运营计划、计划实施几个方面的影响，根据铁路运输供给的基本理论，铁路运输供给水平层次结构如图 2.1 所示。

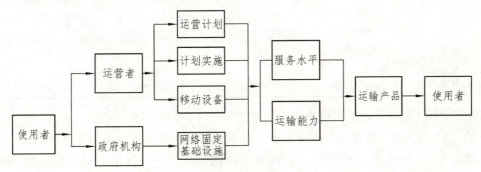

图 2.1　铁路运输供给水平层次结构

铁路客运服务水平客观上表现为供给对需求的适应性，其中对质量需求的适应情况主要通过铁路硬件、软件设施设备等资源及用户满意度得以体现，而对数量需求的适应情况主要通过列车时刻表得以体现，如旅客发送能力、路网节点覆盖率、车站服务频次、列车平均停站距离、列车始发终到时刻、直达与换乘方便性、列车平均运距、列车平均旅行时间、高速列车运行情况等，尤其表现在旅客发送量和列车平均运距等指标上。铁路运输企业提供的运输产品，也是一种服务产品，具有一般服务产品的特征。但是，铁路运输企业提供的服务是介于有形的实物产品与无形的服务产品之间的特殊产品，它综合了有形产品和无形产品的一般特征。

一、铁路客运网中列车的分类

根据前铁道部关于旅客列车等级的规定，我国旅客列车等级包括普通快车、快速列车、特快列车、直达特快、动车组、城际列车、高速列车等，区段内开行的产品类型按动车、直达、特快、快车、普快划分为不同等级的列车又有不同的席别，如硬座、软座、硬卧、软卧。

铁路客运产品的一般定义是为旅客提供的一段旅行，客运产品的核心产品层是将旅客从一个地方送到另一个地方，不同的产品对应着不同的列车开行径路或旅客旅行路线。列车的开行径路是满足旅客需求的基本要素，即每条开行径路对应着客运企业向社会提供的一种或一组客运产品，表现为从列车始发站到终到站以及沿途各停靠站间的一段或若干段的旅客旅行服务。开行径路是由各客运车站之间连线构成的，从理论上讲，有多少种旅客的旅行需求，就应有多少条列车开行径路，而路网、机车与车辆本身只是满足旅客需求的载体。为提供多种多样以供旅客选择的产品，需要在产品在设计阶段根据旅客的要求进行分类，不同类别的客运产品主要体现在列车种类的差异。按列车的运行速度及停站次数多少，铁路客运网中的列车可分为：大站直达特快列车、特快列车、快速列车、普通旅客列车；不同等级的列车又有不同的席别，如硬座、软座、硬卧、软卧，其意义和主要区别见表 2.3。

表 2.3 铁路客运网中的列车按旅行速度的分类

列车种类	停站比/%	说明
大站直达特快列车	0～10	不停站或很少停站（包括大站停列车和一站直达列车，大站停列车的开行方式包括跨站停和部分停站两种），通常只在客流量较多的大站间开行，平均旅行速度最高
特快列车	20～30	仅大站停车，中途停站较少，主要在大城市间开行，服务于大中城市之间的客流，列车平均旅行速度较高
快速列车	40～60	大站与小站交错停车，停站次数相对较多，在我国开行列车中所占比重较大
普通列车	80～100	基本站站停，列车平均旅行速度较低

从旅行时间、旅行距离上将快速客运网中的列车分为短途列车、中途列车、中长途列车、长途列车、超长途列车，具体分类形式见表 2.4。铁路客运产品的设计应根据客运需求的变化，适时开发新产品，使铁路客运产品结构与需求结构相匹配，充分满足不同层次旅客对运输服务的出行需求和质量要求。

表 2.4 快速客运网中的列车按旅行时间、旅行距离的分类

列车种类	旅行时间（h）	旅行距离（km）
短途	<1.5	<300
中途	1.5～3	300～800
中长途	3～5	800～1 500
长途	5～8	1500～2 000
超长途	>8	>2 000

二、快速铁路客运网

截至 2014 年年底，我国铁路营业总里程达 11.2 万 km，其中高速铁路运营里程达 1.6 万 km，四纵四横的高速铁路客运专线网已初具规模。纵观国内外高速铁路的建设、运营发展历程与成绩，高速铁路普遍具有的运能供给特征须具备以下几点：

（1）列车服务频次高，旅客出行快捷，等待时间少；

（2）换乘条件良好，旅程组合灵活；

（3）路网通达性好，通过集中的起讫点的多样停站设计，基本能实现任意两点间无论直达还是中转都有列车服务的需求。

与日本、法国、德国等国家的高速铁路相比，我国建设的高速铁路具有以下特殊性：

（1）地域辽阔，高速铁路运营线路长，高速铁路沿线地区客流需求特点存在很大的区别，在乘降区间、运行速度、价格、服务质量以及客流所处的阶层等方面存在很大的差异。

（2）高速列车动车组运行时间长，旅客对高速铁路运行中的服务需求存在很大的差异。高速铁路线路长，站间距离大，使旅客旅行时间长，要求在动车组上提供区别于国外高速铁路的运输服务内容。

（3）高速铁路与其他线路相关程度高，本线、下线、跨线等运输组织方式呈现多样化。高速铁路的客流还需要其他铁路线路、其他运输方式完成集疏运，要求高速铁路与其他铁路线路、运输方式密切配合。

（4）中国高速铁路客运服务系统要为旅客提供出行前、进站、候车、登乘、中转、出站和换乘等各环节中查询、订票、购票、旅行指南等全过程、全方位、层次化的信息服务。如何适应高速铁路带来的新的市场变化和运输需求，将是设计客运服务系统需着力解决的基本问题。

（5）铁路运输具有路网特性，高速铁路需要与既有线互联互通协调配合，共同构成我国快速客运体系，这要求铁路运输产品的开发设计必须坚持路网完整性和调度集中统一指挥的原则。我国高速铁路点多、线长、面广，部分列车还将跨线运行，某些较长线路还可能开行夜间列车，使高速铁路线上运行的列车类型多样，集中体现了高速度、高密度、大客流、网络化和换乘多的特点。

（6）高速列车起讫点设置要充分考虑动车运用效率、检修、整备基地的布局、跨线列车下线距离与既有线的检修整备条件（因检修天窗而造成的短线/长线），要在分级客运节点系统的基础上，建立车站等级与列车分类充分结合的停站模式；路网列车停站方案优化必须达到吸引客流，又要使停站对列车旅行时间的影响最小，而且可以在运营成本较低的情况下为旅客提供便利的服务。

世界高速铁路首创于日本，发展于西欧，出现了新干线、TGV（Train a Grade Vitesse）、ICE（Inter City Express）、摆式列车（Tilting Train）等多种高速铁路模式，如表 2.5 所示。我国快速铁路客运网骨架主要由高速铁路客运专线、城际铁路、新建快速铁路及既有线的提速线路等组成，其中在快速客运网中的衔接站，可能衔接的主要线路类型包括干线高速铁路、城际高速铁路、新建快速铁路和高速化改造的既有提速线路。

表 2.5　世界高速铁路主要模式

序号	高速铁路运营模式	特征
1	新干线	全部新建，客运专线
2	TGV	部分新建，客运专线
3	ICE	部分新建，客货混跑
4	摆式列车	部分新建，客货混跑

（一）干线高速铁路

快速客运网中的干线通常建设于经济发达、人口稠密、客运量大的地区，连接国家政治经济中心以及省会和大中城市，在整体路网中承担大部分的旅客运输任务。我国目前在客运专线干线上开行的列车主要为高铁动车组（G字头）、普通动车组（D字头），车厢则主要包括一等软座车厢、二等软座车厢、高档软卧车厢以及普通软卧车厢等，部分动车组还设有豪华软座、动卧车厢。列车形式在档次结构上是较为完善的，但存在的主要问题是不同等级列车开行比例和车厢的编挂方式不够灵活，部分车次线路对高标准的盲目追求，使得运价过高，容易导致运能的虚靡；因此需要在整体路网条件下，对不同等级列车开行比例和各等级车厢的编挂组合根据季节、旅客需求特点和上座率等进行动态调整，保证运力的充分利用和收益的最大化。干线高速铁路的设计速度、运输模式、开行列车类型等主要技术特征如表2.6所示。

表2.6　干线高速铁路主要技术特征

设计速度	运输模式	列车类型
300～350 km/h	客运专线（如京广客专，京沪客专）	本线：300～350 km/h 高速动车组（G字头） 跨线：200～250 km/h 动车组（D字头）
200～250 km/h	客货混跑（以客为主，兼顾货运，如石太客专）	本线：200～250 km/h 动车组（D字头） 跨线：200～250 km/h 普通动车组（D字头）

（二）城际高速铁路

城际铁路通常建于经济发达区域，连接区域内存在经济运量需求的中心城市，在城际铁路网络化后，线路覆盖区域内将形成便捷的运输通道网络，用以实现城市群的大容量快捷公共交通，如正在逐渐形成网络化的长三角、珠三角以及环渤海三个城市快速客运系统。城际高速铁路的服务对象以路网内中短途（出行距离一般在100～300 km，旅行时间在2 h以内）出行旅客为主，且站点设置相对密集，一般只输送本线客流，跨线客流采取换乘方式或通过既有线输送。城际高速铁路的设计速度、运输模式、开行列车类型等主要技术特征如表2.7所示。

表2.7　城际高速铁路主要技术特征

设计速度	运输模式	列车类型
300～350 km/h，200～250 km/h	系统独立运行（只运行本线动车组，无跨线列车运行，跨线客流采用换乘方式输送，如沪宁线、日本新干线）	300～350 km/h 高速动车组或200～250 km/h 动车组（C字头）
	与通道型客运专线兼容（既运行本线动车组，又运行跨线动车组，跨线列车在本线按本线设计速度运行，下线后按通道型客专允许速度运行，适用于与通道型客专衔接的高速线，如沪杭线）	
	与既有线兼容（不仅运行本线动车组，还运行跨线中速旅客列车，此种模式适用于与既有线衔接的城际客专，如法国TGV）	
	与既有线和通道型客专兼容（不仅运行本线动车组，还运行跨线动车组以及中速旅客列车，如德国ICE）	
	都市圈城际高速铁路（如武汉都市圈城际铁路、珠三角城际快速轨道交通、成都市域铁路）	

（三）新建快速铁路

新建快速铁路的主要目的在于拓展快速客运网的运营区域，完善铁路网的整体布局，服务沿线地区的社会经济发展。新建快速铁路的设计速度为 200～250 km/h，运输模式为客货混跑（以客为主，兼顾货运），即开行客车和货车两种类型的列车，其中客车为 200～250 km/h 的动车组（D 字头），货车为 160 km/h 的快运列车。

（四）高速化改造的既有线

既有铁路为传统的客货共线铁路，线路福射范围和延伸地区非常广阔。2007 年铁路第六次大提速推出了 200 km/h 等级动车组，全国铁路速度 120 km/h 及以上线路延展里程达到 2.4 万 km，速度 160 km/h 及以上延展里程达到 1.6 万 km，速度 200 km/h 及以上线路延展里程达到 6 227 km，速度 250 km/h 线路延展里程达 1 019 km。在整体路网条件下，为释放线路货运能力，既有线将不再承担主要的旅客运输任务，高速铁路列车跨线运行的范围主要局限在时速 200 km/h 及以上的既有线提速线路上。高速化改造的既有线的设计速度为 160～200～250 km/h，运输模式为客货兼顾，即开行客车和货车两种类型的列车，其中客车为 200～250 km/h 动车组和 160 km/h 机车牵引列车，货车为 160 km/h 的快运列车和 120 km/h 普通列车。

第三节　列车开行模式

一、直达模式

根据我国铁路网的实际条件，我国铁路客运网中列车的直达模式包含了本线直达和跨线直达，包含有高等级列车下线运行和低等级列车上线运行，根据列车 OD 点分布情况，直达模式可分为本线直达、跨线衔接直达；根据途中是否有停站，直达模式可分为航空模式和非航空模式，其中航空模式包括本线一站直达、跨线直达（日行高速列车下线、夜行高速列车下线、既有提速线路列车上线），非航空模式包括本线大站停列车、跨线大站停列车。直达模式的优点主要包括缩短旅客旅行时间，提高旅客出行的便捷性；直达模式的缺点主要包括增加运输成本，增加对区间运行秩序鲁棒性的要求，下线对既有线技术条件要求高，下线列车占用既有线运输能力，上线列车影响高速线的能力利用，客流不足时容易产生运能的虚縻，发生延误时更容易使延误在整个路网中传播扩散。根据快速客运网组成线路的主要技术特征及相关文献，快速客运网中的直达模式可分为不经过衔接站的直达和经过衔接站的直达两种情况。

（一）不经过衔接站的可能的直达模式类型

不经过衔接站的可能的直达模式类型见表 2.8。

表 2.8　快速铁路客运网可能的直达模式（不经过换乘衔接站）

序号	可能的直达模式
1	高速铁路客运专线的直达模式
2	高速铁路客货混跑线路的直达模式
3	城际高速铁路的直达模式
4	新建快速铁路的直达模式（释放运能，较少）
5	既有提速线路的直达模式（释放运能，较少）

（二）经过衔接站的可能的直达模式类型

经过衔接站的可能的直达模式类型见表 2.9。

表 2.9　快速铁路客运网可能的直达模式（经过换乘衔接站）

序号	可能的直达模式
1	高速铁路客运专线之间的直达模式
2	高速铁路客运专线与高速铁路客货混跑线路之间的直达模式
3	高速铁路客货混跑线路之间的直达模式
4	新建快速铁路之间的直达模式
5	高速铁路客运专线与新建快速铁路之间的直达模式
6	高速铁路客货混跑线路与新建快速铁路之间的直达模式
7	既有提速线路间的直达模式（释放运能，较少）
8	高速铁路客运专线与既有提速线之间的直达模式
9	高速铁路客货混跑线路与既有提速线之间的直达模式
10	新建快速铁路与既有提速线路之间的直达模式（释放运能，较少）

二、中转换乘接续模式

　　为充分释放既有线运能及提高能力的利用率，在当前高速铁路客运专线尚未完全成网的条件下，一个重要的运输组织模式就是换乘。对于因技术条件限制无法提供直达运输服务的客流以及部分直达运输不经济的客流须通过组织中转换乘来衔接运输，此外中转换乘客流的组织须考虑换乘枢纽的条件以及枢纽内的车站分工。中转换乘模式的主要优点包括节省高速动车组，对其他线路通过能力和运输秩序影响小，平衡区段运输能力，节省旅客旅行时间，既有铁路上的客运条件将有较大的改善，可以充分利用运能、避免运能虚糜；中转接续模式的缺点主要包括依赖换乘的可靠性，增加对车站作业组织的要求，换乘将影响旅客途中休息、增加疲劳，列车接续安排不合理引起旅客换乘费用增加。为保证中转客流的换乘服务质量，应尽可能减少旅客的换乘次数及换乘等待时间，因此中转客流的运输组织往往也与周期列车的组织相联系。法国铁路采用中转与直达相结合的客流组织模式，不同距离客流 OD 的换乘方案比例不同，旅客换乘出行方案比例随距离明显增加，500 km 以下的客流 OD 主要以直达服务为主，900 km 以上的客流 OD 主要以换乘服务为主。根据我国快速客运网组成线路的主要技术特征及相关文献，快速客运网中的可能的中转换乘接续模式的主要类型见表 2.10。

表2.10 快速铁路客运网可能的中转换乘接续模式

序号	可能的中转换乘接续模式
1	高速铁路客运专线之间的中转换乘接续模式
2	高速铁路客运专线与高速铁路客货混跑线路之间的中转换乘接续模式
3	高速铁路客货混跑线路之间的中转换乘接续模式
4	高速铁路客运专线与城际铁路之间的中转换乘接续模式
5	高速铁路客货混跑线路与城际铁路之间的中转换乘接续模式
6	城际铁路之间的中转换乘接续模式
7	高速铁路客运专线与新建快速铁路之间的中转换乘接续模式
8	高速铁路客货混线路与新建快速铁路之间的中转换乘接续模式
9	新建快速铁路之间的中转换乘接续模式；（释放运能，较少）
10	高速铁路客运专线与既有提速线路之间的中转换乘接续模式
11	高速铁路客货混跑线路与既有提速线路之间的中转换乘接续模式
12	新建快速铁路与既有提速线路之间的中转换乘接续模式；（释放运能，较少）
13	既有提速线路之间的中转换乘接续模式。（释放运能，较少）

三、节拍式（周期化）

我国传统的非周期模式，即"按流开车"的模式下通常只要 OD 两点间的客流量满足开行一列列车的条件，便设计开行一列列车，对于 OD 客流量不能满足开车需要的，则采用带流的方式开行列车。非周期模式有较好的直达性，但会导致列车的起讫点众多，且因停站不规律而难以保证旅客中转换乘接续的服务质量。1931 年荷兰学者提出了以一小时为列车运行线铺画周期的周期性列车运行图概念，此后欧洲其他国家根据国情调整了周期时间，形成了多种模式的周期性列车运行图，使之成为欧洲铁路广泛采用的运行图模式。周期性列车运行图，是指在基本运行图各个周期时间段 T（通常为 1 h）内，列车运行线的铺画方式基本相同的运行图模式，即各种列车的开行数量、运行顺序和速度相同，各周期同运行顺序列车具有相同的到发时刻和停站方案。但实际应用时，通常先编制高峰周期的运行图，然后根据客流波动对高峰周期的运行图做一些调整，如抽线或对部分运行线进行微调以形成其他时段的运行图，周内工作日和周末或不同季节的运行图还要做相应的调整。周期性列车运行图列车开行密度大，开行时刻、停站方案在各时段内相对固定，各周期时段列车衔接方案相同，使得旅程组合非常灵活，即使一段旅程延迟，最多只要等待一个周期 T 的时间，后续旅程又顺畅衔接，极大地方便了旅客的出行，充分体现了高速铁路快捷、舒适、方便的优点，并可带动相关工作如票制、车站服务方式的转变和完善，提高铁路运输企业在客运市场上的竞争力，因而成为欧洲、日本（又称为规格化运行图）还有中国台湾高速铁路普遍采用的列车运行图模式。目前，我国广深线和京津间的列车运行图部分借鉴了周期性运行图的理念，也取得了良好的运营效果。虽然周期性列车运行图优点显著，但也有一些缺点，如由于列车的停站方案相对固定，可能不满足部分旅客的出行要求或者为照顾部分旅客的需要额外增加停站；为达到列车之间的周期衔接，可能增加部分列车的等待时间；为了周期铺画，需要调整一些列车的起讫点，通常一些开行频率较低的列车被取消，导致部分旅客需要换乘。

节拍式（也称周期性）列车开行方式是以全天的运行时间为基础，采取一定时间间隔作为划分时段，或者根据客流波动情况将全天分为若干时段，并以时段为基础，按照一定的节拍程度在相对固定的基本运行图模式的各周期时段中，列车运行线的铺画都具有相同模式，同类列车在同一车站的到发、通过及停站的分钟时间都基本相同，即有规律地开行具有相同的运行径路、停站数量、停站时间、列车速度等级、运行顺序及运行数量等属性的列车的一种列车开行方式。每季度、每周或每日实行的计划运行图，通常都是在考虑客流在不同季节、周内不同日、一天内不同时段的客流波动情况的条件下，对满表铺画的基本运行图抽线后形成的；节拍式运行图的编制可作为确定每季度、每周或每日运行图的基础和依据。节拍式列车开行方式具有车站服务频率稳定化、列车运行时刻规律化、方便旅客出行、有利于引导旅客的出行理念及出行习惯等特征；但因列车的运行线路、运行时间相对固定，易造成运输能力的浪费，且因停站方案固定不能覆盖全部的旅客出行需求。节拍式列车开行方式主要优势包括增加旅客出行的便捷性、在列车接续和车站作业等方面优化运输组织、利于客运营销等。节拍式列车开行模式在国外（如日本的规格化运行图、欧洲的模式化运行图）的高速铁路运营实践中表现出了强大的市场吸引力；不仅用于本线列车，且在跨线列车运行中也有大量使用周期化节拍的开行方式，早在 1939 年荷兰铁路公司就已经在长途铁路运输中成功使用周期化的运行方式，德国铁路 ICE 实行固定时间间隔发车的节拍式开行方式。法国主要城市间开行大量周期性列车与非周期性列车，周期列车通常始发终到中心城市，服务中心城市与其他客流较大的城市，基本周期为 1 h 或 2 h，高峰小时周期缩短至 30 min。非周期列车主要服务于中心城市与客流较小的城市、或者两个客流较小的城市，列车服务频率较低。按《中长期铁路网规划》建成后，我国快速铁路网客流 OD 众多、距离、各条线路客流分布不均，若全网使用节拍式开行列车，可能造成线路和列车能力的虚糜，增大运营成本，且因节拍式站点服务频率覆盖面有限而不能完全吸引全路客流；因此，多数学者认为完全节拍式的开行模式并不适合我国路情，但部分客流密集、距离相对合适的线路区段可考虑采取相应的节拍式开行模式；即在路网中施行节拍式与非节拍式相结合的列车开行模式可较好的保证运能的利用率与客运服务质量。根据我国快速客运网组成线路的主要技术特征及相关文献，快速客运网中各旅行时间段内的节拍体现方式见表 2.11。

表 2.11　铁路客运专线网各旅行时间段内的节拍方式

序号	旅行时间（h）	节拍方式	
1	<1.5	大密度规格化运行图，运行图的列车运行线追踪间隔时间短、停站时间短，接近于地铁模式	
2	1.5～3	中高密度节拍，如每间隔 1 h 或 1.5 h 开行一次列车	
3	3～5	中密度节拍，如每间隔 2 h 或 2.5 h 开行一次列车	
4	5～10	较低密度节拍，如每隔 3 h 以上开行一次列车或开行朝发夕归列车	每隔 3 h 以上开行一次列车
			开行朝发夕归列车
5	>10	低密度节拍，如开行夕发朝至或一日到达列车	开行夕发朝至列车
			开行一日到达列车

四、公交化模式（地铁模式）

公交化的列车开行模式源于城市公共交通，通常泛指在城市及其郊区范围内定线定站运营的公共汽车及轨道交通等交通方式。随着对城际铁路、市域铁路等短途铁路运输组织模式研究的开展，关于"公交化"的定义也由定性概括向定量描述逐渐明晰。从"客流、运能、售票、组织"等方面探讨了"公交化"列车的开行条件，并提出公交化运输是在较大能力基础上，售票手续简便、交通工具行车密度较高的旅客运输，而"公交化"列车，是铁路为实现公交化运输而组织开行的列车，是具有一定运能保证的、售票手续简便化的旅客列车。关于城际列车的定义为：为满足数量和质量日益增长的客运需求，在经济较发达城市或地区间开行的密度较大、运行有规律、旅行速度高、购票方式简便、舒适度好、等级较高的旅客列车。公交化的列车开行模式是为在运输能力与客流需求超大的通道内，以较大的行车密度、较小的单位运输能力、较少的候车时间，实现旅客便捷、快速出行的运输组织模式；将公交化模式概念应用于城际轨道交通，是为城际列车（动车组）参照城市公共交通（公共汽车或地铁）的运输组织模式，依据高峰日和非高峰日、高峰时段和非高峰时段的区别，以不同的发车间隔，实行大密度、高速度、小编组的运输组织模式。公交化运营是一种旅客输送的运输组织方法，是指在通过能力大的线路上运行的开行间隔时间在 20 min（不包括允许波动时间）以内的高速列车，开行同一方向短途行车密度在 5 min 以内、长途行车密度在 10～15 min、由 8 或 16 辆动车编组、上座率为 50%以上且均衡的高速列车，同时，该种列车采用定点、定车次、定坐席与不定点、不定车次、不定坐席并存的客票发售模式，旅客候车以站房通过型为主、站台候车为辅，且旅客候车时间已不能通过调整运行图、提高发车间隔及服务频率来进一步缩短。

我国铁路以 1997 年调图提速为开端，正逐渐建成快速铁路客运网，其中已开通运营的广深（平均发车间隔 9.2 min）、胶济、京津（平均发车间隔 l0 min）、京沪（平均发车间隔 10 min）、沪宁（平均发车间隔 10～15 min）、沪杭、武广（平均发车间隔 ll min），成渝等客运专线，均组织开行了小编组、大密度、快速度的"公交化"或"准公交化"城际特快列车模式，提高了铁路在城际客运市场的适应性与竞争力。公交化运营是目前国内外短途城际铁路的普遍趋势，就技术经济特性而言，其实质更接近于地铁模式。城际铁路客运产品设计的重点在于合理优化列车开行密度和停站方案，实现与路网内旅客列车及与其他运输方式之间的无缝衔接；通过引入公交化模式，将城际铁路与城市公共交通接轨，可以充分发挥轨道交通"全天候"的优势，缩短较近城市间客流的直通运输时间以及较远城市间客流的中转换乘时间，有效地提升城际轨道交通的方便程度，成为人们出行的首选方案。

铁路网络中度量公交化的主要指标包括同一线路相同去向的两列车发车间隔、不同线路两列换乘列车的平均发到间隔时间（需考虑具体换乘形式，如同站同站台换乘、同站异站台换乘、异站换乘），根据国内外已开行的"公交化"或"准公交化"列车模式的实践，快速铁路客运网中可能的公交化模式见表 2.12。

表 2-12　铁路客运专线网可能的公交化模式

序号	同一线路相同去向的两列车发车间隔（min）			不同线路两列换乘列车的平均发到间隔时间（min）		
	最小	最大	平均	同站同站台换乘	同站异站台换乘	异站换乘（取决于两站间交通连接情况）
1	5	20	15	20	30	60
2	5	15	10	15	25	55
3	8	11	9	13	21	45

五、夕发朝至长途车开行模式与综合维修天窗设置方式

夕发朝至列车，也就是夜行列车，是我国铁路早已推出的成功品牌列车，深受广大旅客的欢迎，随着高速铁路网的逐步形成，各城市之间的通达时间将会大大缩短，部分运行距离较短的既有夜行列车可停止开行；但由于我国幅员辽阔，中心城市间距离较长，部分距离在2 000—3 000 km 甚至更长的城市间的列车便进入高速夜行列车优势到发时间范围。据统计，我国高速铁路网中主要节点城市构成的 1 000 多个客流 OD 中，里程超过 2 000 km 的约有 328 个，旅行时间超过 7 h 的约有 500 个，而主要城市间是必然存在客流需求的，可见有组织开行高速夜行列车的需求和必要性，这就带来了如何编制高速夜行列车开行方案的问题。

国外拥有高速铁路的国家，国土面积较小，线路长度相对较短，旅客列车开行均可安排在有效时间段内，夜间基本没有客运需求，维修天窗的设置基本相同，都是设置在对高速列车的行车无影响或影响最小的时间段，主要利用夜间 0：00—6：00 进行维修，天窗时间为 3 ~ 6 h，天窗形式主要为矩型天窗，对固定设备的养护维修，日本、法国、德国等国家是将各专业的相关作业纳入综合维修天窗的组织方式，根据不同的设备和运营特点，各国维修天窗的设置形式、时间及维修计划的制定也不尽相同。

根据国情、路情，我国快速铁路客运网主要利用夜间 0：00—6：00 进行维修，综合维修天窗设置方式为：对于干线高速铁路客运专线、系统独立运行的城际高速铁路、都市圈城际高速铁路天窗形式主要为矩形天窗（双线维修，同时停车）；其他类型的线路（如新建快速铁路、高速化改造的既有线）则采取 V 型天窗（一线维修，一线行车）。根据综合维修天窗的设置方式，快速铁路客运网高速列车的开行模式主要采取下线、下线——上线运行两种模式。即在当前天窗形式下，若开行高速铁路夕发朝至列车，可选择在天窗开始前下线到快速铁路客运网中的其他类型的相邻线路（如新建快速铁路、高速化改造的既有线），天窗结束后根据情况决定是否上线回复到原来的高速铁路运行。

第四节　铁路客流输送方式

根据客流的 OD 分布情况，以及旅客出行在快速客运网中的衔接站是否中转换乘的分类标准，在铁路运输网络通道中的客流可划分为本线流和跨线流两种类型，本线客流的 OD 分布于同一条铁路线上，且这种客流的旅客出行无需在衔接站换乘，如高速本线直通客流；跨线客流 OD 分布于不同的铁路线上，这种客流的旅客出行须在衔接站换乘，如高速线间中转客流、高速中转既有线客流、既有线间中转客流、既有线中转高速客流。

一、本线客流输送方式

本线客流的组织特点是量大且简单，本线客流的输送应以直达为主、换乘为辅，具体输送方式有以下几类。

（一）短途、中短途本线客流

短途、中短途本线客流主要产生于我国高速铁路中的城际客运专线，这部分客流对便捷

性要求很高；由于在途时间和出行距离都较短，铁路运输组织可采取公交化、节拍式的运输组织模式，在每日的不同时段采取差别化的组织模式。

（二）中途、中长途本线客流

中途、中长途本线客流在出行时除了选择高速铁路运输方式，还可以选择与高速铁路径路走向一致的其他线路出行。中途、中长途本线客流在高速线上的旅行时间控制在二至六小时以内，但如果选择走向一致的其他类型线路上的中速列车出行，则出行时间会延长到六小时以上。这种类别的客流输送方式可采取公交化、节拍式或朝发夕归的开行模式，各种速度等级列车灵活编组，并且要求与既有线列车进行合理中转。

（三）长途本线客流

长途本线客流同中途本线客流一样，除了选择高速度等级列车出行外，也可选择与高速线路走向一致的其他类型线路的列车出行；此类型的列车应尽量开行夕发朝至、一日到达列车。

二、跨线客流输送方式

高速铁路跨线列车的开行涉及高速列车开行距离、跨线列车速度等级、跨线技术条件、高速铁路与既有线分工、旅客直达与中转组织等问题。跨线客流一般出行距离较长，其舒适度受出行时间、费用的影响也较大，旅客出行时间、费用、舒适度三个因素会影响旅客对中转换乘和直达模式的选择偏好。跨线客流运输衔接方式基本分为换乘衔接和跨线衔接，跨线客流的输送应以换乘为主、直达为辅。依据国情、路情，不同的国家在不同的时期对跨线客流的输送方式不尽相同。日本新干线初期的运输组织采用"全高速—换乘"模式，新干线只运行高速列车，与既有线路不直通运行，跨线旅客需要进行换乘，因此日本铁路十分重视换乘系统的建设。日本国铁民营化后，为了减少或避免旅客换乘，扩大新干线的服务范围，增大对客流的吸引力，采取既有窄轨改造或铺设第三轨、建设小型新干线等方法实现既有路网与新干线列车的直通运输，使新干线的服务范围扩展到更多的周边城市。法国主要采用高速列车下线的客流输送方式，在整个铁路网上将开行 TGV 列车的高速线与既有路网通过联络线连接，列车运输组织采用"全高速—下线"模式。TGV 列车可以在与高速线衔接的既有线上运行，一方面使高速线的运力得到最佳发挥，另一方面能够充分利用既有线的基础设施，减少旅客换乘次数，扩大客流吸引范围，使高速列车可以方便地进入巴黎、里昂等大城市。德国高速铁路网是由改造的既有线（最高速度 200 km/h ）和新建高速线（最高速度 250～300 km/h ）混合组成，采用新旧线混用、高速线与既有线连通运行的方式。德国高速铁路的运行组织非常注重列车间的换乘，它不惜以接续列车的晚点来满足换乘衔接的需要。除了在高速线和改造的既有线上开行 ICE 列车外，还在既有线上按照不同速度标准采用摆式列车，充分利用既有设备能力，提高旅行速度，争取更多客流，实现高速线和既有线的协调运输。

由于日本很多大城市基本相连且相距不远，所以日本的高铁运营更像地铁模式；中国幅员辽阔，铁路网络中点多、线长、面广，所以中国的高铁运营模式更像航空模式。针对我国各线设计速度存在速差的特点，我国跨线列车的可能组织方式有全高速换乘、中速列车上高速线、高速列车下线、中速列车下既有线线等。在以提供方便、快捷的客运产品为理念的指导下，本着为旅客服务的原则，我国快速铁路客运网可以通过开行跨线列车等直达模式满足跨线客流的出行需求；但由于客运专线网覆盖面积有限，衔接线路技术条件不一，考虑到动车组周转时间、动车组折旧等运输成本，以及信号设施等设备兼容情况的制约，还有很大一部分跨线客流的出行需求需要采取中转换乘模式实现其空间位移。由于客运专线的工程概况所限，我国跨线客流的组织主要采取中速列车下线运行加换乘的模式，跨线旅客既可以乘坐中速列车直接上客运专线，也可以在枢纽站进行换乘高等级的列车来完成出行目的。《中长期铁路网规划》实施后，快速客运网的时间目标要求主要干线城市间铁路旅行 500 km 以内公交化，1 000 km 左右范围内朝发夕归，2 000 ~ 3 000 km 夕发朝至，4 000 km 一日到达。日本新干线、法国 TGV、德国 ICE 的铁路客流输送方式均取得了较好的运营收益；我国新建铁路客运专线近期内将采用高速列车和跨线列车共线运行，高速列车下线运行的运输组织模式，由于客运专线的引入及跨线列车的运行，存在客运专线与既有线的运输组织衔接问题。

第五节　换乘枢纽衔接组织模式

以德国、瑞士、法国为典型代表的欧洲客运枢纽主要有四种类型衔接组织方式：平行组织、垂直组织、放射型组织和综合组织，其中平行组织与垂直组织适用于同站衔接，放射性组织适用于异站衔接，综合组织适用于大型枢纽。

一、平行组织

平行组织是根据列车的速度等级、运行方向，设计部分径路重合的多列列车在换乘枢纽与相邻车站衔接。由于衔接列车部分径路重合、停站模式相同，换乘枢纽与相邻车站具有相同的衔接服务特性，避免换乘客流集中。平行组织通常采用通——通衔接，适用于地方性衔接枢纽。

二、垂直组织

垂直组织方式适用于两条铁路相交的客运枢纽，两条线路独立运营，列车不跨线，在衔接节点设置合理的到发时间实现两条线路间旅客换乘，常采用通——通衔接，枢纽衔接数量要远高于平行组合，该类衔接方式一般被区域性衔接枢纽采用，垂直组织有利于减少车站咽喉列车径路交叉干扰、提高通过能力。

三、放射型组织

放射型组织方式适用于多条线路引入的枢纽，枢纽具有多个车站，每个车站连接一个方向。枢纽作为多个方向列车的始发终到站，通过城市交通实现各个方向间的换乘衔接，通常采用始发终到衔接。放射型组织多为异站衔接，对城市交通的换乘效率有较高的要求，但对列车的准点性要求较低。

四、综合组织

综合组织方式采用两种以上的组织方式设计枢纽衔接组织，常用于十字形或丁字形枢纽。

根据铁路枢纽与线网的关系，我国铁路枢纽可分为一站铁路枢纽（直线型枢纽）、三角形铁路枢纽（Y型枢纽）、十字形枢纽、延伸形铁路枢纽（直线型枢纽）、环形铁路枢纽、环形中穿铁路枢纽，其中除一站铁路枢纽外，其余均属综合枢纽。合理的衔接组织模式是实现列车运行在时间上、空间上整体优化的必要条件，结合国内外铁路运营实践，我国快速铁路客运网可能的枢纽衔接组织模式见表2.13。

表2.13　快速铁路客运网可能的衔接组织模式

序号	枢纽类型	衔接组织模式
1	一站铁路枢纽	平行组织
2	三角形铁路枢纽	平行组织
		垂直组织
		放射型组织
		平行组织+垂直组织
		平行组织+放射型组织
		垂直组织+放射型组织
		平行组织+垂直组织+放射型组织
3	十字形铁路枢纽	垂直组织
4	延伸形铁路枢纽	平行组织
5	环形铁路枢纽	放射型组织
		平行组织
		垂直组织
		放射型组织+平行组织
		放射型组织+垂直组织
		平行组织+垂直组织
		放射型组织+平行组织+垂直组织
6	环形中穿铁路极枢纽	放射型组织
		平行组织
		垂直组织
		放射型组织+平行组织
		放射型组织+垂直组织
		平行组织+垂直组织
		放射型组织+平行组织+垂直组织

第六节   高速铁路旅客市场需求——运营供给间的平衡分析

与既有线相比，高速铁路的客流主要来自既有铁路的高端客流、部分航空客流（中长途）、部分公路高端客流（中短途）及诱增客流；客流成分以商务、旅游、探亲等为主，且依线路类别不同而存在差异。跨线客流比例大，客流周期性波动显著，节假日客流突出；要求较高的列车准点性、便利的中转换乘接续，存在出行时段偏好；客票预售期内旅客购票时间存在规律性，且因时、因地而有所不同，随到随走已经成为旅客购票乘车的主要方式。

UIC406 能力手册所定义的能力是在考虑了基础设施管理者对节点、线路或网络的期望效益条件下，定义的时间段内以市场为导向的服务质量要求条件下所有可能的列车径路的总数。铁路基础设施的能力依赖于其使用方式（utilization），对于给定的基础设施，能力使用的核心元素包括以下几项：

（1）定义时间段内的列车数。

（2）平均速度。

（3）稳定性（消除延误及其传播）。为保证小的延误可以被压缩减少而不是放大产生更多的延误传播，需要在列车运行时间及列车径路间加入一定的缓冲冗余时间。

（4）异质性。当运行在相同的线路上的不同类型的列车间的运行时间相差很大时，相同数量列车的能力消耗相应的也会成比例增加。

UIC406 能力手册将能力消耗参数定义为关于能力使用（列车数、平均速度、异质性及稳定性）的“能力平衡”；Landex，A.& Schittenhelm（2008）给出的平衡关系如图 2.2 所示。

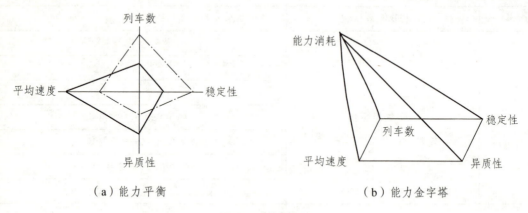

（a）能力平衡   （b）能力金字塔

图 2.2   铁路能力

列车开行方案是铁路运能供给的一种产品形式，应以尽可能满足市场需求为导向兼顾铁路运营方效益灵活编制。高速铁路的运能供给是以客流需求为基础的；已有的列车开行方案（列车运行计划）多是基于静态的交通流分配理论，而实际中智能的人会因票价、列车延误等的变化而在路网中动态的改变路径选择，有一定的实时动态性，更适宜于动态交通流分配理论，基于此本书提出动态的高速铁路列车开行方案（列车运行计划）与客流分析交互过程如图 2.3 所示。

为满足客流需求，铁路系统中固定设备与活动设备的各种相互作用的效果最终都体现在时间维度，而列车运行过程中的加/减速、近似匀速的动态特性又导致各种时间项的计量是难以用精确数进行客观实在表示的。铁路系统行车调度是非抢占式的，高速铁路的技术经济特性和服务对象，客观要求改变我国以往传统铁路从铁路运输组织角度出发计算全天候能力的思路，应从服务旅客市场需求的角度出发计算不同特征时段的能力，不是为列车排列进路，而是考虑客流需求与运能供给的综合平衡。

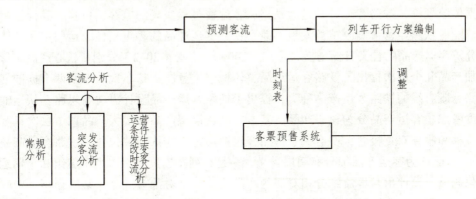

图 2.3　列车开行方案与客流分析的交互过程

第三章　基于 ABMS 的铁路客运专线网核心产品结构设计

依据传统理论，铁路客运产品是为铁路旅客运输过程实现的旅客的位移，其计算单位为人公里。随着铁路经营体制改革的发展，兼顾铁路客运产品的多重属性、运用产品整体概念的原理分析客运产品的含义日渐增多，曾琼（2009）、王欢（2012）分别从核心产品、形式产品、附加产品几个层次提出了铁路客运产品整体概念示意图；从车次、席别两个标准划分了高速铁路、既有线的铁路客运产品种类，提出了铁路客运产品设计方法与思路。从运输需求方的角度考虑，客运产品分为核心产品、基本产品、期望产品和扩大产品四个层次；客运产品包含位移和服务双重概念；所有关于铁路客运产品定义均认同"位移为铁路客运产品的核心产品"。一般认为客运产品细分有两层含义，一是在列车速度等级、列车编组和车辆运用上进行优化调整，设计出与客流细分相对应的产品线；二是对某一产品（某次列车）中软卧、硬卧、硬座比例，以及是否加挂车辆等进行动态调整，以便对市场变化做出迅速及时的反应。强丽霞（2013）提出了高速铁路客运产品设计流程。

截至 2014 年年底，我国铁路营业里程达 11.2 万 km，其中高速铁路 1.6 万 km，四纵四横的客运专线网已初具规模。铁路客运专线列车开行方案的优化设计被视为一类 NP-hard 的复杂问题，在成网条件下其复杂性更高，传统的优化方法求解难度也随之增大。大多数文献关于列车开行方案的设计是以预测客流为出发点，依照"按流开车"的原则进行设计，虽然也有的研究通过闭环反馈等方式对开行方案进行反复调整，但关键的问题在于这种交互反馈是有限度的，预测客流本身存在的误差会扩大开行方案对实际优化方案的偏离程度，且对于"开车引流"（即列车的开行对客流的吸引性）考虑得尚不够充分全面。为此，研究我国高速铁路成网后的运输组织问题，规划设计满足客户个性化需求的、适合市场变化的、柔性化的铁路客运产品，有必要探讨如何利用人工智能的方法，将传统的运筹学优化问题转化为与其近似的对偶问题，采用分布式仿真求解策略设计铁路客运专线网的核心产品，以期得到更为符合现实的全局满意解，而非最优解。

第一节　铁路客运专线网核心产品结构设计的概念模型

铁路客运专线网的物理构成主要包括新建快速铁路（设计速度 200～250 km/h）、城际高速铁路（设计速度 200～250 km/h，300～350 km/h）、干线高速铁路（设计速度 200～250 km/h，300～350 km/h），根据铁路客运专线网的构成及各种列车的优势运行距离与运行时间、旅客的心理旅行距离与理想旅行距离，在旅行时间和旅行距离上，将铁路客运专线网的客运市场细分为短途流（1.5 h 以内，300 km 以内）、中途流（1.5～3 h，300～800 km）、中长途流（3～5 h，800～1 500 km）、长途流（5～8 h，1 500～2 000 km）、超长途流（8 h 以上，2 000 km 以上）。本书的研究对象为考虑位移和服务双重属性的铁路客运专线网的核心产品，将"开车引流"与"按流开车"相结合，遵循满意原则，以尽可能满足不同层次的客运出行需求、最大程度的吸引客流为目标导向，以运输供给水平为约束条件，兼顾位移和服务的双重属性，统筹考虑线路的效用、车站的效用、列车的效用及旅客的效用，以干线高速铁路、城际高速铁路为核心，采用基于 Agent 的建模与仿真（ABMS）技术，研究使铁路旅客出行需求特性与运能供给特性紧密联系的客运产品设计方法，统筹设计列车等级、列车运行线、列车基本运行径路、列车停站、换乘衔接组织方式、列车开行模式、旅客对列车的选择等，优化铁路客运专线网核心产品结构，形成各类铁路旅客运输产品有机结合的多样化系列，通过核心产品设计提升铁路旅客运输的核心竞争力，实现铁路企业和旅客的"共赢"。在结构设计阶段主要以实现"开车引流"为目标，为列车开行方案和运行图编制阶段的"按流开车"创造基础条件；把传统的客运产品设计的多商品流（multi-commodity flow）等运筹学优化问题转化为与其近似的对偶问题，提出基于 Agent 的分布式问题求解的方法与策略，寻求铁路客运专线网核心产品结构设计的全局满意解，从时间-空间维度构建核心产品的整体结构设计框架。

第二节　Agent 特征模型设计

一、Agent 的选取及属性与行为设定

Agent 是计算机科学和人工智能领域中的重要概念，它是在某一环境下具有自主性、社会性、主动性特征的计算实体，自治性、交互性和适应性、学习性、协作性是 Agent 的基本特性。根据中国铁路客运专线网的特征与构成及本书提出的概念模型，选取线路 Agent（用 LA 表示，包括干线高速铁路 Agent、城际高速铁路 Agent、新建快速铁路 Agent）、车站 Agent（用 SA 表示）、列车 Agent（用 TA 表示）、旅客 Agent（用 PA 表示）作为研究对象，其中旅客 Agent 从属于用户 Agent，线路 Agent、车站 Agent、列车 Agent 从属于资源 Agent；每一个 Agent 根据其所属客流类型、线路类型等又包含一系列子 agent，PA_j 表示第 j 类型铁路旅客的 Agent（按铁路旅客运输市场划分，旅客类型划分为通勤型、近程城际型、远程城际型、夕发朝至型、一日到达型），LA_j 表示第 j 种类型的线路，每一个 Agent 都有其自身的效用目标（如最大化收益、最小化成本等），具有对其他 Agent 和环境的知识，可以与其他 Agent 直接通信交互；每个 Agent 所能实现的目标是整体目标的一部分，甚至不同的 Agent 之间的具体目标有可能存在冲突，需要各 Agent 之间共同协商来实现系统整体目标。每个 Agent 生存在一定的环境中，由各 Agent 自身及其相互间的交互构成了 Agent 所处的环境，将不同 Agent 间的交互视为 Agent 与环境的交互。

线路 Agent 属性：编号、名称、类型、区间构成、区间里程、线路里程、相邻线路、与相邻线路的邻接点、开行列车种类、列车运行速度、开行列车数、线路上开行列车的周期模式、列车运行区间、相邻列车的时间间隔；车站 Agent 属性：编号、名称、等级（从高到低分为 1~4 四个等级）、衔接线路、所属枢纽类型（直线型、三角形、十字形、环形、环形中穿型）、经过车站的列车、经过车站的列车在车站的作业方式（始发、站停、通过、终到、折返）、衔接组织模式、换乘客流量；列车 Agent 属性：编号、名称、列车 OD、列车运行线等级、列车编组、列车速度等级、列车开行对数、列车吸引率、列车停站类型（站站停、大站停、一站直达、交错停站）、列车运行径路、列车运行里程；旅客 Agent 属性：旅客 OD、旅

客类型（通勤型、近程城际型、远程城际型、夕发朝至型、一日到达型）、旅客偏好（经济性（票价）、快捷性（运行时间）、方便性（换乘等候）、舒适性（短途是否有座位（通勤型、近程城际型）、长途是否有铺位（远程城际型、夕发朝至型、一日到达型）、旅行距离、出行模式（直达、中转换乘）。

二、Agent 行为规则

Agent 个体模拟的是人类智能，多 Agent 系统则是模拟的人类社会。人类社会的冲突通过群体共同遵守的社会规则来解决，相应的多 Agent 系统的设计中也要包含社会规则的内容，如 Legion 仿真系统中行人运动遵循的 OMCA 规则。

（一）必开起讫点

路网性节点、区域性节点、规模较大的地方性节点设为列车的必开起讫点，必开起讫点间应至少开行一次相应等级的旅客列车，通常在一定的运距范围内必开起讫点应该满足一客的客流量约束。

（二）列车运行线等级

按照起讫点的等级不低于其所连接的列车运行线的等级的原则，铁路客运专线网中列车运行线由高到低划分为三个等级：一级列车运行线，起讫点均为一级节点站；二级列车运行线，起讫点均为二级节点站的列车、起讫点为一级与二级节点站间的组合；三级列车运行线，起讫点均为三级节点站的组合、起讫点为二级与三级节点站的组合、起讫点为一级与三级节点站的组合。

（三）列车停站

对应于一级列车运行线的列车，可采取一站直达、大站停的方式；对应于二级列车运行线的列车，可选取大站停、交错停站的方式；对应于三级列车运行线的列车，可选取交错停站、站站停的方式；如果沿线车站等级高于列车运行线等级，则此站为该等级列车必停站；与列车运行线等级相当的沿线车站，则采取交错停站或站站停的方式。

（四）基本运行径路与可能的换乘节点

基本运行径路为与列车运行线等级相匹配的任意两必开起讫点间距离最短的路径。相关研究表明，当旅客的旅行时间超过 6 小时即会引起旅客的旅行疲劳，所以基本运行径路的距离不宜过长。列车间的换乘接续衔接点为其运行径路所属不同基础设施线路的物理交汇点或其沿途所经过的各等级类型的换乘节点站。

（五）列车编组

动车组列车标准编组 8 辆，定员 600 人/列，长编组 16 辆，定员 1200 人/列；夜行动卧列车定员 600 人/列；小型城际列车编组辆数有 3、4、6、8 辆，定员 225～600/列不等。列车编组可采用长、短结合的方式，当运距大于 500 km 时，采用长编组，当运距小于 500 km 时，采用短编组，也可考虑采用日本的"翼型"列车编组形式。

（六）乘客对列车的选择

如果列车不在乘客的目的地停站，则乘客不会选择此列车；乘客对列车存在选择偏好，限定所有旅客都首选最短路径，如果不能直达，允许旅客中转换乘，但限定换乘次数不超过一次。

（七）列车开行对数与列车吸引率

遵循"按流开车"原则确定初始列车数，结合"开车引流"的原则，在仿真优化阶段根据列车吸引率，对各条线路的列车开行对数进行抽线、加线、运程合并的调整。将列车吸引率定义为选择该列车的旅客 Agent 统计人数与总的旅客 Agent 统计人数的比值，在每个统计周期，取列车吸引率阈值为 0.75（对于夜行列车，吸引率可降至 0.5），则高于 0.75 的列车予以保留并考虑加线开行，低于 0.75 的列车则不予开行。

（八）不同方向列车在换乘枢纽的衔接组织方式

合理的衔接组织模式是实现列车运行在时间上、空间上整体优化的必要条件。根据郭根材（2012），同站换乘采用平行组织或垂直组织的衔接方式，异站换乘采用放射性组织的衔接方式，大型枢纽采用综合组织的换乘衔接方式。

（九）列车开行周期模式

通常高速铁路线路在 0:00—6:00 为矩形天窗维修时间，其运行时间段为 6:00—24:00 共计 18 h，在此时间段内线路可能的运行周期可划分为 1 h，2 h，3 h，6 h，9 h，18 h（非周期模式）几个时间间隔段（均为运行时间段 18 h 的约数）；新建快速铁路通常采取 V 形天窗，即其运行时间段为 24 h，其可能的运行周期可划分为 1 h，2 h，3 h，4 h，6 h，8 h，12 h，24 h（非周期模式）几个时间间隔段（均为运行时间段 24 h 的约数），仿真过程中根据效用予以确定。

第三节 Agent 决策机制

一、Agent 的效用

根据张嘉敏（2012）、付慧伶（2010）及铁路客运专线运营实践，分别确定线路 Agent、车站 Agent、列车 Agent、旅客 Agent 各项效用。

（一）线路 Agent 效用

1. 稳定性（越大越好型）

$$P_l = \frac{1}{N} \sum_{q \in Q} \sum_{\substack{j \in N_q \\ j \neq 0}} (h_{jq} - a_{jq}) \tag{3.1}$$

式中　P_l——线路上运行列车的稳定性；

　　　N——线路上运行的列车数；

　　　Q——线路上的区间集合；

q——线路上的区间；

N_q——区间 q 上运行的列车数；

h_{jq}——列车 j 在区间 q 与前行列车 j-1 的最小间隔时间；

a_{jq}——列车 j 在区间 q 与前行列车 j-1 的最小间隔时间。

2. 异质性（越小越好型）

$$H_l = \frac{\alpha}{N} \sum_{q \in Q} \sum_{j \in N_q} \frac{1}{h_{jq}} + \frac{\beta}{N} \sum_{q \in Q} \sum_{j \in N_q} \frac{1}{h_{js}^A} \qquad (3.2)$$

式中　H_l——线路上运行列车的异质性；

h_{js}^A——列车 j 与 j-1 到达车站 s 的间隔时间；

其他符号意义同上。

3. 速差（越小越好型）

$$G_l = \sum_{q \in l} \sum_{j \in N_q} (V_l - V_{jq}) \qquad (3.3)$$

式中　G_l——线路 l 的设计速度与列车运行速度的差；

V_l——线路 l 的设计速度；

V_{jq}——列车 j 在区间 q 上的运行速度。

（二）车站 Agent 效用

1. 异质性（越小越好型）

$$Y_S = \frac{1}{N_q} \sum_{j \in N_q} \frac{1}{h_{js}^A} \qquad (3.4)$$

式中　Y_S——车站 s 的异质性；

其他符号意义同上。

2. 组织旅客在站中转换乘成本（越小越好型）

$$C_\tau = \sum_{j \in N_q} (\lambda_1 g(j,s) \sigma(j,s) + \lambda_2 g(b,s,j)(1 - \sigma(j,s))M) \qquad (3.5)$$

式中　C_τ——组织旅客在站中转换乘成本；

λ_1——同站换乘条件下，组织旅客中转换乘的单位费用，元/人次；

λ_2——异站换乘条件下，组织旅客中转换乘的单位费用，元/人次；

$g(j,s)$——乘坐列车 j 的旅客在站 s 的换乘客流量；

$g(b,s,j)$——由枢纽内其他车站下车的乘客到车站 s 换乘列车 j 的客流量；

$\sigma(j,s) = \begin{cases} 1, \text{列车 } j \text{ 在车站 } s \text{ 停站} \\ 0, \text{列车 } j \text{ 不在车站 } s \text{ 停站} \end{cases}$

M——极大的正数；

其他符号意义同上。

（三）列车 Agent 效用

1. 列车的运营成本（越小越好型）

$$C_j^0 = (C_j^F + C_j^V d_j + \sum_{s \in S_j} \lambda_j x_{js}) \mu_j \tag{3.6}$$

式中　C_j^0——列车 j 的运营成本；

C_j^F——列车 j 的固定成本；

C_j^v——列车 j 的变动成本；

λ_j——列车 j 的停站费用；

μ_j——列车 j 的动车组编成辆数；

$x_{js} = \begin{cases} 1, & \text{列车 } j \text{ 在车站 } s \text{ 停站} \\ 0, & \text{列车 } j \text{ 不在车站 } s \text{ 停站} \end{cases}$

2. 列车的客票收入（越大越好型）

$$y_j = \sum_{d_j} \sum_{i \in f_j} d_{ij} r_j(d) \tag{3.7}$$

式中　y_j——列车 j 的客票收入；

d_j——列车 j 的运行里程；

f_j——乘坐列车 j 的客流量；

d_{ij}——乘坐列车 j 的 i 支客流的旅行距离；

$r_j(d)$——列车 j 的票价率，是运行距离 d 的分段函数。

（四）旅客 Agent 效用

1. 票价支出（越小越好型）

$$K_i = \varphi_{ij} r_j(d) d_{ij} + (1 - \varphi_{ij})(r_j(d) d'_{ij} + r_{j'}(d) d'_{ij}) \tag{3.8}$$

式中　K_i——旅客 i 的票价支出；

$\varphi_{ij} = \begin{cases} 1, & \text{乘客 } i \text{ 乘坐列车 } j \text{ 直达} \\ 0, & \text{乘客 } i \text{ 乘坐列车 } j \text{ 中途再换乘到列车} j' \end{cases}$

d'_{ij}——乘客 i 乘坐列车 j' 的旅行距离；

其他符号意义同上。

2. 全程在途时间（越小越好型）

$$T_i = \varphi_{ij} \sum_{s \in i_j^{OD}} \left(\frac{d_{ij}^{s-1,s}}{v_{ij}^{s-1,s}} + x_{ijs} \tau_{js} \right) + (1 - \varphi_{ij})(\sum_{s \in i_j^{OD}} (\frac{d_{ij}^{s-1,s}}{v_{ij}^{s-1,s}} + x_{ijs} \tau_{js}))$$
$$+ \sum_{s \in i_{j'}^{OD}} (\frac{d_{i,j'}^{s-1,s}}{v_{i,j'}^{s-1,s}} + x_{ij's} \tau_{j's}) \tag{3.9}$$

式中　τ_{js}——列车 j 在车站 s 的停站时间；

$v_{ij}^{s-1,s}$——乘客 i 乘坐的列车 j 在区间（由车站 s-1 到车站 s 构成的区间）的运行速度；

$$x_{ijs} = \begin{cases} 1, \text{乘客 } i \text{ 乘坐的列车 } j \text{ 在车站 } s \text{ 停站} \\ 0, \text{否则} \end{cases}$$

其他符号意义同上。

二、Agent 的体系结构与仿真逻辑设计

（一）慎思 Agent 的 BDI 结构模型与全局交互关系

慎思 Agent 的 BDI 结构将信念（belief）、愿望（desire）和意图（intention）当作 Agent 的基本思维属性（简称 BDI），信念描述 Agent 的状态信息，是 Agent 对世界、自身和环境的认知；愿望描述 Agent 的动机，是其希望达到的状态或希望保持的状态集合，可以触发 Agent 的规划和行动；意图属于思维状态的意向，表示 Agent 对未来行为的当前选择，主导 Agent 去实现其目标，是目标的子集。在实际应用中，Agent 的智能推理过程主要包括选择目标、确定怎样获得这些目标、如何根据环境的变化调整目标和规划行为这样三个重要环节。慎思 Agent 的 BDI 基本结构如图 3.1 所示。

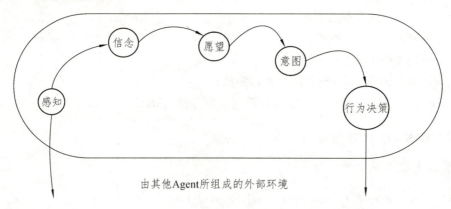

图 3.1　Agent 的 BDI 基本结构

在仿真过程中，把其他 Agent 所构成的世界视为 Agent 的外部环境，Agent 与环境的交互即与其他相关 Agent 间的交互；基于 KQML（Knowleged Query and Manipulation Language）和 KIF（Knowledge Interchange Format）的通信机制，具体的交互关系主要发生在有邻接关系的线路 Agent 间、有包含与被包含关系的线路 Agent 与车站 Agent 间、有服务与被服务关系的线路 Agent 与旅客 Agent 间、有服务与被服务关系的车站 Agent 与旅客 Agent 间、列车 Agent 与其沿途车站 Agent 间、列车 Agent 与其沿途车站所属的线路 Agent 间。多 Agent 间的体系结构可采取集中式与分布式混合的联邦式 MAS 结构，以旅客 Agent 作为中心，各线路 Agent 间的交互目的是协作完成跨线客流的输送，各 Agent 与乘客 Agent 的交互目的是高质量地完成其服务对象的位移。

（二）Agent 的行为逻辑内容

各 Agent 行为逻辑的核心是尽可能追求个体效用最优化的决策行为。在 BDI 体系结构的 Agent 中，线路 Agent 的信念即与其有邻接关系的线路的当前状态、其所覆盖的车站的当前状

态、运行径路与其有重叠的列车的当前状态、OD 之一或全部分布其沿线车站的列车的当前状态、线路自身的当前状态；车站 Agent 的信念即车站所属线路的当前状态、沿途经过车站的列车的当前状态、沿途经过车站的乘客的当前状态、车站自身的当前状态；列车 Agent 的信念即与其有接续关系的列车的当前状态、列车沿途所经过的车站的当前状态、列车所服务的乘客的当前状态、列车自身的当前状态；旅客 Agent 的信念即旅客可能选择列车的当前状态、旅客乘坐列车的当前状态、旅客自身的当前状态；各 Agent 的愿望即最优化其自身的效用；各 Agent 的意图即根据当前的信念及愿望进行相应的行为决策。

　　本书结合铁路客运专线网核心产品结构设计的复杂问题，针对中国铁路客运专线网的构成特征，提出了采取基于 Agent 的建模与仿真（ABMS）的技术，将传统的运筹学优化问题，转化为与其近似的对偶问题，利用分布式问题求解策略，寻求结构设计方案的满意解；为成网条件下铁路客运专线的核心产品结构设计、运输组织及列车开行模式等复杂问题的求解开拓了新思路。

第四章　基于 IP_{xy} 模型的青荣城际铁路列车开行方案研究

山东半岛是我国最大的半岛，是环渤海地区与长江三角洲地区的重要结合部、黄河流域地区最便捷的出海通道、东北亚经济圈的重要组成部分。以济南、青岛为核心的山东半岛蓝色经济区建设已经上升为国家战略，成为国家海洋发展战略和区域协调发展战略的重要组成部分，规划主体区范围包括山东全部海域和青岛、烟台、威海、潍坊、日照、东营 6 市及滨州市的无棣、沾化 2 个沿海县所属陆域，其中青岛将被培育成国家级中心城市，成为山东省和黄河流域经济社会发展的龙头城市。"经济发展，交通先行"，其战略目标的实现，也提出了对"半岛一小时交通圈"的现实要求。青荣（青岛—荣城）城际铁路是山东省内第一条区域性城际高速铁路，位于胶东半岛，连接青岛、烟台、威海三个主要城市，是构建半岛城市群间最重要的交通基础设施和最快捷的运输通道，可形成由烟台至青岛、至威海、至荣成 1 小时交通圈，实现相邻城市的"同城效应"，并通过胶济铁路融入全国高速铁路运输路网。

第一节　青荣城际铁路运营分析

青荣城际铁路纵贯山东半岛，起于青岛北站，沿线经城阳、即墨，并行蓝烟铁路，经莱西、莱阳至烟台，向东沿烟威高速公路到达威海市，然后折向东南直至终点荣成市；正线全长 299 km，连接胶济客专、引入既有烟台客站（联络线约 35.6 km），线路全长采取全封闭、全立交，区间正线设计速度 250 km/h；途经烟台、威海、荣成等城市，沿线车站主要有青岛北站、城阳站、即墨北站、夏格庄站、莱西北站、莱阳站、海阳北站、桃村北站、烟台南站、牟平站、威海北站、威海站、文登东站、荣成站，设有 2 个线路所（柞车河、西陌堂）。青荣城际济南段（即墨北—荣城）自 2014 年 12 月 28 日起正式开通运营，于当天开行 8 对列车，其中本线车（即墨北—荣城）1 对，经运行优化调整，自 2015 年 3 月 20 起，开行管内动车组列车计 8 对，其中开行本线车 2 对。城际铁路以服务城市与郊区、城市与城市以及中心城镇之间的旅客出行为主，城际客运系统的特点是区域内有两个及以上的中心城市，中心城市辐射区域内城市（镇）经济发达，人口密集，客流结构以"一日交流圈"内相对固定的通勤、通学、商务、公务、休闲、旅游客流为主，城际客流的旅行距离一般是在区域中心城市之间、城市与其所辖郊区之间、城市郊区与相邻城市之间的出行，客流流向的时段特征明显。青荣城际交通客流由两部分组成，一是青烟威城市间、城镇间的本线客流，另一部分是通过此线进行济南、北京、上海等远途旅行的跨线客流。预计到 2020 年，城际旅客日客运量达到 19.9 万人，到 2030 年日客运量达到 29.3 万人。列车开行方案的确定问题也称为 LPP 问题（Line Planning Problem），列车开行方案的设计问题也是铁路能力使用的规划问题.汪波、杨浩（2007）总结了城际铁路的运营特征，与干线铁路相比，城际铁路的跨度并不大，而凸显公交化的特征，经过开通后运营初期的客流培育，到未来客流成熟期城际铁路必然以服务本线客流为主，城际间适宜采用高速度、高密度、小编组开行模式，按照各时段客流密度确定列车开行的密度。通常根据客流量大小，城际线路实行大站停和站站停列车按一定比例相结合的方式运行，且既有研究大多倾向于采取周期化或节拍式的运输组织模式。本书主要是基于青荣城际铁路未来某高峰时段的客流量，研究列车运行线类型、列车开行对数与客流出行选择的匹配问题，进而确定列车的开行方案，为编制周期化运行图提供前提条件。

第二节　模型的建立

一、建模基础

将城际铁路视为由车站和站间区间组成的系统，由无向图 $G=(V,E)$ 表示，其中顶点 V 为车站的集合，边 E 为站间区间的集合；对于每一条边 e 有 $e=\{v,w\}\in E$，即 e 为连接顶点集合 V 中车站 v 与 w 的站间区间。城际铁路列车开行方案的研究主要是确定列车运行径路、停站方式及开行密度，这三个要素可以由列车运行线来综合体现，即列车运行线 l 为列车以一定频率运行时所经过的无向图 G 的路径，列车运行线 l 的路径可由边集合 E 中的一系列边 e 表示，即 $l\subseteq E$。无向图 G 中的顶点 V 和列车运行线都被赋予一定的类型 $T=\{l,\cdots,T_{\max}\}$，即每一个车站 $v\in V$ 属于某一类型 t_v，每一条运行线 l 属于某一类型 $t(l)$。列车运行线 l 的停站方式取决于其自身类型 $t(l)$ 及其沿途所经过车站的类型 t_v。依据车站类型和运行线类型设定列车运行线在沿途车站的停站方式，类型 1 表示位于乡镇的小型车站，类型 2 表示规模稍大于 1 型的中小型车站，类型 $T_{\max}$ 表示位于中心城市的大型车站；列车运行线 1 的停站规律为：1 型的列车运行线在其沿途的所有车站都停车；2 型的列车运行线越过 1 型车站不停车，在其沿途所经过 2 型及高于 2 型的所有车站都停车，依此类推；即对于 t 型的列车运行线 l，如果其沿途所经过的车站类型 t_v 大于或等于 t，则 l 在此站停车，如果其沿途所经过的车站类型 t_v 低于 t，则 l 将在此站不停车通过。基于无向图 $G=(V,E)$ 及 G 中顶点 V 的类型构造列车运行线的类型图 $G^T=(V,E^T)$，G^T 的顶点集合与 G 相同，G^T 与 G 的区别在于边集的不同，在 G^T 中有 $T_{\max}$ 个子集合的类型边，令边集 E_t^T 表示包括类型 t 的所有类型边，E^T 是所有类型 t 的边集的并集，即 $E^T=\bigcup_{t\in T}E_t^T$，且 $E_1^T=E$。对于某些类型边 $t\neq t'$ 有 $\{v,w\}\in E_t^T$ 和 $\{v,w\}\in E_{t'}^T$ $(v,w)\in V$，因此类型图 G^T 也可称为多重图。

根据所处的地理位置及当地人口与社会经济状况，青荣城际铁路中 1 型车站为莱阳、海阳北、桃村北、牟平，分别用字母 g、m、n、p 表示；2 型车站为城阳、即墨北、夏格庄、莱西北、威海北、文登东、荣城，分别用字母 b、c、d、f、q、u、z 表示；3 型车站为青岛北、烟台南、威海，分别用字母 a、o、r 表示；根据车站类型划分及停站方式，青荣城际铁路运行线类型主要划分为 1 型（line 1，a-z）、2 型（line 2，a-z）、3 型（line 3，a-r）三种，如图 4.1 所示。

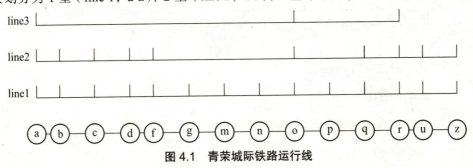

图 4.1　青荣城际铁路运行线

　　基于图 4.1 构造青荣城际铁路运行线的类型图 G^T，如图 4.2 所示，其中粗虚线 a-o、o-r 线代表 3 型运行线（line 3），细虚线 a-b、b-c、c-d、d-f、f-o、o-q、q-r、r-u、u-z 线代表 2 型运行线（line 2），直实线代表 1 型运行线（line 1）。

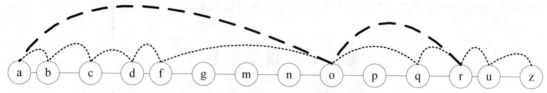

图 4.2　青荣城际铁路运行线的类型图

　　在客流的出行路径选择中，对任一支从顶点 v^k 到 w^k 的客流 k，其旅行路径集合 p_k^T 是类型图中由顶点 v^k 到 w^k 所经过的各种类型的类型边组成的，即 $P_k^T \subseteq E^T$；无向图 G 中任意两个顶点间的旅客的出行路径，可能选择相应的类型图 G^T 中类型级别较高的类型边（视为最佳路径），以使其旅行时间尽可能缩短，也可能选择相应级别较低的类型边，以节省出行的票价成本，也可能是高低类型边的组合，从而产生了在列车开行方案设计中为不同类型边上的客流进行能力分配的问题，Goossens J，etc（2006）称之为边的能力问题（ECP）。对于每支客流 K，如果其可能路径由一条以上的类型边组成，则客流 K 可相应地被分解为几支客流。基于无向图 G 和与 G 相关的类型图 G^T，ECP 所研究的问题在于为类型图 G^T 中的每条类型边 E_t^T 分配足够的能力，使得所有客流都可以被输送到目的地，且使能力分配的一些目标达到优化（如最小化运营费用），此类 ECP 问题可通过 IP_{xy} 模型进行优化求解。

二、IP_{xy} 模型

　　令 P_K^T 表示由出发地 V_1^K 到目的地 V_2^K 的客流 K 的理论最佳出行路径，$P_K^T \subseteq E^T$。令 $\tilde{H}(e)$ 表示选择类型边 e 为 P_K^T 的组成部分的旅客流量，对于类型图 G^T 中的每条类型边 e 有 $\tilde{H}(e) = \sum_{K|e \in P_K^T} H^K$，其中 H^K 为由发地 V_1^K 到目的地 V_2^K 的客流 K 的 OD 需求量，也记为 $H^{v_1^K v_2^K}$。令 $x(e)$ 表示类型边 e 实际应分配到的输送能力（以客流量统计）。对每一条类型边 $e \in E_t^T$（$t>1$）引入变量 $y(e)$ 表示在所有 OD 对之间的最佳出行路径 P_K^T 理论上可以使用图 G^T 中的 t 型类型边，但实际上没有使用 t 型边而是使用低一级的 $t-1$ 型潜在类型边作为出行路径的旅客流量，即 $y(e)$ 为在类型图的边上重新再分配的客流量，在其可使用的潜在类型边上需为这些客流分配预留能力。令 α 表示每辆车的上座率，令 θ 表示每辆车的定员，令 β 表示每辆车的单车固定成本（元/辆车），令 μ 表示运输每位旅客的单位流量费用（元/人公里），令 $d^{v_1 v_2}$ 表示两顶点 V_1 与 V_2 间的物理距离（即站间距）。关于类型图 2 的青荣城际铁路的 IP_{xy} 模型可表述为：

$$\min F = \sum_{t \in T} \sum_{v_1, v_2 \in V} \frac{x(e_t^{v_1 v_2})\beta}{\alpha\theta} + \sum_{t \in T} \sum_{v_1, v_2 \in V} \frac{x(e_t^{v_1 v_2})\mu d^{v_1 v_2}}{\alpha\theta} \tag{4.1}$$

s.t.

$$x(e_3^{ao}) \geqslant \tilde{H}(e_3^{ao}) - y(e_3^{ao}) \tag{4.2}$$

$$x(e_3^{or}) \geqslant \tilde{H}(e_3^{or}) - y(e_3^{or}) \tag{4.3}$$

$$x(e_2^{ab}) \geqslant \tilde{H}(e_2^{ab}) + y(e_3^{or}) - y(e_2^{ab}) \tag{4.4}$$

$$x(e_2^{ab}) \geqslant \tilde{H}(e_2^{bc}) + y(e_3^{ao}) - y(e_2^{bc}) \tag{4.5}$$

$$x(e_2^{cd}) \geqslant \tilde{H}(e_2^{cd}) + y(e_3^{ao}) - y(e_2^{cd}) \tag{4.6}$$

$$x(e_2^{df}) \geqslant \tilde{H}(e_2^{df}) + y(e_3^{ao}) - y(e_2^{df}) \tag{4.7}$$

$$x(e_2^{fo}) \geqslant \tilde{H}(e_2^{fo}) + y(e_3^{ao}) - y(e_2^{fo}) \tag{4.8}$$

$$x(e_2^{oq}) \geqslant \tilde{H}(e_2^{oq}) + y(e_3^{or}) - y(e_2^{oq}) \tag{4.9}$$

$$x(e_2^{qr}) \geqslant \tilde{H}(e_2^{qr}) + y(e_3^{or}) - y(e_2^{qr}) \tag{4.10}$$

$$x(e_2^{ru}) \geqslant \tilde{H}(e_2^{ru}) - y(e_2^{ru}) \tag{4.11}$$

$$x(e_2^{uz}) \geqslant \tilde{H}(e_2^{uz}) - y(e_2^{uz}) \tag{4.12}$$

$$x(e_1^{ab}) \geqslant \tilde{H}(e_1^{ab}) + y(e_2^{ab}) \tag{4.13}$$

$$x(e_1^{bc}) \geqslant \tilde{H}(e_1^{bc}) + y(e_2^{bc}) \tag{4.14}$$

$$x(e_1^{cd}) \geqslant \tilde{H}(e_1^{cd}) + y(e_2^{cd}) \tag{4.15}$$

$$x(e_1^{fg}) \geqslant \tilde{H}(e_1^{fd}) + y(e_2^{fo}) \tag{4.16}$$

$$x(e_1^{gm}) \geqslant \tilde{H}(e_1^{gm}) + y(e_2^{fo}) \tag{4.17}$$

$$x(e_1^{mn}) \geqslant \tilde{H}(e_1^{mn}) + y(e_2^{fo}) \tag{4.18}$$

$$x(e_1^{no}) \geqslant \tilde{H}(e_1^{no}) + y(e_2^{fo}) \tag{4.19}$$

$$x(e_1^{op}) \geqslant \tilde{H}(e_1^{op}) + y(e_2^{oq}) \tag{4.20}$$

$$x(e_1^{pq}) \geqslant \tilde{H}(e_1^{pq}) + y(e_2^{oq}) \tag{4.21}$$

$$x(e_1^{qr}) \geqslant \tilde{H}(e_1^{qr}) + y(e_2^{qr}) \tag{4.22}$$

$$x(e_1^{ru}) \geqslant \tilde{H}(e_1^{ru}) + y(e_2^{ru}) \tag{4.23}$$

$$x(e_1^{uz}) \geqslant \tilde{H}(e_1^{uz}) + y(e_2^{uz}) \tag{4.24}$$

$$x(e), y(e), \tilde{H}(e) \text{ 为整数} \tag{4.25}$$

$$v \in \{a,b,c,d,f,g,m,n,o,p,q,r,u,z\} \tag{4.26}$$

在此 IP_{xy} 模型中，目标函数 4.1 为输送旅客的总费用，由列车运行的固定成本和变动成本两部分组成，约束条件 4.2、4.3 表示图 4.2 中 3 型类型边的的运输能力与实际旅客流量匹配关系，约束条件 4.4～4.12 表示图 4.2 中 2 型类型边的运输能力与实际旅客流量匹配关系，约束条件 4.13～4.24 表示图 4.2 中 1 型类型边的运输能力与实际旅客流量匹配关系，约束条件 4.25、4.26 为模型中变量的阈值范围。

第三节　IP_{xy} 模型运行结果与列车流开行频率的确定

一、模型运行结果

根据沿线人口、社会经济发展现状与趋势及所处的地理区位特征，类比已开通运营的京津、沪宁、沪杭、昌九、成渝等城际铁路相关研究与运营状况，预估青荣城际铁路未来某高峰时段客流 OD 见表 4.1。

表 4.1　青荣城际铁路未来某高峰时段客流 OD 表

	a	b	c	d	f	g	m	n	o	p	q	r	u	z
a		305	435	440	310	350	212	320	675	532	561	580	450	500
b	305		285	274	209	298	167	201	313	290	300	310	205	201
c	435	285		200	241	290	251	230	400	301	324	308	234	210
d	440	274	200		180	230	190	210	300	270	252	240	211	170
f	310	209	241	180		170	150	145	280	223	195	200	160	165
g	350	298	290	230	170		130	125	275	241	200	210	115	146
m	212	167	251	190	150	130		106	167	132	156	168	112	138
n	320	201	230	210	145	125	106		172	143	140	135	120	113
o	675	313	400	300	280	275	167	172		150	189	250	214	200
p	532	290	301	270	223	241	132	143	150		176	151	187	156
q	561	300	324	252	195	200	156	140	189	176		140	130	245
r	580	310	308	240	200	210	168	135	250	151	140		105	134
u	450	205	234	211	160	115	112	120	214	187	130	105		150
z	500	201	210	170	165	146	138	113	200	156	245	134	150	

青荣城际铁路相关参数见表 4.2。

表 4.2　青荣城际铁路相关参数

列车运营固定成本	42 000 元/标准车组（标准编组每组 8 辆，定员 600 人）
列车运行单位公里费用	170 元/标准车组
每辆车定员	75 人
列车上座率	0.75
平均站间距	20.88 km

IP_{xy} 模型属整数线性规划模型，通过运行 lingo 软件即可求解相关变量值，客流 OD 表上下行方向对称，在模型运算时仅需考虑青岛——荣成方向客流分配情况。经模型优化求解，对于 3 型类型边，$x(e_3^{ao}) = 2205$，$x(e_3^{or}) = 970$，$y(e_3^{or}) = 0$，$y(e_3^{ao}) = 0$，表明 3 型类型边上的全部客流均选择理论上最佳路径为其实际出行路径；对于 2 型类型边，$x(e_2^{fo}) = 1223$，$x(e_2^{oq}) = 189$，$y(e_2^{ab}) = 2372$，$y(e_2^{bc}) = 1747$，$y(e_2^{cd}) = 1612$，$y(e_2^{qr}) = 515$，$y(e_2^{ru}) = 239$，$y(e_2^{uz}) = 150$，其余变量为 0，对于 1 型类型边，$x(e_1^{ab}) = 2677$，$x(e_1^{bc}) = 2032$，$x(e_1^{cd}) = 1812$，$x(e_1^{df}) = 1290$，$x(e_1^{fg}) = 170$，$x(e_1^{gm}) = 130$，$x(e_1^{mn}) = 106$，$x(e_1^{no}) = 172$，$x(e_1^{op}) = 150$，$x(e_1^{pq}) = 176$，$x(e_1^{qr}) = 655$，$x(e_1^{ru}) = 344$，$x(e_1^{uz}) = 300$，其余变量为 0，由此可见，2 型类型边的部分客流选择理论上的最佳路径为其实际出行路径，部分客流选择 4.2 型类型边为其实际出行路径的组成部分，据此需赋予各类型边相应的输送能力；经模型优化求解，完成表 1 中未来某高峰时段旅客输送所需的总费用为 1 565 246 元。

二、列车开行密度的确定

动车组平均每辆定员 75 人，动车组列车标准编组为 8 辆，长编组列车的编成辆数为 16 辆，小型城际列车编组辆数有 3、4、6 辆，定员 225～450 人/列不等。令 ρ_i 表示 i 型（ $i=1,2,3$ ）运行线 l_i 开行列车的对数，令 δ_i 表示动车组列车的编成辆数，根据客流——车流——列流的转换关系，考虑"按流开车"与"开车引流"相结合的基本原则，确定 i 型运行线上列车开行对数的计算式表述为：

$$\rho_i = \max_{\substack{v_1,v_2 \in v \\ v_1,v_2 \in l_i}} \left\lceil \frac{x(e_i^{v_1,v_2})}{\theta \delta_i} \right\rceil \qquad (4.27)$$

经计算，3 型运行线应采取 16 辆编组的长编组列车，列车开行对数 2 对；2 型运行线应采取 8 辆编组的标准动车组列车，列车开行对数为 2 对，1 型运行线应采取长短交路套跑的形式，其中短交路开行区间为青岛北——莱西北，采取 6 辆编组的小型城际列车，列车开行对数为 5 对，长交路开行区间为青岛北——荣成，采取 8 辆编组的标准动车组列车，列车开行对数为 1 对。

表 4.3　青荣城际铁路未来某高峰时段列车开行方案

运行线类型	运行径路（含停站）	列车编组形式	列车开行密度
line 1	长交路：青岛北—城阳—即墨北—夏格庄—莱西北—莱阳—海阳北—桃村北—烟台南—牟平—威海北—威海—文登东—荣成	8 辆编组的标准动车组列车	1 对
	短交路：青岛北—城阳—即墨北—夏格庄—莱西北	6 辆编组的小型城际列车	5 对
line 2	青岛北—城阳—即墨北—夏格庄—莱西北—烟台南—威海北—威海—文登东—荣城	8 辆编组的标准动车组列车	2 对
line 3	青岛北—烟台南—威海	16 辆编组的长编组列车	2 对

IP_{xy} 模型是一种线性整数规划，与多商品流模型（MCF）具有等价性，但 IP_{xy} 模型在约束条件中仅需考虑类型图 G^T 中的类型边的能力约束，故而相对于 MCF 模型求解 ECP 问题可使用较少的变量，也较易于求解。本章提出基于 IP_{xy} 模型的青荣城际铁路列车开行方案研究方法，构造青荣城际铁路列车运行线的类型图，以最小化输送旅客的总费用为目标，以组成旅客出行径路的类型边上的运输能力与旅客流量相匹配为约束条件进行建模，并运行 lingo 软件进行优化求解；遵循"按流开车"与"开车引流"相结合的原则，依据客流——车流——列流的转换关系，提出各类型运行线上列车开行对数的计算式，最终得出了如表 4.3 所示的青荣城际铁路未来某高峰时段的列车开行方案（包括运行线类型、列车运行径路、列车编组方式、开行对数）。具体实践中通常可以假设在城际旅客的可达时间带内（不早于 7 点和不晚于 24 点的时间域内），所有时段都是高峰时段，在进行运行图铺画时，非高峰时段运行线的铺划是对高峰时段的运行线进行取舍，把没有使用的运行线作为备用运行线。列车开行方案的设计是编制运行图的前提，除本线车外，青荣城际铁路还开行济南局管内跨线动车组列车及到达北京、上海的直通跨线动车组列车，所以在运行图编制阶段，还需通过对本线客流、跨线客流的分析，进一步考虑跨线车对本线车的影响，这也是有关青荣城际铁路列车开行方案设计的下一步研究方向。

第五章 高速铁路换乘延误管理分析

在高速铁路成网运营的条件下，不同线路上的列车特别是短程列车间不可避免地存在换乘接续关系，部分中长距离出行旅客须选择换乘出行。换乘活动发生于一对到达列车与出发列车之间，即旅客乘坐一列列车到达某换乘站，在该站搭乘另一列由此站出发列车前往目的地。铁路列车的运行是随机有控和有控随机并存的过程，致使延误的现象时有发生。当到达列车发生延误时，旅客和列车调度需要进行相关的优化决策，旅客需要考虑是否仍按照原计划的乘车路线出行，到达列车需要考虑是否维持原计划的接续关系，以及延误发生后的出发时刻等，以便将延误所引发的影响（由初始延误会造成一系列的连带延误）降低到最小化。关于延误管理，对于一对换乘接续列车，在到达列车发生晚点的情况下，出发列车是同步晚点等待以维持换乘接续关系，还是放弃接续关系正点出发，这是出发列车需要考虑的决策问题；对于换乘旅客，需要决策换乘哪列车的问题。作为理性的决策个体，铁路行车调度调整与旅客出行选择的决策依据在于尽可能降低延误的影响，提高旅客及列车的正点率。Schöbel A（2001）构建了混合整数规划模型研究延误管理，Andreas Ginkel（2007）运用事件-活动网研究了公共交通运输系统中的延误决策管理，Twan Dollevoet（2013）以最小化旅客的总延误时间为目标，分别从铁路能力限制和旅客乘车路径两个角度研究了延误管理，即当不考虑能力约束时，从旅客的角度研究对于每个可能的接续，需要决策到达接续列车是同步等待延误的列车以维持接续关系，还是忽略接续关系准时出发；当不考虑等待—出发决策时，将会优化得到一个相对原计划偏移的时刻表，延误管理问题变为列车运行调整问题。国内对于延误管理的研究目前还很少见，但是随着高速铁路客运专线成网后的规模化运营，我国铁路旅客运输系统呈现出从传统的能力限制型转向客流服务型的新局面，旅客的时间价值日益受到重视，分析研究延误管理对于提高旅客满意度、提升铁路运营服务质量与效益具有十分重要的意义。

第一节 列车延误与旅客延误

列车的正晚点情况是衡量铁路运行可靠性的重要指标，由于会受到许多随机因素的干扰，列车运行过程中出现微小的延误是很常见的，导致列车通常会晚于计划的时刻到达或出发；为了统计正点率，不同国家设置了不同的延误阈值，比如丹麦设定各种类型的列车在如下的延误阈值范围内到达即认为是正点：市郊列车为 2.5 min，区域列车为 5 min，城际列车为 6 min，货物列车为 10 min；美国根据列车运行的距离将阈值设定为 5～30 min；也有些欧洲国家没有设置固定的时间阈值，而且在不同地理位置衡量正点情况也是有差别的，比如荷兰在某特定车站的出发时刻统计正点率，而德国和挪威在列车终点站的到达时刻统计正点率。列车延误可分为初始延误和连带延误，初始延误通常是由旅客的换乘/上下车时间过长、基础设施/车辆的故障以及天气状况等原因引起的，连带延误是由于初始延误及其自身在铁路网中的传播引起的。在运行图编制时铁路基础设施能力利用的饱和度越高，铺画的运行线越多，预留的计划等待时间（缓冲时间）越少，越容易发生延误晚点。

除了列车延误，旅客延误是衡量铁路运行可靠性的另一个重要指标。通常在晚点达到一定阈值后列车的运行才被视为延误，意味着在阈值范围内的晚点列车仍被视为正点运行，但对于车内部分乘客却可能造成换乘失败，即错过换乘的列车，而导致旅客的延误，所以列车延误并不等于旅客延误，一列被视为正点运行的列车，车内的乘客（特别是换乘乘客）有可能会被延误。

第二节　事件-活动网的定义

事件-活动网在铁路运输管理领域有广泛的应用，并且也用于延误管理的相关研究中。事件-活动网为由顶点和边构成的网络图 $N = (\varepsilon, A)$，其中顶点 ε 代表事件，边 A 代表活动。在换乘延误管理中，需要定义到达、出发两个事件，分别用 ε_1、ε_2 表示；定义运行、等待、换乘、出发间隔四个活动，分别用 A_1、A_2、A_3、A_4 表示，令 v 表示车站（ $v \in V$ ），令 t 表示列车（ $t \in T$ ），在网络图中事件与活动的具体定义形式如下：

$$\varepsilon_1 = \{(v, t, arr)：列车t到达车站v\}$$

$$\varepsilon_2 = \{(v, t, dep)：列车t从车站v出发\}$$

$$\varepsilon = \varepsilon_1 \bigcup \varepsilon_2$$

$$A_1 = \{((v, t, dep), (v', t, arr)) \in \varepsilon_2 \times \varepsilon_1：列车 t 从车站 v 出发运行到车站v'\}$$

$$A_2 = \{((v, t, arr), (v, t, dep)) \in \varepsilon_1 \times \varepsilon_2：列车到达车站 v 等待旅客上车完毕后出发\}$$

$$A_3 = \{((v, t, arr), (v, t', dep)) \in \varepsilon_1 \times \varepsilon_2：旅客在车站 v 从列车 t 换乘到列车t'\}$$

$$A_4 = \{((v, t, dep), (v, t', dep)) \in \varepsilon_2 \times \varepsilon_2：在同一车站出发的相邻两列车保持安全间距\}$$

$$A = A_1 \bigcup A_2 \bigcup A_3 \bigcup A_4$$

第三节　换乘延误管理的双层规划模型

既有相关文献的研究将列车延误与旅客延误统一整体考虑，但旅客延误并不等同于列车延误，且实际上旅客与列车之间存在一种类似于领导者—跟随者（leader-follower）的双层优化选择关系，故可用双层规划模型。对于传统能力限制型的列车运行管理决策，通常是以列车开行优化作为上层的前提决策条件，而视旅客为跟随者进行下层的优化。理想列车开行方案的制定应该是遵循"按流开车"和"开车引流"相结合的原则，在列车运行调整过程中，应重点突出"按流开车"；高速铁路由运输能力限制型转变为客流服务导向型，因此在高速铁路换乘延误管理的优化分析中，双层规模型的上层为旅客延误时间最小化，下层为列车延误时间最小化，以贯彻"按流开车"的基本原则。

一、参变量及符号说明

对模型中涉及的参变量及符号说明如下：

ω_a——参与换乘活动 a 的旅客人数；

ω_e——参与列车到达、出发事件 e 的旅客人数；

T_e——参与换乘接续活动 a 的到达列车的节拍式周期（在周期运行图中等待时间为一个周期，在非周期运行图中等待时间为 24 h）；

x_a——反映换乘接续关系的维持状况，$x_a = \begin{cases} 1, & \text{维持原计划的换乘连续关系} \\ 0, & \text{放弃原计划的换乘接续关系} \end{cases}$

y_e——实际的列车到达、出发时刻；

π_e——原计划的列车到达、出发时刻；

d_e——列车的到达、出发事件 e 的延误时间；

L_a——活动 a 的持续时间；

$g_{e',e}$——反映两事件 e'，e 的前后相邻关系，$g_{e',e} = \begin{cases} 1, & \text{事件 } e' \text{ 在事件 } e \text{ 之前发生} \\ 0, & \text{事件 } e' \text{ 在事件 } e \text{ 之前发生} \end{cases}$

二、混合整数线性双层规划模型

根据上述分析，基于事件-活动网，构建换乘延误管理的双层规划模型如下：

$$\min d_p = \sum_{a \in A_3} \omega_a T_a (1-x_a) + \sum_{e \in \varepsilon} \omega_e (y_e - \pi_e) \tag{5.1}$$

$$\text{s.t.} x_a = \{0,1\} \quad \forall a \in A_3 \tag{5.2}$$

$$\min d_t = \sum_{e \in \varepsilon} \omega_e (y_e - \pi_e) \tag{5.3}$$

$$\text{s.t.} y_e \geqslant \pi_e + d_e \quad \forall e \in \varepsilon \tag{5.4}$$

$$y_e \geqslant y'_e + L_a \quad \forall a \in A_1 \bigcup A_2 \tag{5.5}$$

$$y_e + M(1-x_a) \geqslant y'_e + L_a \quad \forall a \in A_3 \tag{5.6}$$

$$y_e - y'_e + M(1-g_{e',e}) \geqslant L_a \quad \forall (e',e) \in A_4 \tag{5.7}$$

$$y_e \in N, \forall e \in \varepsilon, N \text{ 为整数集合}, M \text{ 为极大的正数} \tag{5.8}$$

此双层规模模型中的响应函数为 $y_e = f(x_a)$，目标函数 5.1 表示最小化旅客的总延误时间，式中第一项表示换乘旅客的等待延误时间，即换乘活动本身所产生的延误，第二项表示受换乘接续关系影响的所有旅客的延误时间，即受换乘活动影响的旅客所产生的延误；约束条件 5.2 表示是否延迟等待以维持换乘接续关系的 0~1 决策，赋值 1 表示延迟等待以维持换乘接续关系，赋值 0 表示不延迟等待放弃换乘接续关系；目标函数 5.3 表示所有列车的延误之和；约束条件 5.4 表示优化调整后的列车到达、出发事件实际发生时间不早于原计划的事件发生时间与其延误时间之和；约束条件 5.5 表示前后相邻两个列车到达、出发事件的发生时刻之间要满足一定的活动持续时间；约束条件 5.6 表示维持换乘接续关系的两个列车事件的发生时刻之间要满足一定的换乘接续的活动时间；约束条件 5.7 表示两个前后相邻的列车出发事件之间要满足一定的安全时间间隔；约束条件 5.8 表示各类事件的发生时刻为整数。

三、模型求解算法

求解双层规划的算法主要有极点枚举法、KKT 法、罚函数法、全局优化法等，本书所构建的模型属于混合整数线性双层规划模型，其中上层为 0-1 规划，下层为整数线性规划。JU.P.WEN，Y.H.YANG（1990）、贾新花（2011）研究了混合整数线性双层规划模型的求解方法，提出了分支定界的精确求解算法和启发式近似求解算法，基于相同的模型性质，这些算法可适用于求解本书所构建的混合整数线性双层规划模型。

第四节　换乘接续关系是否维持的行车调度规则与旅客出行路径选择策略

一、情景描述

有一区域城际高速铁路网如图 5.1 所示，开行的列车及其路径如表 5.1 所示。在原计划时刻表中，城际列车 t_3 在 t_1 到达 5 min 后出发，城际列车 t_2 在 t_1 到达 10 min 后出发，市郊列车 t_4 在 t_1 到达 15 min 后出发，有部分换乘乘客从车站 V_1 出发前往 V_5，途中经过 V_2 中转换乘，有换乘活动 $a = (e, e') \in A_3$。现城际列车 t_1 发生延误，需要研究在延误条件下相应的行车调度调整策略和旅客出行路选择策略，以确定是否维持 t_3 与 t_1 的换乘接续关系、t_3 及其他与 t_1 相关的列车的出发时间。这些决策问题可通过求解双层规划模型得到理论上的最优解，在现实中也可用关于换乘接续关系的经验性决策规则以得到满意解。

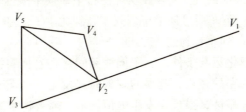

图 5.1　区域城际高速铁路网

表 5.1　开行的列车及其路径

列车类型及名称	列车运行路径
城际列车 t_1	$V_1-V_2-V_3$
城际列车 t_2	V_3-V_5
城际列车 t_3	V_2-V_5
市郊列车 t_4	$V_2-V_4-V_5$

二、行车调度经验规则

在日常行车调度调整中，很多情况下是基于一定的经验判断，来决定在延误发生的条件下是否按原计划维持一对换乘接续关系。

1. 基于等待时间的规则

等待时间规则是荷兰铁路在使用的一种调度规则,基于这种规则,为每一对换乘接续关系设置了一个最大延误等待时间 d_{max}。对于给定的换乘活动 $a = (e, e') \in A_3$,列车 t_1 的到达事件 e 发生延误,其延误时间为 d_e;根据等待时间规则,判断列车 t_3 的出发事件 e' 是否同步延误以维持换乘接续关系,事件 e' 的延误时间为 d_a,有 $d_a = \pi_e + d_e + L_a - \pi_{e'}$,如果 $d_a \leq d_{max}$,则出发事件 e' 同步延误等待以维持原计划的换乘接续关系,否则放弃原换乘接续关系;特别的当 $d_{max} = 0$ 时,采取的是一种不等待策略,即不改变列车 t_3 的出发事件 e' 的发生时间。

2. 基于换乘乘客比率的规则

对于一对换乘接续关系,换乘旅客的数量是确定的,将这个数量值与计划使用出发列车 t_3 的旅客人数相比;即对于换乘接续关系 $a = (e, e') \in A_3$,对于列车 t_3 的出发事件 e',有且仅有一个运行活动 $(e', f) \in A_1$,计算如下比值:

$$\rho_a = \frac{\text{计划参与换乘连续活动} a \text{的旅客人数}}{\text{计划参与列车} t_3 \text{的运行活动} (e', f) \text{的旅客人数}}$$

如果 ρ_a 的数值不小于某一阈值 ρ_{min},有 $\rho_a \geq \rho_{min}$,则 t_3 同步延误等待以维持原换乘接续关系;特别当 $\rho_{min} > 1$ 时,采取的是不等待策略,即不改变列车 t_3 的出发事件 e' 的发生时间。

三、旅客出行路线选择

本书构建的双层规划模型中的 T_a 是假定旅客不改变原计划的出行路线,所以当由于列车 t_1 延误而错过换乘列车 t_3 时,乘客会产生一个节拍周期 T_a 的延误等待,即列车 t_1 的换乘乘客在车站 V_2 下车,等待下一个周期的列车 t_3。在实际出行中,换乘乘客也可以改变出行路线,有两种选择方案:① 在车站 V_2 下车后可换乘市郊列车 t_4 到达 V_5;② 换乘乘客乘坐列车 t_1 到达车站 V_3,在 V_3 下车后换乘城际列车 t_2 到达 V_5。

高速铁路成网后的规模化运营条件下,不同线路间存在着换乘接续关系;铁路列车的运行是有控随机和随机有控并存的过程,延误的现象时有发生。列车延误与旅客延误从两个不同的侧面反映铁路运行的可靠性,当延误发生的情况下,需要决策是否维持原计划的换乘接续及新的到达出发时间,即延误管理。基于事件—活动网,结合我国铁路旅客运输呈现出的新局面——由传统的能力限制型转变为客流服务型,构建换乘延误管理的双层规划模型,上层为最小化旅客延误时间,下层为最小化列车延误时间;基于具体的延误情景,分析总结了列车间换乘接续关系是否维持的行车调度经验规则及旅客出行路径选择策略。这对于提高旅客满意度、提升铁路运营服务质量与效益具有十分重要的意义。

第六章 基于三维运行图的客运专线条件下 列车运行调整的分析

安全、正点、可靠、方便、舒适、快捷是客运专线区别于传统铁路的主要特点，要充分发挥这一技术经济优势借以适应市场需求变化，一方面需要采取合理的运输组织方案，事先编制高质量的列车计划运行图，另一方面要在列车的实际运行过程中进行有效快速的运行调整。列车运行调整是铁路行车调度指挥工作的基础和核心，国内许多文献从不同的角度阐述了列车运行调整的实质，王宏刚（2006）认为运行调整即是在运行图空间中寻找一个运行图，使得该运行图与计划运行图之间具有最小的距离；同时也是一个重新确定列车时刻表的过程。周磊山（1994）认为列车运行调整的实质是处理列车与车站、区间的关系，规定列车占用区间与站线的时机，列车以区间为单元从发站逐段走向到站。李平（2001）、查伟雄（2000）研究认为其实质上是在满足一定间隔时间要求的条件下，处理好列车运行时的列车与车站、列车与区间以及列车相互间的关系，而这些关系则通过列车到发顺序与到发时间体现出来。

实现列车运行调整方案的计算机自动编制是铁路运输调度指挥自动化系统中的一个核心问题，也是一个难点问题。国内外相关方面的专家学者对列车运行调整算法已经做了大量研究，并取得了很多成果。由于各地区线路存在差别，调整算法的优化目标也多种多样。大部分的优化目标与时间有关，比如提高列车正点率，提高列车旅行速度；使得列车晚点时分总量最少，列车旅行时分总量最少，晚点列车数最少。也有些目标考虑了列车运行费用，如列车总停站费用最少。金福才、胡思继（2004）提出需要根据我国单线多、线路能力紧张的特点重新设计调整目标，并将新调整目标设定为优先保证列车运行的正常秩序，同时兼顾列车的正点运行。

近年来，对列车运行调整的理论与方法，有关方面的专家学者做了大量深入的研究，取得了若干有价值的成果，总结起来主要有数学规划方法、人工智能方法和基于离散事件动态系统的计算机模拟仿真方法等。如曹家明（1994）的线性规划方法；程宇、孔庆钤（1988）的产生式规则表达列车运行调整知识的专家系统；李平（2001）的面向对象遗传算法；周磊山（1994）的离散事件动态系统模型上的分层滚动调整方法；聂磊（1999）提出了将数学规划与人工智能相结合运行计算机模拟方法等。总结起来，其主要的研究方法有：基于运筹学优化理论的方法、基于人工智能的方法、基于分布式智能控制原则的方法以及基于离散事件动态系统理论的方法。但采用这些理论与方法所建立的描述模型大多为超大规模的组合问题，目前已有的算法难以求解，有些甚至根本无法求解，其实用效果均不明显。目前国内已有很多文献研究关于列车运行调整，但大部分仅针对以往的客货混行的线路或单线铁路，或是仅针对高中混行的运输组织模式，结合列车运行有控随机与随机有控的特点对高速铁路高中混行运输组织下的随机因素的引入分析仍十分欠缺。国外解决运行实时调整的问题多采用仿真的方法。

第一节　列车运行计划与列车运行调整计划的比较

列车运行实绩的最理想状态是能够按列车计划运行图行车，正点出发，正点到达；由于实际列车运行过程中不可避免地要受到在编制计划运行图中所没有预见到的各种外来因素的干扰，导致偏离计划运行图，存在计划无效能力，从而有必要通过对列车运行计划重新铺画的方式以尽快恢复列车的有序运行状态，提高执行有效能力。列车计划运行图与列车运行调整计划之间既存在着联系又存在着区别：先有列车计划运行图，后有列车运行调整计划，且前者是在理想条件下的编制的一种静态离线列车运行计划，向社会以时刻表的形式公布；后者是以列车运行计划为依据，根据现实列车运行环境来编制阶段计划进而进行动态实时的在线调整，其目标是快速处理在运行过程中可能出现的各种干扰，尽可能减少偏离，避免或缩小事件影响范围，确保尽可能地按图行车。

表 6.1　列车运行计划与列车运行调整计划编制过程比较

比较项目	列车运行计划（时刻表）	列车运行调整计划（实时）
主要目标	设计优化的列车时刻表	对列车运行实施优化控制
有效性时限	几年以上	仅在列车运行受干扰的一段时间内
编制过程中可调整幅度（柔性）	任意的调整	仅在既有时刻表的基础上做一些小的改动
运行条件	通常是理想状况	列车运行受干扰的情况下
预测的时间范围	很长一段时间内	最多在几小时内
预测的空间范围	整个大的交通网络	枢纽或小的网络范围内

第二节　三维列车运行图结构

我国客流随着五一、十一、春运、暑运等节假日呈现出明显的时段性特征规律，具备编制实施三维运行图的条件；因此对客运专线采用三维运行图是一种以市场为导向的有效措施，既可以充分发挥客运专线的社会经济效益，以反映出不同地域、时段的客流特征的区别；第三维可以理解为在既有"二维"列车运行图横坐标——"时间维"、纵坐标——"距离维"基础上又增加了"时段维"，时段维规定了每张"二维"列车运行图的有效使用时段。即通过客流分析，发现客流波动周期并以此划分客流波动的特征时段，针对特征时段按照一定的原则编制满足时段客运市场特征的时段旅客列车运行图；并按照一定的原则将不同时段的旅客列车运行图复合在一张运行图之内且以开行时段标志区分时段列车运行线。

三维旅客列车开行方案与既有列车开行方案的组成要素一致，不同的是列车按照在开行方案有效期间内是否每日固定开行分为固定列车开行方案和可变列车开行方案；按照开行方案在客流波动时段的特殊性又可分为平时开行方案（包括周末日和普通工作日）与节假日开行方案（客流波动显著突出，如五一、十一）。可变列车开行方案包括平时可变开行方案和节假日可变开行方案，平时可变开行方案是指一周内的客流波动显著日的特别开行方案，通常由于周末日的客流变化与工作日显著不同而设有平时可变开行方案，如果一周内的工作日间也有较明显的客流波动，那么也可以进一步细分工作日间的可变开行方案。

第三节　列车运行干扰因素分析

首要因素是在我国客运专线运营初期跨线列车多，存在速差影响；而且在我国跨线列车与本线车速差通常较大，列车运行过程中不可避免地会受到速差的影响，进而导致在列车实际运行过程中，在很大程度上由不同种类的列车的速差而产生运行秩序的紊乱。对于采用"高中混行""客货混行"行车模式的客运专线，影响因素既有高速列车自身的晚点，也有从普通铁路跨线上客运专线的晚点中速列车的干扰；而后者是列车运行的一个主要干扰，它的晚点规律取决于其在普通线路上的波动积累；高速线上运行的各种列车也会出现晚点，但其晚点规律是由高速线上的运行情况决定的。同时，不同技术标准的客运专线之间的列车跨线运行也会引起一定程度的互相干扰。这种速差随着高速列车、中速列车及货物列车所占比例的不同将产生不同程度的干扰。另一方面，维修天窗的设置、调度指挥机构设置、客流特征、站线的使用及列车运行区间长度等其他一些基本影响因素也会从不同的角度以及从不同程度影响列车运行。

第四节　列车运行调整流程

一、了解情况，收集资料

编制调整计划需掌握的基本资料包括基本运行图、列车工作计划、列车基本信息、区段基本信息以及运行图基本数据等。

二、编制调整计划

分析研究通过收集了解到的情况和资料，依据列车运行图（运行图预留能力）、编组计划、运输方案的要求等，运用各种列车运行调整方法，不断编制滚动的调整计划，来实现其调整措施。调整计划的编制无异于编制局部的列车运行图。先把正常运行的列车暂时固定，把晚点列车预计接入的时刻作为发点在其中插入晚点列车。插入晚点列车过程中，在不引起正常列车晚点的情况下，可改变越行点及适当挪动正常列车的运行线。如要求列车在某一区间赶点（缩短其运行时间）和放点（增加其运行时间），可将其作为约束条件考虑。调整计划一般采取人机对话的形式，如遇灾害和事故，长时间中断行车后，将重新铺画紧密列车运行图（即按最小的追踪列车间隔时间铺画），直到把受阻的列车全部送到目的地为止。

运行调整计划的具体编制流程：明确当前现线路上各种列车所处的状态及列车所在位置的线路等基础设施状态；当前列车时刻表实绩情况、识别冲突类别等；

（1）明确用户（乘客）需求，定义各种用户约束；

（2）掌握有关列车与线路的相关基本信息，考虑列车的优先级、当前列车延误时间状况、由于冲突等所造成晚点在调整后期望达到的目标。

（3）预计调整所需时间，分析比较各种可选调整方案，在基本计划的基础上应用适当的方法编制调整计划。

　　编制运行调整计划时，应注意留有余地，为各种必需的作业留足充分的作业时间，必要时，可拟订两个及以上的调整方案，以适应情况的突然变化。

三、下达实施

　　列车调度员在阶段计划编制完成后，要及时下达给各站段。根据具体情况，可采取集中、分段或个别的方式下达计划。应向基层站、段执行者交代清楚，使其明确计划意图，做到心中有数。基于新的阶段运行图，对股道、动车组及乘务员计划进行相应调整。

　　列车运行调整计划下达仅仅是组织计划实现的开始。列车运行调整具有很强的实时性要求，制定调整计划都是在一个有限的时段内进行，且在调整计划实施过程中，要根据列车运行的实际情况予以修正；常常是一个计划未完全实现就必须制定下一个调整计划。在执行计划的过程中，列车调度员要随时注意列车运行情况的变化，随时监督列车的运行，以便发现问题，及时采取调整措施，保证列车按计划安全正点运行。列车调整流程图如图 6.1 所示。

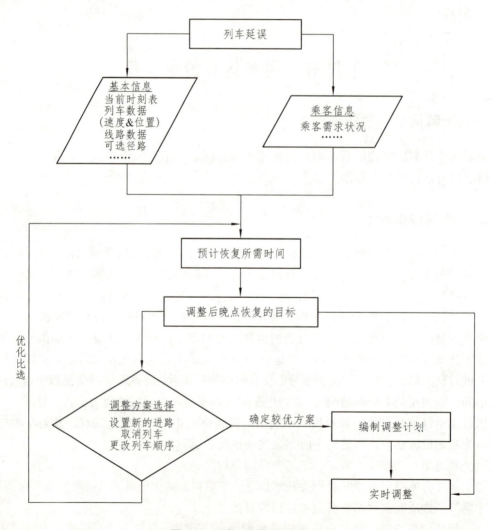

图 6.1　列车运行调整流程图

第五节　列车运行调整的数学描述

一、参变量的符号说明

车站集合：$s=\left\{s_c \mid c=1,2,\cdots,m+1\right\}$

列车集合：$L=\left\{l_j \mid j=1,2,\cdots,n\right\}$

时段划分：

$$i=\begin{cases}0,& \text{工作日}\\ 1,& \text{周末时}\\ 2,& \text{五一、十一、春运、暑运等黄金周假期}\end{cases}$$

设调整起始时间为 t_0^i，调整时间长度为 t_l^i，则整个调整时间段为 $\left[t_0^i, t_0 + t_l^i\right]$

$x_{a\,s_c, l_j}^i$——i 时段列车 j 到达车站 c 的时刻；

$y_{a\,s_c, l_j}^i$——i 时段列车 j 离开车站 c 的时刻；

$X_{a\,s_c, l_j}^i$——i 时段列车 j 图定到达车站 c 的时刻；

$Y_{a\,s_c, l_j}^i$——i 时段列车 j 图定离开车站 c 的时刻；

$D_{l_j}^i$——i 时段列车 j 运行方向；

$$A(l_j)\text{——列车 } j \text{ 种类}, \quad A(l_j)=\begin{cases}0,& \text{本线高速列车}\\ 1,& \text{跨线高速列车}\\ 2,& \text{跨线中速列车}\\ 3,& \text{跨线货物列车}\end{cases}$$

I_z——同向列车追踪间隔时间；

I_{at}——车站到通间隔时间约束；

τ_b——不同时到达间隔时间；

τ_h——会车间隔时间；

τ_a——可接受的待避时间；

t_{db}——被越行列车待避时间；

W_t——图定天窗时间；

Wr——图定天窗结束时间；

B_{s_c}——c 站到发线数；

b_{sjt}^i——i 时段 t 时刻列车 j 在 c 站中占用到发线的 0 - 1 标识变量；

$$b_{s_c l_j t}^i=\begin{cases}1,& x_{a\,s_c}^i, l_j \prec t \prec y_{a\,s_c}^i, t\in\left[t_0, t_0+t_l\right]\\ 0,& \text{其他}\end{cases}$$

T_{sb}——动车组（或中速机车）的顺向接续标准作业时间；

T_{fb}——动车组（或中速机车）的反向接续标准作业时间。

二、目标函数

以往国内针对既有铁路的列车运行调整研究多是以区段研究为主，且几乎都只是局限于本区段内的列车运行情况，而未考虑相邻区段间的相互影响。但是，作为一个铁路运输网络，这种相邻区段间的相互影响是必然存在的。客运专线作为整个运输网络的一个子系统，与既有铁路的互联互通是发挥整体效益的必然要求。基于此，本书将以客运专线的整条线的运营调整为研究对象，在某个具体调度区段的基础上充分考虑相邻区段间的相互影响，以便使得所获得的相关信息更加完备。

客运专线的建设运营目的在于满足不同层次旅客的出行需要，选择客运专线出行的旅客与选择既有线出行的旅客相比，具备以下特征：（1）对时间要求高，更加追求速度，从而费用方面的考虑降低；（2）收入水平较既有线旅客高；（3）因公务、商业活动出行的比例较高。

客运专线不同于既有铁路的一点在于不同类型的线路上存在不同类型的列车的相互影响，如速度目标值在 300 km/h 及以上的线路上存在高速与中速列车间的相互影响及高速列车之间的相互影响，而速度目标值 200 km/h 的线路上存在客运列车与货物列车之间的相互影响，不同类型的列车的服务对象的时间价值不同，按速度目标值将线路分类，体现不同列车之间的相互影响。

列车运行调整的主要目的在于尽可能减少列车在实际运行过程中相对于既定的列车运行计划的偏差。基于客运专线的规划目标定位及客流特征，选择客运专线条件下列车运行调整的目标为到达晚点的时间总成本最小，设定目标函数为：

$$\min \quad z^i = \sum_j \sum_c \left(w^i_{a s_c, j} \left| x^i_{a s_c, j} - X^i_{a s_c, j} \right| \right) \tag{6.1}$$

z^i——i 时段列车到达晚点总成本；

$w^i_{a s_c, j}$——i 时段列车 j 在车站 c 达到晚点的单位时间成本，$w^i_{a s_c, j} = p^i_{A(l_j)} e^{b^i(s_c - s_{j_0} + s_{j_f})}$；

$p^i_{A(l_j)}$——依据不同列车属性在不同时段设定一个基本初始常数；

b^i——晚点传播距离参数，表示在不同时段随着距离的增加晚点成本的增长幅度；

s_{j_0}——列车开始进入区段的车站；

s_{j_f}——列车在本区段及相邻区段通过或停车再出发所经过的所有车站总数。

三、约束条件

（一）同向列车区间追踪间隔时间约束

区间同向列车追踪间隔时间约束的目的是在于避免两列同向列车追尾相撞，根据在车站的发车方式不同，可分为如图 6.2、图 6.3 所示的两种情况：

1. 前后两车均停车

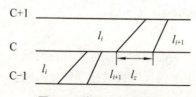

图 6.2　前后两车均停车

2. 前后两车均通过

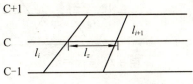

图 6.3 前后两车均通过

约束条件表达式为：

$$y^i_{ds_c,l_{j+1}} - y^i_{ds_c,l_j} \geq I_z , \quad D(l_j) = D(l_{j+1}), \quad A(l_j) \geq A(l_{j+1}) \qquad (6.2)$$

（二）车站到通时间间隔约束

车站到通时间间隔约束即自前行列车到达车站时止，至后行列车通过车站时的时间间隔，如图 6.4 所示。

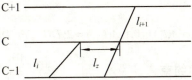

图 6.4 车站到通间隔

约束条件表达式为：

$$y^i_{ds_c,l_{j+1}} - x^i_{as_c,l_j} \geq I_{at}, D(l_j) = D(l_{j+1}) \qquad (6.3)$$

（三）通发间隔时间约束

通发间隔时间约束即自前行列车通过之后，后行列车发出的时间间隔，如图 6-5 所示。

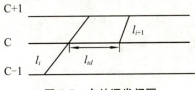

图 6.5 车站通发间隔

约束条件表达为：

$$y^i_{ds_c,l_{j+1}} - x^i_{as_c,l_j} \geq I_{td}, D(l_j) = D(l_{j+1}) \qquad (6.4)$$

（四）特殊情况下反向（单线）行车时的约束

图 6.6 反向行车

或者这种情况：

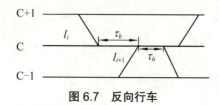

图 6.7　反向行车

（1）不同时到达间隔时间约束：单线运行时相对方向两列车在车站交会时，从某一方向列车到达车站时起，至相对方向列车到达或通过车站时止的最小间隔时间，称为相对方向不同时到达间隔时间，简称不同时到达间隔时间，如图 6.6 所示的 τ_b，约束条件表达式为：

$$x^i_{as_c,l_{j+1}} - x^i_{as_c,l_j} \geq \tau_b,\ D(l_{j+1}) \neq D(l_j)\ \forall i \tag{6.5}$$

（2）车站不同时会车间隔时间约束，即在单线区间，自某一方向列车到达或通过车站时起，至由该站向这个区间发出另一对向列车时止的最小间隔时间，为会车间隔时间，如图 6.7 所示的 τ_h，约束条件表达为：

$$y^i_{ds_c,l_j} - x^i_{as_c,l_{j+1}} \geq \tau_h,\ A(l_j) = 0,1;\ A(l_{j+1}) = 2;\ D(l_{j+1}) \neq D(l_j),\ \forall i \tag{6.6}$$

（五）旅客列车发车时间约束

旅客列车发车时间不能早于时刻表（列车计划运行图）所规定的区间运行时分，即保证计划运行图所规定的基本运行时分，约束表达为：

$$y^i_{ds_c,l_j} \geq Y^i_{ds_c,l_j},\ A(l_j) = 0,1,2,\ \forall i \tag{6.7}$$

（六）旅客列车区间运行时分约束

保证旅客列车在列车运行计划中所规定的区间运行时分，约束条件表达为：

$$x^i_{as+1,j} - y^i_{ds,j} \geq X^i_{as+1,j} - Y^i_{ds,j},\ A(l_j) = 0,1,2,\ \forall i \tag{6.8}$$

（七）列车越行约束

越行情况如图 6.8 所示。

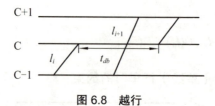

图 6.8　越行

越行的基本约束条件可表示为：

$$x^i_{as_c,j+1} \succ x^i_{as_c,j} \text{且} y^i_{ds_c,j+1} \prec y^i_{ds_c,j} \tag{6.9}$$

本线列车与跨线（中速）旅客列车之间的制约，在满足一般越行列车间的基本条件时，还需保证不能让跨线旅客列车无限制的待避高速列车，需进一步满足的约束条件表达式为：

$$0 \prec y_{ds_c,j}^i - x_{as_c,j}^i \leqslant \tau_a, \quad A(l_j) = 0,1, \quad \forall i \tag{6.10}$$

（八）天窗时间约束

上行方向约束形式如图 6.9 所示。

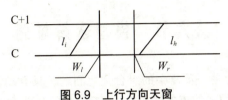

图 6.9　上行方向天窗

约束条件表达式为：

$$x_{as_{c+1},l_j}^i \prec W_l, \quad y_{ds_c,l_h}^i \succ W_r, \quad \forall i \tag{6.11}$$

下行方向约束为形式如图 6.10 所示：

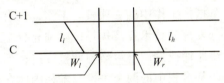

图 6.10　下行方向天窗

约束条件表达为：

$$x_{as_c,l_j}^i \prec W_l, \quad y_{ds_{c+1},l_h}^i \succ W_r, \quad \forall i \tag{6.12}$$

（九）车站到发线约束

约束条件表达为：

$$\sum_j b_{s_c l_j t}^i \leqslant B_{s_c} \tag{6.13}$$

（十）动车组（或中速机车）的周转接续约束

　　动车组或中速机车的周转接续根据作业时间的不同，可分为顺向接续和反向接续两种方式，所谓顺向接续是指不改变动车组（或中速机车）的运行方向，反向接续是指改变动车组（或中速机车）的运行方向，如图 6.11 所示。

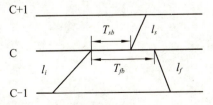

图 6.11　动车组（或中速机车）接续时间

顺向接续的约束条件表达为：

$$y^i_{ds_c,l_s} - x^i_{as_c,l_j} \geq T_{sb}, D(l_s) = D(l_j), \quad A(l_s) = A(l_j)$$（6.14）

反向接续的约束条件表达为：

$$y^i_{ds_c,l_f} - x^i_{as_c,l_j} \geq T_{fb}, D(l_f) \neq D(l_j), A(l_f) = A(l_j)$$（6.15）

第六节　模型求解思路

列车运行调整被公认为是一项复杂的组合优化问题，具有动态性、高实时性、组合优化等特性。依据本书的目标函数及约束条件在既有研究成果的基础上初步探讨采用如下求解思路：

求解初始条件：当预计晚点时间超过某一阈值时，进行实时调整；

基本方法：由于列车运行调整的数学描述中约束条件很多，其中既有物理硬约束，也有经验约束，因此可以考虑采用启发式算法结合专家知识系统予以求解，其中启发式算法用于解决硬性的物理约束条件，而专家知识系统用于解决软性的经验约束条件。

列车运行调整是铁路行车指挥工作中的一项核心工作，既有针对列车的调整，也有针对设备的调整。客运专线要充分发挥其技术经济优势，必须充分结合客流特征，并在编制合理的运行图的基础上采用实时快速便捷的调整策略与调整方法；列车到发顺序的优化和运行线之间的冲突消解是列车运行调整过程中的两个关键技术，因此在运行调整中应以列车运行图和日班计划为基础，结合具体环境条件下列车群或列车束，合理划分时间片断进行实时有效的调整。

另一方面，通常编制的列车计划运行图呈现给旅客的是列车时刻表，为保证列车的正点率，可在编图时充分预留运行图的裕度，增加列车时刻表的柔性，比如安排列车的到发时刻在某一区间范围[min，max]，面向社会公布最晚到达时刻，最早出发时刻等，提高列车运行图由计划无效能力向执行有效能力的转化。

第七章　高速铁路能力计算与评估的基本前提

第一节　国内外相关研究分析评述

一、国内研究现状分析

铁路能力是一个比较经典的研究课题，1878 年俄国工程师别尔霍夫斯基最早开始研究通过能力。关于国内既有传统铁路运输能力的研究，胡安洲、杨浩（1994）根据能力的系统性和有效性特点，以动态的观点研究能力，提出了铁路运输系统设备群的总体有效能力的概念，论述了铁路运输能力的概念、计算、利用和加强等问题，为全面深入开展铁路运输能力问题的系列研究奠定了基础。刘仍奎（1994）借鉴了动态优化、灰色系统和模糊理论的思想方法，从动态和模糊的角度探讨了能力协调问题。张星臣（1995）在现有铁路运输能力计算、利用与加强等有关概念和理论的基础上，深入研究了铁路运输系统储备能力的有关概念和理论，给出了储备能力的计算公式以及它与各种能力利用率之间的关系；徐瑞华（1995）分析研究了运输能力利用中无效能力的概念、特性及其转化规律，建立了运输系统能力利用的动态数学模型。雷中林（2006）重新定义了路网系统运输系列能力概念并把它们纳入到路网系统有效使用运输能力的概念范畴。

研究早期，国内学者主要采用理论分析与计算机模拟图解等方式，利用扣除系数法计算普通双线、单线铁路区间通过能力；后来相继有一批学者探讨了将扣除系数法及其改进方法应用于高速铁路的线路能力计算研究，估算高速铁路平图、非平图能力。但高速铁路运输组织不同于既有传统铁路，扣除系数法已不能完全正确地反映高速铁路线路区间的实际能力利用状况，对此，铁道科学研究院于 2003 年成立了"全路线路通过能力计算方法的研究"专题组，提出新的铁路区间通过能力计算方法——直接计算法，对沿用几十年至今的扣除系数法进行了根本性的变革，但如何反映高速铁路长线能力、短线能力及长线/短线组合能力等特性上尚需深入研究。

我国既有传统铁路是客货混跑型，存在行、调干扰；在这种情况下，国内既有相关研究大部分是从运输组织的角度出发，将车站划分为咽喉、到发线等子区域，将进路的选择优化抽象为多商品流问题或图的连通问题等，把各子区域视为独立的系统在各自的范围内展开相关研究；而实际上咽喉、到发线、站台等作业是相辅相成的。刘澜、王南（2002）运用网络和图论优化技术对车站咽喉布置及车站作业过程抽象建模，建立车站咽喉作业占用安排网络优化和咽喉作业能力复合递阶决策模型及算法实现。徐杰、杜文（2004）用图的着色理论建立调车机车（调机）与到发线的应用模型，并用遗传算法和模拟退火算法安排调机和到发线运用计划；在开发程序中引入决策支持思想。史峰、谢楚农（2004）提出了铁路车站咽喉区最大平行进路和最大概率进路的紧侧优化方法。也有研究者从车站整体出发，杜彦华、刘春煌（2005）通过构建车站系统层次化模型 HEFTPN 计算车站能力。文东（2006）分析了客运专线车站站场站型布置、车站设备的选用、列车到发的不均衡性、接发各种列车所占比重、车站股道使用方案、咽喉和到发线能力的配合、动车段所走行线能力的制约等诸多影响因素，提出以组合能力的概念计算通过能力，建立了仿真算法流程，对到发线和咽喉通过能力进行仿真研究，但未深入考虑具体接发车作业流程，且优化模型及优化算法仍需完善。赵明（1996）、刘英（1998）主要是基于既有线的一般车速的客货混行、移动自动闭塞方式下的能力计算与利用展开分析研究。

二、国外研究方法评述

Malin Forsgren（2003）认为关于能力评估目前不存在任何可接受的方法，甚至不存在可接受的关于能力的定义；虽然这个问题已经以不同的结果被讨论过很多次。但从大量文献的归纳总结来看，国外学者倾向于从不同角度应用分析方法、优化方法、仿真技术等系统研究铁路能力问题。

（一）分析方法

分析方法是基于简单的数学公式或代数表达式模拟铁路系统环境计算单线的能力。

Schwanhauber（1974）与其合作者开发了几种排队模型，根据不同类型列车的频率、列车组合异质性及平均到达间隔时间，利用分析计算方法评估铁路基础设施能力。Meng，Y.等将 Schwanhauber 的模型扩展到列车在车站的接续描述，认为两列车接续的概率正比于相关列车类型的所有可能组合，开发了假定列车到达间隔时间服从 Gamma 分布条件下平均缓冲时间的分析计算方法。Wakob，H.（1985）、De Kort（1999）等应用排队论（将车站看成单服务台或者多服务台）构建不同形式的模型（如 markovian、semi-markovian）基于不同的服务规则，通过计算计划等待时间、延误时间研究车站宏观能力。但这些方法的假定前提是列车顺序是随机排列的，对于估计周期时刻表的延误传播并非很切合实际。

Petersen，E.（1974）假定在所考虑的时间段内列车的出发时间是均匀分布并且可能存在三种不同的列车速度的条件下提出了单线的分析模型。国际铁路联盟（UIC，1979） 首先给出了这个数学方程，将给定的时间段除以最短时间的列车接续作为能力计算式：

$$capacity = \frac{time\ interval}{D+M} \qquad (7.1)$$

式中　D——连续两列车的可能最短间隔时间；

　　　M——保证列车稳定运行的安全冗余时间。

然而，连续的两列车的连续间隔时间取决于列车类型，所以考虑不同类型的列车时将上式修正为：

$$capacity = \frac{time\ interval}{\dfrac{\sum n_{ij}D_{ij}}{n_{ij}}+M} \qquad (7.2)$$

式中　D_{ij}——从 i 类型的列车到 j 类型的列车的连续间隔时间（succession time）；

　　　n_{ij}——从 i 类型的列车到 j 类型的列车的组合数。

到二十世纪八十年代分析方法引起了学者们的广泛兴趣，为了更精确地计算或包含更为复杂的铁路拓扑结构，对上述基本公式进行了一系列改进。

Petersen, E.R.（1982）提出了调度模式的概率分析方法，在此基础上，Kraft, E.R.（1988）、Martland, C.D.（1982）进一步扩展提出了 PMAKE 分析方法，这种方法的目的在于分析理解列车在从中间停站到终点站的运行过程中的时间概率分布。Chen, B. and Harker, P.,（1990）尝试通过随机方法估计给定的运输流的延误，Harker, P.T. and Hong, S.（1990）将此模型改进后应用于包含部分双线的通道上。

铁路的运行具有一定的随机性（比如延误），Wakob（1985）、van Dijk（1994）提出了应用排队论评估计算铁路基础设施能力。Wakob（1985）首先选择一个基本的可能限制整个系统能力的基础设施元素集（比如道岔），将其抽象为一个单服务台，应用单服务台系统通过计算在给定的一段时间内对线路的相关区间（relevant section）的平均占用时间评估车站的能力。

Florio, L. & L. Mussone（1995）以在给定的时间段内生成最大的列车数为目标计算能力；基本思路是对于单线使用标准的分析方程式进行计算，并首次将大的枢纽和车站分解为小的子区域，再分别应用优化方法。Malaspina & Reitani（1995）在计算一条铁路线的能力时考虑了可能的延误，对于各种列车类型的组合引入了概率优先系数；并且将计算结果与其他方法进行比较。UIC（1983）提出的方法考虑了列车顺序、为达到一定的服务质量加入了缓冲时间，通过计算线路区间能力识别瓶颈，但是这种方法后来被摒弃不再认为是一个标准；后来相对广泛被推荐使用的 UIC（1996）建立了铁路能力和铁路服务质量间的联系。

Rob M.P. Goverde（2005）认为铁路网中两个节点间（比如车站）运行时间的随机变化是服从指数随机分布规律的，应用极大代数法计算在整个处理时间小于 T 的概率大于某一值 p 条件下的最大列车数。De Kort, A., B.等（2000）在不具备解决问题的随机变化的信息的条件下只给出了数值计算结果。

确定能力时的常用的一个分析模型是基于估计的列车运行时间的排队分析法。Pachl（2002）基于各种速度等级列车组合间的最小间隔时间和列车的出发类型，给出了一个被称为"利用率（exploitation rate）"线路能力分析计算方法。

Burdett & Kozan（2006）提出了计算铁路线路和网络的理论能力（称之为"绝对能力"）的几种方法，该方法中考虑了铁路的许多方面，比如列车的混合、信号机位置或处理时间；这些方法基于给定的列车比例，这些比例用于衡量平均的区间运行时间，因此这些方法是基于关键区间和列车比例的概念的，在 UIC 方法系列中（UIC（1983）、UIC（1996））也介绍了这些概念。

应用分析方法计算铁路线路能力对于识别瓶颈和关键约束或许是一个好的出发点；然而，分析方法对于参数输入和列车混合类型的变化很敏感；分析结果随不同的方法而不尽相同，取决于方法中所考虑的参数类型。

加拿大国家铁路开发出了一个参数模型计算线路的理论能力、实际能力、使用的能力与可用能力，模型定义了这四种能力及识别出来影响能力的参数，该模型可以识别能力瓶颈。

应用分析方法进行能力评估较仿真方法有许多优点，分析方法能够为特定问题及时刻表校核提供快速的、详细的、准确的回答。使用得好，分析方法优于仿真方法，可应用于不同阶段的铁路运输规划。

（二）优化方法

优化方法通过使用数学规划技术获得优化的饱和时刻表计算能力。

　　Szpigel（1972）首先应用分枝定界法求出了单线列车时刻表，并进行了小规模的实例应用。直到二十世纪九十年代这一问题才开始引起运筹学研究学者们的注意。特别是 Jovanovic，D.（1991）使用分枝定界法求解混合整数线性规划模型，但得到的是可行的时刻表而并非优化的目标函数。Harker，P.T. & Hong，S.（1994）在时刻表优化过程中考虑了列车路径经济价值的影响，对于整合的线路资源市场引入了可计算的博弈论均衡模型。Cai，X.& Goh，C.（1994）介绍了贪心算法。Carey，M.&Lockwood，D.（1995）描述了双线能力计算的启发式算法；这种启发式算法一次考虑一个适当顺序的列车集，对每个列车求解混合整数线性规划以便实现优化的列车时刻表，以保持事先排定的列车固定。Higgins，.A.（1996）定义了局部搜索、禁忌搜索、遗传混合启发式算法，应用这些方法找到了可行解。

　　Oliveira，E.（2000）将时刻表优化问题建模为 Job-Shop 调度问题，将列车视为作业，将线路视为资源；在约束规划条件下设计了混合算法，并且展示了如何将这一框架适用于一些特殊的实际情况。Caprara et al（2001）提出了基于图论的模型，将时间离散化为分钟，使用拉格朗日松弛生成优化解的界限以及驱动一个简单的启发过程。在 EUROPE-TRIS 项目框架中，开发了两种调度算法：流线优化效用（FLOW），试图在给定的时刻表中以最小的成本铺画最多的列车；运输能力管理（TCM），以最低成本从列车时刻表和需求的列车路径中搜索最优解。

　　Peter J. Zwaneveld（2001）、Richard Lusby（2006）以尽可能最大化排列列车在车站的可行进路数为主要目标，将列车在车站的可行进路排列问题抽象为加权的节点压缩模型，并应用分枝定界方法求解，节点压缩方法可以处理许多大规模的进路，但一旦备选进路建好后，就不能再改变进路上各线路区间的占用时间；对此，Xavier Delorme（2004）提出了构建混合模型应用启发式算法求解的思路。

　　相对于单纯的分析方法，优化方法对于解决铁路能力问题提供了更有效的分析策略。

（三）仿真方法

　　交通仿真的两个核心研究内容是交通仿真模型的构建和交通仿真系统的开发。仿真技术根据定义好的规则描述系统的状态变化，展示系统的动态行为。二十世纪八十年代，Petersen，E.（1974）在仿真环境中使用动态规划、分枝定界算法的组合技术，自此通常将列车时刻表的仿真与其他方法组合应用，生成一种混合模型。Welch，N.（1986）使用仿真和启发式算法评估影响线路能力的许多因素。Jovanovic，D.（1991）将仿真与优化组合在一起。Kass（1991）开发了 SCAN（Strategic Capacity Analysis for Network）模型，在不同的详细程度定义了决定铁路网络能力的影响因素。除了纯学术性研究，在铁路行业中开发了一系列不同仿真环境的商业产品，这些仿真软件的通用功能是可比的，其主要技术区别在于界面设计、用户交互和弹性、线路基础设施、其他数据管理过程及同公司运营管理信息系统的集成等；这些工具通常是使用列车运行微分方程时间步进生成时刻表，检验由优化方法给出的时刻表，可以检测延误、分析初步时刻的干扰因素。

　　仿真的主要作用在于确定各种影响因素（基础设施方面、时刻表设计方面、延误干扰方面）的影响性。在仿真中数据的复杂性、结果的精确性与获取和维护数据的成本之间平衡上一直存在着争议；因为仿真过程中需要处理大量的基础数据，仿真周期长，且仿真结果的优劣决定于仿真模型的优劣。

本质上仿真相当于穷举法，并不能完全代替理念分析证明。仿真是唯一的结构化方法，其主要目的在于评价时刻表；仿真技术对于评价时刻表是一个很有效的方法，但其所提供的结果却比分析方法要浅显，而不适用于问题的优化；时间消耗也是一个问题：需要的细节越多，仿真建模及仿真运行所需要的时间就越多。虽然手工方法耗时难以校核，但仿真方法也并非适于解决所有的问题的理想解，所以仿真通常用于解决一些特定问题。

基于未来运行计划的仿真方法适合于战略分析，但其难以检测能力问题存在于何处，且造成的计划等待时间是最严重的；因此，也很难据以判断基础设施的能力瓶颈存在于何处及其改善的效果会如何。Kettner，M（2002）将微观仿真与宏观仿真相结合，在时刻表存在的条件下，通过微观数据与宏观数据的转换，评估各种时刻表的计划等待时间。

我国仿真技术从系统结构（集中式、分散式）、仿真建模及形式化描述、仿真语言及程序设计、仿真程序是否按模型运行及仿真模型与仿真对象拟合程度的验证技术等研究取得了诸多成果。中国铁道百科全书——通信与信号（2003）介绍了铁路信号设备行为仿真（以相似原理、系统技术、信息技术及信号领域的有关技术为基础，以计算机及其他物理设备为媒体，建立铁路信号系统模型对真实的信号设备行为进行的仿真）。

能力计算与评估中，仿真的主要作用在于根据历史运营数据，标定各种影响因素并建立彼此之间的关系；进而再利用另一部分历史数据检验参数标定正确与否。但由于受条件所限，不具备历史数据作为参照，因此本书主要以分析与优化方法研究时刻表规划阶段的能力计算与评估。

（四）UIC406

2004 年 UIC（国际铁路联盟）出版了描述铁路能力的 UIC406 能力手册，其提出"如此这般的能力是不存在的（Capacity as such doesn't exist.）"，即能力是动态的、不确定的。UIC406 的优势恰在于灵活可变性，基础设施的能力取决于使用方式，即反映市场需求的时刻表。UIC（2004）提出了新的典型优化方法框架——基于时刻压缩方法：UIC406 针对事先构造好的时刻表，在预定义的时间段在特定的线路区间处压缩列车进路，压缩的结果即基础设施占用时间，即通过在时刻表（或者是起始于一个空的时刻表或者是起始于一个基本表）中铺画最大可能的列车数计算线路能力。基本思路是通过修改基本时刻表，既有列车径路尽可能的相互靠近的排列在一起；在压缩的过程中旅行时间、越行、会让和停站是禁止变化的，时刻表中剩余的空白时间（空的或未使用的）代表理论上可能被额外列车服务利用的最大空闲时间。

UIC406 可以通过分析的方法将基础设施占用时间、缓冲时间、维修附加时间等之和除以计算时间段作为能力消耗；此外，可以通过尽可能压缩线路区间时刻表的方式用压缩率（compression ration）衡量能力消耗。UIC406 这种基于压缩时刻表能力计算方法，通过修改基本时刻表，将列车进路尽可能靠近的压缩在一起，在压缩过程中不允许改变区间运行时间、会让/越行方式及停站方式；压缩后的空白时间区域代表理论上可能额外安排列车运行线的最大空闲时间，现实中如果在空白区域过多安排列车运行线可能会降低可靠性，因其缩小了可以吸收延误的缓冲时间。

UIC406 将线路区间定义为线路的一部分，且这部分线路中的列车混合类型或列车数、基础设施与信号条件基本上是不变的，它是由两个相邻的车站或节点间的一个或多个一致的区间组成的。UIC406 是基于在指定的线路区间考虑依赖于信号系统及列车特性（如速度、停站）

的最小间隔时间的限制条件，压缩列车径路以找到对该区间的能力消耗时间；这是一个简单而有效的计算能力消耗的方法，并且它也可以从不同的方式扩展进而计算出不同的能力消耗。

能力消耗依赖于基础设施及具体的时刻表，Landex，A.etc（2006）给出的根据 UIC406 能力消耗评估过程如图 7.1 所示。

图 7.1　基于 UIC406 的能力消耗分析流程

在 UIC406 的压缩方法中，按如下步骤压缩时刻表进行能力消耗分析：

（1）压缩时刻表中列车径路，得到基础设施占用率 K；

（2）将 K 与相应的基础设施占用标准阈值 V 比较；

（3）如果 K 高于或等于 V，则认为所分析的线路区间的基础设施是拥挤的，所以没有额外的列车径路可以再加入到时刻表；

（4）如果 K 低于 V，则尝试可否在时刻表中铺画与空闲区域（代表基础设施尚未被利用的剩余能力）相匹配的额外列车径路；

（5）如果不可能再铺画额外的列车径路，那么时刻表中剩余的能力不再能被使用而成为损失的能力；

（6）如果可能铺画额外的列车径路，则一部分剩余能力将转化成为可用能力，返回到步骤（1）连同新铺画的额外列车径路在内一起再重新压缩时刻表；

（7）重复上述过程直到 K 值高于 V 或者再没有更多的列车可以加入到时刻表中。

Landex，A.（2006）介绍了 UIC406 在丹麦的应用实践。UIC406 方法既不是法规，也不是标准，而仅是一个参考框架，在实际应用中 UIC406 可以有不同的扩展方式，目前已有许多国家（丹麦、西班牙、澳大利亚等）采用 UIC406 结合相应的软件工具（如 Railsys，Opentrack）进行能力分析与评估；尽管 UIC406 不同的扩展方式可能会产生不同的结果，但对这种差异的分析还很少。

UIC406 方法仅适用于计算线路区间的能力，而不适用于整个铁路网或铁路线；但可以通过将铁路网或线路划分为线路区间的组成，再应用 UIC406 方法分别计算各个线路区间的能力消耗，则整个铁路网或线路的能力消耗取为各区间的能力消耗的最高值。

UIC406 能力计算与评估方法的优势在于灵活可扩展性，关键难点在于基础设施占用时间标准阈值的确定及线路区间的划分方式（线路区间长度的选取）。除了用于分析评估既有基础设施的能力，在基础设施的规划建设/改造维修阶段还可应用 UIC406 方法进行成本/效益分析进而评价各种备选方案。

三、国内外研究总结及发展趋势

能力计算是为能力利用提供真实的计量和评价，国际上存在两种不同的理论体系：一种是以充分发挥铁路运输设备效能为出发点，另一种是以保证实现对运输工作的质量要求为出发点。两种运输能力计算的出发点不一样，计算出来的结果和实际意义也不一样，这两种理论对能力利用产生深刻的影响。

当前铁路能力的计算与评估尚未有标准的方法，虽然基于分析方法、优化方法、UIC406

等这些方法可获得理论上的能力。仿真方法需要构建详细的模型，分析方法着眼于局部问题而难以从全局角度评估能力，未来研究趋势是将分析方法与仿真方法相结合使两者互补。分析方法可以作为优化方法和仿真方法的一个起点；为获得理想的列车运行计划，优化与仿真方法需要指定特定的应用环境。

国内外既有文献关于铁路基础设施能力的定义大多着眼于列车径路的优化排列，计算在给定的时间内所能运行的最大列车数；以列车数为衡量标准的能力计算结果虽然直观，但由于难以充分把握能力的动态性与不确定性，导致计算结果准确性仍有待商确，在理论&方法的研究方面尚没有一套规范的适用于中国高速铁路能力计算&评估的框架体系，分析方法、优化方法、仿真方法的综合集成运用将是一个发展趋势。

第二节　高速铁路能力的衡量标准

铁路能力依赖于固定设备（车站、区间、线路乃至路网等基础设施）的物理拓扑结构、移动设备（机车、车辆、动车组）的技术性能及对固定设备、移动设备的具体使用方式（时刻表），难以定义；由于国内外一直没有关于铁路能力的一致定义，2004 年 UIC（国际铁路联盟）出版了描述铁路能力的 UIC406 能力手册，将铁路能力定义为"在定义的时间段内，考虑实际的列车径路混合等条件下所有可能的列车径路的总数"（the total number of possible paths in a defined time window，considering the actual path mix or known developments respectively… ）。UIC406 能力手册的主要目的在于基于不同的指标（如交通服务质量、时刻表质量、有效而经济的使用基础设施）给出点、线或通道能力计算所遵循的国际上统一的定义、标准和方法。

根据 UIC406 的总结分析，从不同的角度出发对能力有不同的认知：从市场角度（旅客需求）角度来看，能力是期望的列车径路数（高峰时段），期望的运输流与速度的组合（高峰时段），需求的基础设施质量，尽可能短的旅行时间，将所有短期、长期的市场诱导需求转化为可实现的优化的荷载；从基础设施规划的角度来看，能力是期望的列车径路数（平均），期望的运输量与速度的混合（平均），期望的基础设施状态，对于预期的干扰维修策略的附加时间；从时刻表规划角度来看，能力是需要的列车径路数，需要的运输量与速度的混合，基础设施的既有状态，预期干扰的附加时间，维修的附加时间，车站的衔接服务，时刻表正常时间间隔以外的需求（系统时间、列车停站……）；从运行角度来看，能力是实际运行的列车数，运输量与速度的实际混合，基础设施的实际状态，由运行干扰引起的延误，由线路作业引起的延误，由错过衔接引起的延误，由不需要的时间附加产生的额外能力。

目前已有很多相关文献阐述关于能力的定义问题，Forsgren，M.（2003）基于运输流、Petersen，E.（1974）基于单线分析模型、Egmond，RJ van（1999）应用代数方法等。大多数既有文献将在给定的时间段和运行条件下（比如速度、停站、频率、列车顺序、列车在车站的接续）特定的基础设施所能运行的最大列车数或列车径路看作为铁路能力计算的最终衡量标准（Kaas，A. H.（1988）、Florio，L. &L. Mussone（1995）、R.L. Burdett &E. Kozan（2006）、M. Abril，F. Barber&L. Ingolotti（2008））。也有不是基于运输流，而是基于旅客、货物的输送能力或在任意时刻通道内所能容纳的尽可能多的列车数作为铁路能力的衡量标准。然而，至今尚未有被普遍认可的关于能力的定义。既有文献关于铁路基础设施能力的定义大多着眼于列车径路的优化排列，计算在给定的时间内所能运行的最大列车数；以列车数为衡量标准的能力计算结果虽然直观，但由于难以充分把握能力的动态性与不确定性，导致计算结果准确性仍有待商榷。

众多因素导致了铁路能力的不确定性和动态性，在计算铁路能力时，只有首先明确关于能力的实质定义，充分把握能力的动态性、不确定性，才有可能提高能力计算&评估结果的准确性。能力分析是一个迭代过程，各种类型列车的组合关系的修正是关键步骤，在不同的场景中，铁路能力也并非定值（各种类型列车的不同组合所产生的能力也不尽相同）（Burdett，Robert L.（2006））；因此，能力的计算与评估应该是判断基础设施能否完成预定的交通需求。Krueger（1999）认为能力是对在特定的服务计划条件下，在给定的线路资源条件中移动一定量的交通流的能力的衡量；这可以是在特定服务条件下的任何给定的资源集合，可以是移动的吨数、列车速度、准时性、可使用的线路维修时间、服务可靠度、或者是每天开行的最大列车数。

铁路运输生产能力是铁路通过能力和输送能力的总称，既取决于固定设备，又取决于移动设备；取决于固定设备设置条件的运输能力称之为通过能力，取决于活动设备配置情况的运输能力称之为输送能力，输送能力与通过能力相适应，才能实现最大的运输能力。铁路能力影响因素众多，且大多体现在时间维度。能力计算的一个主要意义在于指导实际列车运营服务，不同于既有传统铁路，客运专线型高速铁路的主要服务对象是时间价值相对较高的旅客群体；而不同时段的客流有一定的波动规律。高速铁路的能力衡量标准体现高速铁路运输服务的效率与质量，本书针对能力计算准确性的问题，根据能力的动态性和不确定性特征，依据高速铁路车站、线路、路网特点及其所服务的客流特征，结合不同时段作业要求，探讨从基础设施物理拓扑结构——旅客市场需求——时刻表规划角度提出高速铁路列车服务——需求意向集合，构建基于各时段特定场景的列车服务-需求意向集合，以完成特定的列车服务-需求意向集合所需的基础设施占用时间作为衡量高速铁路能力的新标准，这一新标准充分体现了铁路系统固定设备、移动设备、固定设备与移动设备间应客流需求所产生的相互作用关系等。列车的服务——需求意向集合（tsdis）由固定基础设施（高速铁路车站/线路/网络系统）拓扑图及可变的列车运行需求计划组成；其中"服务"项涉及列车进入固定基础设施系统的拓扑点、列车在固定基础设施系统的作业处理时间以及列车离开固定基础设施系统的拓扑点；而"需求"一项涉及到列车类型、列车优先级、列车在固定基础设施系统的调度策略及列车间接续关系等。基于不同场景与条件，将高速铁路能力划分为基础能力、现实能力、可开发能力。

第三节　高速铁路能力的分类

Kreuger（1999）将铁路能力分类为理论能力、实际能力、使用的能力、可开发的能力；通常从能力类型上可将高速铁路能力分为客运通行能力、列车通行能力，本书主要研究高速铁路列车通行能力，泛称为高速铁路能力。根据 Alex Landex（2007），本书从计算&评估条件上，将高速铁路列车通行能力划分为基础能力、现实能力及可开发能力，并将三者之间的关系定义为：基础能力=现实能力+可开发能力。

通常基础能力是最大的能力，通过分析方法在一定的准时性水平下进行理论分析得到。现实能力考虑了基础设施、机车车辆（动车组）、乘务员的可靠性约束等实际运营过程中管理层面的限制条件，现实能力小于基础能力。可开发能力介于基础能力与现实能力之间。在能力与运行可靠性之间存在一定的权衡关系，对于实际运营最为有意义的也最应该表征的是现实能力。基础能力是能力的上限，假定所有列车都是完全相同的，有相同的组成单元，相同的优先级，在全天有均等的运行时间间隔而没有任何外界干扰；忽略在现实中所发生的交通流与运行状况变动所产生的影响。但这些条件只适用于在列车径路上只运行一种类型的列车，比如城市轨道交通线路。因此，按照广义的定义和计算方法框架是不可能确定出基础能力的。

将铁路能力与服务质量联系起来所得到的能力即为现实能力，现实能力是在一个合理的可靠度条件下，与期望的运行质量和系统服务可靠度相关的。现实能力是最关键的，由于其与在一定期望的水平条件下基础设施、交通流、运营组织的组合所可能够实现的最大交通量有关。现实能力考虑代表性交通流的实际列车混合、优先级、组成、牵引力及列车群，计算出的在定义的质量阈值允许范围内的交通量。质量阈值定义为有优先级的交通流可接受的在途时间的上限，可以是计划得出的，也可是最小运行时间再加 10%。当前通过对逐渐增加的交通量进行离散事件仿真来确定（需要时间和资源），或简单的近似于基础能力的三分之二。根据 UIC406，取基础能力 60%～85%作为现实能力，具体值取决于具体的时间时段，当根据 UIC406 计算能力时，质量系数可反映出基础能力的百分比——这是澳大利亚铁路所使用方法的基础。

根据客观条件所限及实践要求，本书主要是计算与评估考虑一定服务质量等各种约束条件的优化的现实能力。

第四节　高速铁路能力计算与评估的条件

一、闭塞方式

轨道交通列车自动防护系统，按照有无固定划分的闭塞分区可以分为固定闭塞信号系统、准移动闭塞信号系统和移动闭塞信号系统，固定闭塞信号、准移动闭塞信号均是在有固定划分的闭塞分区条件下运行，移动闭塞信号系统无需划分闭塞分区，即移动闭塞没有轨道电路分区。刘海东（2010）描述了信号及闭塞分区如图 7.2 所示。

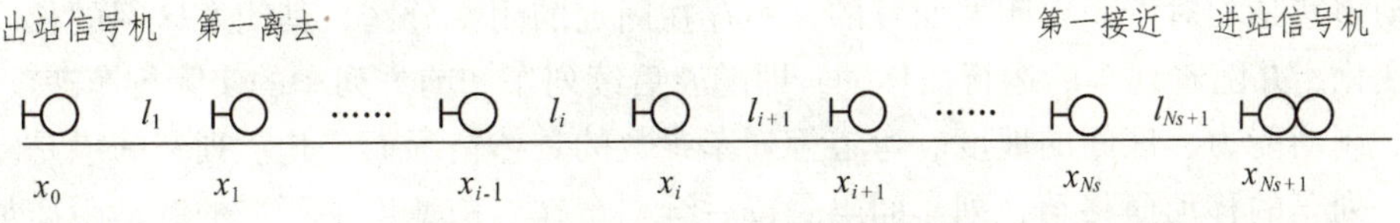

图 7.2　信号及闭塞分区定义描述图

如图 7.2 所示，x_0 为后方站出站信号机位置，x_{N_s+1} 为前方站进站信号机位置，$x_i(1 \leqslant i \leqslant N_s)$ 为区间其他固定信号机位置；$l_i(1 \leqslant i \leqslant N_s+1)$ 为闭塞分区长度。

在准移动闭塞条件下，根据前行列车尾部所占用的闭塞分区的始点和安全距离得到目标停车点，其限速为 0，然后从目标停车点反推后方轨道电路的限速。

在移动闭塞条件下，根据前行列车的尾部和安全距离得到目标停车点，限速为 0，然后从目标停车点反推列车的制动曲线。

自动闭塞是根据列车运行状态及有关闭塞分区状态，通过信号机自动变换显示而司机凭信号行车的闭塞方式。

固定闭塞系统将线路划分为若干固定的闭塞分区，一个闭塞分区只能被一列车占用。闭塞分区的长度按最长列车、满载、最高允许速度、最不利制动力及最小列车运行间隔时间等条件严格设计。由于列车定位是以固定区段为单位的，所以固定闭塞的速度控制模式必然也是分级的，即阶梯式的。固定闭塞系统一般是基于轨道电路传输信息。地面设备由无绝缘轨道电路、速度码发生器和计算机联锁编码逻辑组成。根据 ATP 速度码序的规定和列车前方轨道电路的空闲状态，生成相应的速度码信号向轨道电路发送。ATP 车载设备检测接收每个轨道电路区段的速度码，经译码后将限制速度显示在司机台的速度表上。司机根据速度表显示速度驾驶列车。当列车运行速度超过限制速度时，ATP 车载设备接通列车常用制动系统，将列车实际速度降低到限制速度以下。线路参数通过应答器进行传输，目标距离是由轨道电路进行连续信息传输的，构成了移动授权凭证。

准移动闭塞系统又称目标距离——速度控制模式，采取的制动模式为连续式一次制动速度控制的方式，根据目标距离、目标速度及列车本身的性能确定列车制动曲线，不设定每个闭塞分区的速度等级，采用一次制动的方式。目标距离控制模式追踪目标点是前行列车所占用闭塞分区的始端，而后行列车从最高速度开始制动的计算点是根据目标距离、目标速度及列车本身的性能计算决定的。目标点相对固定，在同一闭塞分区内不依前行列车的走行而改变，而制动的起始点是随线路参数和列车本身性能不同而变化的。两列车空间间隔的长度是不固定的（所以称为准移动闭塞），比较适用于各种不同性能和速度列车的混合运行，其追踪运行间隔要比分级速度控制小，减速比较平稳，旅客的舒适度也要好些。

准移动闭塞对前后列车的定位方式是不同的。前行列车的定位仍沿用固定闭塞方式，而后续列车的定位则采用连续的或移动的方式。为了提高后续列车的定位精度，目前各系统均在地面每隔一段距离设置一个定位标志，列车通过时提供绝对位置信息，在相邻定位标志之间，列车的相对位置由安装在列车上的轮轴转数累计连续测得。准移动闭塞系统列车仍以闭塞分区为最小行车安全间隔，但根据目标速度和目标距离随时调整列车的可行车距离，通过该种方式后续列车所获得的目标距离是距前车或目标地点所处轨道电路区段边界的距离，不是距前车的实际距离；因此，该种 ATC 系统相对于移动闭塞系统而言也称为准移动闭塞式的 ATC 系统。

移动闭塞是相对于固定闭塞而言的，不存在固定的闭塞分区，其闭塞区间的长度随条件变化而变化，并随着列车的运行而移动，即随着后续列车和前方列车的实际行车速度、位置、载重量、制动能力、区间的坡度、弯道等列车参数的具体情况而变化。列车间隔是动态的，并随前一列车的移动而移动；列车间隔是按后续列车在当前速度下所需的制动距离加上安全余量计算和控制的，确保不追尾。制动的起点和终点是动态的，轨旁设备的数量与运行间隔关系不大，可实现较小的列车间隔距离。采用地-车双向传输，信息量大，易于实现无人驾驶。采用移动闭塞的目的是在确保列车运行安全的前提下（列车间保持安全制动距离），最大限度地缩短列车运行间隔，提高线路的通过能力。因此，移动闭塞系统是一种智能化的、基于现代通信技术、计算机技术和控制技术的列车运行间隔控制系统。移动闭塞与固定闭塞的区别在于采用无线传输或感应环路等方式实现列车-地面之间的双向通信,基于列车最大运行速度、制动曲线和列车位置,动态计算列车运行权限,保证前后列车之间的安全距离。

固定闭塞方式被广泛采用,但基于移动(准移动)闭塞方式的列车运行对铁路能力的消耗可以通过假定将铁路基础设施划分为非常小的闭塞区间而视其为固定闭塞运行方式;这样,可以将基于固定闭塞运行的铁路能力分配方法用于计算评估移动(准移动)闭塞条件下的铁路能力问题。

我国高速铁路采用目前国际最先进的目标距离模式速度控制方式,列车系统车载设备将根据目标点的目标速度、目标距离、线路条件以及列车特性自动生成连续减速制动的“一次模式”曲线,在保证列车安全、高速运行的同时,可以一定程度地缩短列车的追踪运行间隔时分,实现列车的高密度追踪运行。而移动闭塞方式已经广泛应用于许多城市轨道交通系统中,必然也是高速铁路科技前沿向现实生产力转化发展的一个方向。高速铁路能力计算与评估是在准移动闭塞方式条件下的能力计算与评估。

二、理想条件与实际条件

能力计算首先需基于一定的运输组织模式,即研究给定运输组织模式下的能力计算与评估;运输组织模式是解决开行何种类型的列车及如何开行列车的问题。

既有铁路通过能力计算国内的传统方法多是在以货物运输为主体(即铁路上开行的旅客列车和快运货物列车数远比一般货物列车数少,在运行图上只占一小部分)的前提条件下考虑的。高速铁路行车组织既要考虑高速列车的运行,还要考虑与既有线衔接的中速列车。而既有线是一个庞大的系统,情况复杂多变。高速铁路要兼容与既有线衔接的中速列车,必然要增加行车组织难度。

国内外一般将高速列车定义为速度 200 km/h 及其以上列车,中速列车为速度在 160 km/h ~ 200 km/h 之间的列车,普速列车为速度 160 km/h 及其以下列车;根据开行距离和速度等级,客运专线高速列车又可细分为中心辐射式高速列车、跨区域高速列车及城际高速列车;普速列车也可细分为长途普速列车和中短途普速列车。

根据对运输需求和线路条件的分析,截至 2007 年我国以“四纵两横”六大干线为主的既有线具备 200 km/h 等提速条件的线路分别是京沪线、京哈线、京九线、陇海线、胶济线、武九线、兰新线、宁西线及沪昆线的浙赣、沪杭段等,共 26 个路段。目前国内专家学者已经基本达成共识:我国客运专线型的高速铁路在相当一段时间内采用“不同速度的列车共线匹配运行”的运输组织模式(即高速铁路上本线列车和跨线列车共线运行,除本线列车全部采用动车组外,跨线列车也采用动车组,但动车组的等级不同,其最高运行速度存在差异),最终发展为全高速的运输组织模式,即我国铁路要经历一种“普速——部分高速——全高速”的发展过程。

现实背景要求我国高速铁路的能力计算与评估需以旅客运输为主体进行考虑,且高速铁路系统中运行着各种类型不同的列车,根据运输任务安排的列车优先级排序需要兼顾铁路运营效益与乘客服务质量。列车类型按运营速度可划分为 160 km/h, 200 km/h, 250 km/h, 300 km/h 及以上。按运行线类型将列车分为本线列车(250 km/h, 300 km/h 及以上)、下线列车(200 km/h,

250 km/h)、跨线列车（160 km/h，200 km/h），不同类型列车相应设置不同的停站方式，类似日本东海道新干线的光号、回声号、希望号或城际列车 IC、区域列车 RT、市郊列车等。其中本线列车是指全部在高速线上运行的列车，此类列车停站少，运营模式单一，速度最快；下线列车是指始发站或终到站中的一个在高速线并在高速线上运行一定距离的高速列车，这种列车要求高速线与既有线的紧密配合，也要求高速列车能同时在高速线和既有线上运营，速度比不上本线列车；跨线列车是指始发站和终到站都不在高速线，但在高速线运行一定距离的列车，此类列车由于大部分距离都是在既有线上运行，因此设计时速不会太高，在高速线上运行的速度也相对较低。

　　能力计算与评估的理想条件与实际条件的界定是基于列车速度、优先级及车站的分布，就给定车站分布的铁路基础设施而言，列车速度之间的差别（列车速度的差别越大，可获得的能力越小）会限制可开行的列车数；优先级也会降低能力，因为赋予高优先级的列车较多的优先权，会导致低优先级列车延误的增加。

　　能力评估可分为远期的与中/短期的能力评估，每一个规划层次需要其适合的信息集；而且，人们期望从短期的能力评估中获得更多的信息。本书主要着眼于中/短期的能力计算与评估，研究固定基础设施与活动设备在已知运用方案（列车服务-需求意向集）条件下的优化的能力计算与评估的理论与方法，这种条件下所计算与评估的结果是一种比较接近于现实能力的优化能力。

第五节　高速铁路能力计算&评估时间段的划分

　　由于能力消耗与能力利用及客流需求特征规律的动态变化，将全天划分为不同的时段测量能力；从而可以使规划者和分析者有机会识别出能力存在的问题。然而，如果将全天划分为过多的时段未必会获得更加详细的信息，反而会有可能导致迷惑。基于此，本书根据高速铁路客流需求特征，将高速铁路能力计算&评估时段划分为早高峰时段、平峰时段、晚高峰时段、天窗综合维修影响时段等几部分。根据高速铁路运营组织实践，将时段满载率达到 75%及以上定位为高峰时段，时段满载率在 75% 以下定位为平峰时段，通常早高峰时段可能发生在早 7:00—9:00，晚高峰时段可能发生在晚 17:00—19:00；天窗综合维修影响时段是指在临近维修时域两侧的时间段，此时段需特别考虑运行线铺画的长线/短线组合问题。

第八章　高速铁路能力计算与评估的基础时间项

第一节　列车运行控制系统

所谓列车运行控制系统，是指用于控制列车运行速度以保证行车安全和提高运输能力的控制系统，通常由地面列控中心或地面无线闭塞中心、轨道电路、地面点式信号设备、车地传输设备和车载速度控制设备构成。其中，地面设备具有检测列车位置、根据前行列车的位置和进路情况确定列车的限制速度、向列车传递限速信息和线路信号等功能；车载设备主要完成接收限速信息并提示、对列车运行速度进行监督、在超过限制速度时自动实施制动减速，以保证列车员在限速点前降到限速值以下。

参照开放、统一的欧洲列车运行控制系统（ETCS）规范和国外高速铁路列控系统运用经验，结合我国铁路运输特点，遵循全路统一规划的原则，铁道部于 2004 年发布了符合中国国情、路情的列车运行控制系统（CTCS）技术规范总则（暂行）。该技术规范将列控系统的应用等级划分为 CTCS0 ~ 4 五个等级：CTCS-0 级为既有线的现状，由通用机车信号和运行监控记录装置构成。CTCS-1 级由主体机车信号+安全型运行监控记录装置组成，面向 160 km/h 以下的区段，在既有设备基础上强化改造，达到机车信号主体化要求，增加点式设备，实现列车运行监控功能。CTCS-2 级是基于轨道传输信息的列车运行控制系统，面向提速干线和高速新线，采用车-地一体化设计，适用于各种限区段，地面可不设通过信号机，机车乘务员凭车载信号行车。CTCS-3 级是基于无线传输信息并采用轨道电路等方式检查列车占用列控系统，面向提速干线、高速新线或特殊线路，基于无线通信的固定闭塞或虚拟自动闭塞，适用于各种限区段，地面可不设通过信号机，机车乘务员凭车载信号行车。CTCS-4 级是基于无线传输信息的列车运行控制系统，面向高速新线或特殊线路，基于无线通信传输平台，可实现虚拟闭塞或移动闭塞，由 RBC 和车载验证系统共同完成列车定位和列车完整性检查，地面可不设通过信号机，机车乘务员凭车载信号行车。

第二节　闭塞时间与基础设施占用时间

一、闭塞时间

铁路基础设施能力多是基于闭塞时间，闭塞时间这一术语首先由 Happel 在 1959 年提出使用，2004 年 Happel 的闭塞时间理论在铁路能力管理中得到 UIC 的推广使用。所谓的"闭塞时间"是指在固定闭塞系统的线路上，线路的一个区间（通常是闭塞区间）专门分配给一个列车而阻止其他列车占用的时间间隔，不仅包括列车对一条线路区间的物理占用时间，而且也包括接近时间、清空时间以及路径形成和释放时间。这样，一个闭塞时间的时间长度从授权列车移动（比如清空一个信号）开始到可能授权另一列车移动进入相同的区间为止。线路单元的闭塞时间通常要比列车占用此单元的时间要长。将列车通过所有闭塞区间的闭塞时间画在时间-距离图上，会产生一个所谓的"闭塞时间阶梯"图，闭塞时间阶梯图非常完美地体现了列车对线路的运营使用过程。UIC406 将相关闭塞区间定义为决定整个所选择线路的最小间隔时间的闭塞区间。

在欧洲，闭塞时间用于量化列车的移动对基础设施的能力消耗，早期的工作始于 Happel（1950），Sebastian Georg Klabes（2010）较为全面的描述了有关闭塞时间理论，如图 8.1 所示。

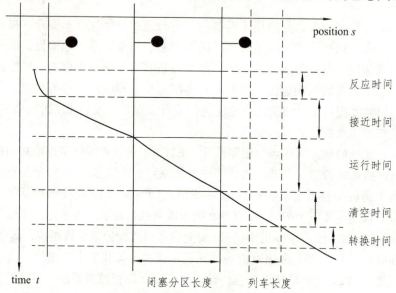

图8.1　以常速运行的列车闭塞时间的组成

闭塞时间 = 反应时间+接近时间+运行时间+清空时间+转换时间

二、基础设施占用时间

根据 UIC406，能力消耗由在给定的一段时间内的基础设施占用来衡量，考虑到时刻表的稳定性及维修需求，定义的这"一段时间"包括附加的缓冲时间与必要的维修时间。

能力消耗时间的计算式为：

$$T=A+B+C$$

式中　T——总的能力消耗时间，min；

　　　A——基础设施占用时间，min；

　　　B——缓冲时间，min；

　　　C——维修附加时间，min。

能力消耗的计算式为：

$$P=T.100/U$$

式中　P——能力消耗；

　　　U——定义的时间段。

　　列车进路对线路区间单元的占用时间从线路区间内的第一个闭塞分区的起始处计量，主要包括进路信息传输时间、识别进路信号时间、接近线路区间时间、线路区间运行时间、出清进路时间（取决于列车长度）、进路释放转换时间等。

　　UIC406 按市场需求构造基本时刻表后，采取某种压缩策略，将所有的列车径路放到一起根据基本时刻表顺序压缩至最小理论间隔而不考虑任何缓冲时间，压缩的结果即是时刻表中列车进路对基础设施最终占用时间。

　　基础设施占用时间上限阈值的确定是这种时刻表压缩方法的关键，因为很难甚至不可能给出一个标准的精确值。从欧洲路网的应用实践得出的一个结论是占用时间的限制因素不是源自于铺画新路径的难度，而是来自于在考虑稳定性需求条件下对缓冲时间的设置；铺画新的列车进路的可能性总是存在的，但是由于时刻表特定的稳定性要求必须适可而止。确定基础设施占用时间上限阈值时必须考虑的参数包括：

　　◇　基础设施的可靠性；

　　◇　机车车辆、动车组的可靠性；

　　◇　线路区间间的相关性（如线路区间的分叉与交汇）；

　　◇　服务质量的要求（如为防止延误，在可以降低缓冲时间的情况下，允许取消列车）；

　　◇　时间段内的列车数；

　　◇　线路区间的长度及在线路区间内组织越行或会让的可能性。

　　基于欧洲铁路基础设施管理应用的实践，UIC406 提出了基础设施占用时间的建议典型阈值，如表 8.1 所示。

表 8.1　基础设施占用时间 UIC406 建议上限阈值标准

线路类型	高峰时段	平日时段	备注
专用市郊线 （dedicated suburban passenger traffic）	85%	70%	为保证高质量服务，存在允许取消某些列车的可能性
专用高速铁路线 （dedicated high-speed line）	75%	60%	
混用线路（mixed-traffic line）	75%	60%	当异质性较强的列车数较少时（低于每小时 5 列）可以更高

　　如果基础设施占用时间值高于标准阈值，则认为基础设施是拥挤的；如果没有达到设定的标准阈值，将会产生剩余的能力（本书称之为可开发能力），应该基于市场需求来确定这种可开发能力的使用方式。

第三节　间隔时间与最小间隔时间

一、间隔时间

　　间隔时间是指连续两列车的间隔，计划的间隔时间应为最小间隔时间与缓冲时间之和，通常间隔时间可分为在有冲突的车站进路上两列车的到达-到达间隔时间；车站出发进路或向共同区间线路发车的进路上连续两列车的出发-出发间隔时间；进站进路的到达列车与存在冲突的出站进路上出发列车间的到达-出发间隔时间；出站进路上的出发列车与存在冲突的进站进路上的到达列车间的出发-到达间隔时间。

　　赵明（1996）分析固定自动闭塞条件下一种区间通过能力的计算方法是在得到列车的区间追踪间隔时分及车站必要间隔时分后，先进行化整处理，而后又附加了1分钟的缓冲时间，然后利用这时得到的最大间隔时分来确定能力，并未考虑优化时间间隔的问题；在移动自动闭塞条件下计算得到的追踪间隔时分是否进行化整处理，而后是否还要附加一定的缓冲时间，附加多大的缓冲时间、列车的运行延误特征等都会影响能力的计算结果。既有研究大多是从组织型运输组织方式出发，分析移动闭塞方式下列车运行间隔的动态值。M.Abril（2008）分析了连续两列车间的间隔时间，如图8.2所示：

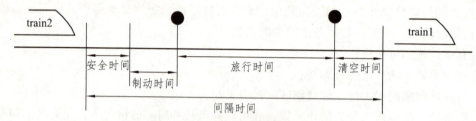

图8.2　连续两列车的间隔时间组成

　　间隔时间=安全时间+制动时间+旅行时间+清空时间

　　旅行时间（travel time）——运行完两个连续信号机之间的距离所需时间，取决于两个连续虚拟信号机之间的列车速度和距离，Travel time=F（Distance/Speed）；

　　制动时间（braking time）——运行完制动距离所需时间，取决于列车速度和最大减速度，Braking time=F′（Speed/Deceleration）

　　清空时间（releasing time）——一列车通过信号机的时间，取决于列车长度和速度，Release time=F″Length/Speed）

　　安全时间（security time）——一个常数，由基础设施管理者设定。

　　从既有文献来看，对于列车间隔时间有的在铁路系统的某点处衡量、也有的在区间处衡量连续两列车间的最小间隔，前者的缺点在于不能反映列车在衡量地点周围的行为。如果区间的列车是完全同质的，则连续两列车间的最小间隔等于此区间任何位置处的时间间隔，对于同质周期运行图，给出某线频率，沿线各点的平均间隔时间等于周期除以频率，且时间间隔的和等于计算时段长度。反之，如果区间上的列车是高度异质的，则会导致区间起始端长途列车离开后短途列车立即出发，区间结束端短途列车到达后长途列车立即到达；进而导致最小时间间隔的和小于计算时段长度，影响了时刻表的稳定性且不利于能力的充分使用。

　　时刻表的稳定性与列车运行实绩的准时性都是与时间间隔的设置直接相关的。为保证列车运行的准时性，在时刻表规划阶段的间隔时间=列车控制间隔时间+关键站停靠时间+运营裕量；所以间隔时间的具体确定需要综合考虑服务质量与基础设施能力的使用率。

二、最小间隔时间

　　追踪列车间的最小允许间隔时间是指从一列车头部到另一列车尾部所需要的时间，是衡量相邻列车间隔的技术指标。最小列车追踪允许间隔时间的控制值发生在前行列车停站作业过程中。当前行列车需要停站作业时，必然产生制动减速、停站、起动加速的过程，当多辆列车沿同一轨道、同一方向依次行驶时，后续列车与前行列车间必须有足够的追踪间隔时分，使相邻列车间保证有一定的安全距离，从而避免后续列车产生非正常制动和停车或发生碰撞。最小允许间隔时间受到采用的信号系统制式、列车性能、进站停车制动方式、停站时间、列车长度、站台限速等因素影响，其中停站时间和信号系统对其影响较大。

在一条线路上运行 n 个不同类型的列车，这 n 个列车随机组合会产生 n^2 个最小间隔时间，以矩阵形式给出：

$$H = \begin{pmatrix} h_{11} & h_{12} & \cdots & h_{1n} \\ h_{21} & h_{22} & \cdots & h_{2n} \\ \vdots & \vdots & & \vdots \\ h_{n1} & h_{n2} & \cdots & h_{nn} \end{pmatrix} \quad\quad (8.1)$$

1. 固定自动闭塞方式下的最小间隔时间

固定闭塞系统中线路间隔时间是不仅考虑一个闭塞区间而是整条线路上闭塞时间阶梯图中两列车的最小间隔时间；是为避免互相妨碍，相邻两列车 i 与 j 所需要的最短间隔时间。在这种情况下，至少在一个闭塞区间（"临界闭塞区间"）连续两列车的闭塞时间阶梯图互相接触而没有空隙，即假设相邻两列车的闭塞时间阶梯图移动到可以相互接触的位置，那么其最小间隔时间是在它们所要运行通过的第一个区间上前行列车 i 的闭塞开始时间与后行列车 j 的闭塞开始时间的间隔。最小间隔时间是确定排队模型服务过程的一个重要参数。

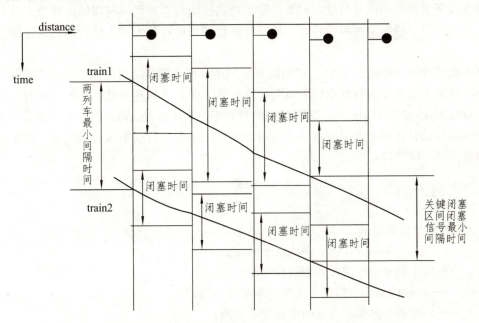

图 8.3　固定自动闭塞系统最小间隔时间阶梯图

2. 移动自动闭塞方式下的最小间隔时间

在移动闭塞系统下，由于取消了固定的闭塞区间，其闭塞区间的长度随条件变化而改变，并随着列车的运行而移动，因此列车之间在追踪过程中可以保持较小的距离，有效地缩短最小列车追踪允许间隔时间，进而使移动闭塞系统下的列车通过能力较固定闭塞系统有很大提高。为求出 MBS 条件下最小列车追踪允许间隔时间的表达式，必须考虑列车司机、列车设备的反应时间以及后续列车从当前速度制动减速到速度为 0 时所需的时间。假设在前行列车已经离开站台一段距离后，后续列车开始制动减速准备进站，则最小列车追踪允许间隔时间为：

$$\tau_{\min} = T_r + \frac{V_b}{b} + T_d + \sqrt{2(L_d + L_t)/a} \qquad (8.2)$$

式中　$\tau_{\min}$——最小列车追踪允许间隔时间；

T_r——列车司机、列车设备的反应时间；

V_b——后续列车的最大速度；

b——后续列车的制动减速度；

T_d——站台停站时间；

L_d——前行列车离开站台的一段距离；

L_t——前行列车长度；

a——前行列车的起动加速度。

移动闭塞方式下列车追踪时的安全距离满足公式：

安全列车分隔距离=目标点距离+特定线路要求的距离（如冲突防护区）+安全距离

纪嘉伦，杨肇夏（1992）指出移动闭塞方式下列车追踪运行的间隔时间是一个动态值，认为将区间追踪间隔时间确定的问题归结为选择一个合适的间隔时间，既能保证追踪运行的安全和运行速度的平稳，又有较大的区间通过能力；从实时运行组织角度提出我国铁路在客货混行条件下采用移动闭塞制度时列车追踪运行的区间与车站间隔时间的计算公式及列车实际追踪运行实行三级控制的跟驰模型，通过计算机铺画区段最大列车运行图完成区通过能力计算。

李本刚（2008）研究了 CBTC 移动闭塞列车运行安全间隔时间的计算方法，推导出移动闭塞和准移动闭塞列车运行安全间隔时间计算公式，并对两者进行计算分析。赵明（1996）分析了双线 MAS 条件下中间站、区段站同种类列车、客货列车追踪出发、追踪到达、运行通过的间隔时分的计算式，给出双线移动自动闭塞条件下将前行列车视为"撞墙"停车情况的区间追踪间隔时间的确定公式

$$I_Z^{\max} = t_c + t_{que} + t_{buf} + \frac{s_z^{\max} + L_a + l + 2E}{v_z^{\max}} \qquad (8.3)$$

式中　t_c——信息传输周期；

t_{que}——司机（车载计算机）确认信号时间；

t_{buf}——列车由牵引制动转入惰行前缓冲时间；

$s_z^{\max}$——区段内最不利情况下追踪列车常用制动距离；

L_a——追踪列车停妥后保证的安全间隔距离；

l——列车长度；

E——列车位置检测误差；

$v_z^{\max}$——区段内最不利情况下列车相应的速度。

刘英（1998）指出 MAS 条件下编制列车运行图的方法与 FAS 不完全相同，MAS 条件下运行组织对于每一列车都需要计算其追踪间隔；不同种类的列车追踪运行，既要考虑追踪效

率，也要考虑运输均衡性，以及车站的接发车能力等；该文献分析了双线 MAS 条件下同种类列车区间追踪运行间隔时间计算式 $L_{MAS}^i = \max\{L_{MAS}^i(t) \mid 1 \leqslant i \leqslant N\}$，式中 L_{MAS}^i 为列车在第 i 区间（设区段共有 N 个区间）任意位置上所需的间隔距离，为保证区间通过能力的实现，取各区间最大追踪间隔作为列车在该区间追踪运行的间隔，令 $\overline{V}$ 为列车运行平均速度，则列车区间运行追踪间隔时间为 $I_{qu} = \dfrac{L_{MAS}^i}{\overline{v}}$；分析了同种列车按车站出发、到达条件检验区间追踪间隔的计算式 If、Id 给出了最终确定同种类列车区间追踪间隔时间计算式

$$I_{MAX} = \begin{cases} \max\{I_{qu}, If, Id\}, & \text{有停站} \\ I_{qu}, & \text{无停站} \end{cases}$$

分析了不同种类列车到通间隔 I_{dt}、通发间隔 I_{tf}、发发间隔 I_{ff}、到到间隔 I_{dd} 相应的计算式。刘海东（2010）给出准移动闭塞区间追踪列车间隔的计算公式为：

$$I_{区} = 3.6 \frac{L_{区}}{v_{运}} = 3.6 \frac{l_{列} + l_{分区} + l_{防} + l_{制}}{v_{运}} + t_{附} \tag{8.4}$$

式中　$I_{区}$ 为区间追踪列车间隔时间，s；

　　　$l_{列}$ 为列车长度，m；

　　　$l_{分区}$ 为闭塞分区长度，m；

　　　$l_{防}$ 为列车安全防护距离，m；

　　　$l_{制}$ 为车载 ATP 形成的制动模式曲线长度，m；

　　　$v_{运}$ 为前后列车间隔距离内列车平均运行速度，km/h；

　　　$t_{附}$ 为包括信号系统应变时间及司机确认目标距离和速度变化的时间，s，其中信号系统应变时间构成按 CTCS2、CTCS3 级列控系统分别考虑。同等条件下，列车在单线上运行需要在车站会让，因而单线能力的主要限制因素是车站间距；而双线能力的主要限制因素是列车间隔时间。列车追踪间隔时分是确定区间通过能力的基础，但计算得到的追踪间隔时分结果如何使用是问题的关键。

第四节　缓冲时间

为保证高质量的列车服务，可以通过提高列车运行速度以吸收先前的延误，即时刻表中计划的运行时间应该大于技术上最小运行时间需求，两者之差即为缓冲时间。巴博（2008）考虑了列车运行时间的不确定性，提出了时空网络图示法将缓冲时间的优化分配问题表示为一个基于时间的随机最短路径，构建两阶段反馈随机最优化模型。贾文峥、毛保华（2009）定义枢纽站缓冲时间为两项作业在相同轨道区段或道岔上作业的时间间隔，或者说前一个作业不影响后一个作业的最大允许扰动；如果前一个作业的扰动大于缓冲时间，扰动就会传播到后一个作业，从而形成晚点传播。最小缓冲时间表示在不改变列车的到、发时间和接、发车进路条件下，整个方案所能容忍的是不会造成晚点传播的最大干扰时间。

缓冲时间分为区间运行时间的缓冲时间与在站作业处理时间的缓冲时间两种，既可以在

运行线路上，也可以设置在车站作业时间中。从时间维和空间维来分析有关缓冲时间，主要涉及缓冲时间的大小、缓冲时间的分布位置两个问题。

一、国际上缓冲时间的几种设置方式

国际铁路联盟（UIC，2000）出版的 Leaflet 451-1 提出了关于运行时间的缓冲时间的设置方法：建议缓冲时间的设置考虑运行距离与技术最小运行时间两个部分之和，具体操作方法是与距离相关的缓冲时间为机车牵引的旅客列车每 100 km 设置 1.5 min，为动车组旅客列车每 100 km 设置 1 min；与运行时间相关的缓冲时间设置在技术最小运行时间的 3%（相对于慢车）到 7%（相对于快车）之间变动，在某些情况下依赖于运行时间的缓冲时间也可由附加的依赖于距离的缓冲时间所代替。在荷兰，这种缓冲时间近似取技术最小运行时间的 7%。

在瑞典，缓冲时间由这样几部分组成：首先，有一个相对于运行时间的缓冲时间，客运列车取运行时间的 7%，货运列车取运行时间的 11%；其次，附加特殊的运营缓冲时间，比如在使用率较高的节点；另外，每运行 30 min 增加 1 min 的缓冲时间。对于平均速度较高的列车，设置相对较大的缓冲时间。

在英国，计划的运行时间是基于特定铁路区段的历史运行实绩的，因此并没有明确定义缓冲时间，但是已被包含在运行时间中。

Alex Landex（2007）建议在双线铁路上设置固定间隔的缓冲时间，而单线铁路取能力消耗时间的一个百分比作为缓冲时间。

二、缓冲时间优化设置的几项原则

缓冲时间的主要作用在于吸收传播延误，防止初始延误；以最小化平均延误、最大化稳定性为目标的缓冲时间优化设置有许多方式，但在研究缓冲时间的优化设置问题时，通常假定整个铁路网络上总的缓冲时间大小是不变的，即如果增大某处的缓冲时间，必然导致其他位置的缓冲时间的减少，优化分配缓冲时间的原则可考虑以下几点：

（1）为有较多乘客的列车分配较多的缓冲时间。显而易见，给载有较多旅客的列车分配较多的缓冲时间会使较多的旅客准时到达，但是这样也会增加较多的计划旅行时间。

（2）在运行线上关键节点处设置更多的缓冲时间。这种方法是将运行线上的车站节点划分重要度，根据节点重要度的大小判断其对准时性要求的高低，关键节点即那些对准时性要求较高的车站。

（3）给长线分配较多的缓冲时间。长线通常被认为需要更多的运行缓冲时间。理由之一是长线有较高的可能产生累加延误；另外，发生的延误会被传播到的距离更远，这也意味着会有更多的其他列车被干扰。

（4）为使用强度高的股道线路、车站分配较多的缓冲时间。在能力消耗大的路网某处，比较容易产生延误传播；在这种情况下，不仅减小间隔时间会增加延误传播的可能性，而且会使受到干扰影响的列车数增多。因此，在网络中这种股道线路或车站上保持高的准时性更为重要。

（5）高峰时段分配较多的缓冲时间。在高峰时段较长的上下车时间会产生额外的延误。

由于运行线较长的拥挤的列车的重量较大，导致加减速过程会需要更多的附加时间。而且，在高峰时段，会有较多的列车运行，意味着更多的延误传播。因此，需要为高峰时段设置较多的计划运行时间。

为容易发生较多干扰的地方分配较多的缓冲时间。为了降低总延误的同时又不浪费能力，最佳策略是将缓冲时间与干扰相匹配。这可以根据列车运行的历史数据，分析运行延误发生的特征，进而识别易发生干扰的位置；在此位置处根据延误程度分配适当的缓冲时间。然而，此种策略的难点在于历史数据通常只提供实际延误的信息，而未将初始延误与传播延误截然分开。

第五节　维 修 时 间

铁路维修的主要内容有工务维修、接触网维修、通信信号维修，在有砟轨道条件下，综合维修天窗时间的长度取决于工务维修工作的需要。考虑到我国高速客运专线列车开行特点及对线路通过能力的影响，应该为工务维修、接触网维修和通信信号设备检修在夜间 0:00—6:00 开设 4~6 h 的综合维修天窗。根据国外无砟轨道养护与维修作业的相关数据显示，无砟轨道的养护工作量小、维修工作时间短，在有些情况下维修工作量较有砟轨道可减少 70%，综合维修天窗的设置时间将决定于接触网维修作业的需要（2~3 h），无砟轨道客运专线综合维修天窗采用 2~3 h 分段矩形天窗形式，能较好地满足综合维修天窗短时性的要求。

高速铁路客运专线综合检修天窗对通过能力的影响，是较其他影响因素如高中速列车速度匹配、列车追踪间隔、中间站设置等更为重要的影响因素。在 UIC406 中维修时间既可以是基础设施占用的一部分，也可以作为一个额外附加时间；但维修时间应该作为能力消耗的一部分。

第九章　混合类型条件下高速铁路列车运行计划的综合平衡分析

第一节　引　言

铁路能力的主要影响要素包括基础设施布局、基础设施使用方式（列车运行计划、时刻表）与外界干扰；外界干扰具有一定的随机性，在基础设施布局方式给定的条件下，能力使用的可控因素在于列车运行计划的编制（不同类型的列车组合，如速度、频率）；列车运行计划的编制主要有两种策略：主排程式（master scheduling），即枚举出列车移动的所有时刻以编制协调的时刻表（coordinate timetable）；战术式（tactical scheduling），即给出在给定时间间隔内列车频率。

Steven S. Harrod（2007）总结了 1980 年以来国外有关列车运行计划优化的策略、方法及目标；徐行方、徐瑞华（2003），孟令云、杨肇夏（2010），彭其渊、张羽成（1998），杨帅华（2007）也分别从不同角度讨论了能力计算、列车运行组织与运行图评价的问题，但这些既有文献的研究目标大多主要集中于最大化服务频率、最小化延误、最大化效用、最小化成本等几方面，且都只是着眼于某单项目标的优化，而忽略了多种因素影响条件下列车运行计划各种优化目标的综合平衡这一本质要求，难免会顾此失彼。

UIC406 能力手册将列车数、平均速度、稳定性及异质性定义为能力使用的核心元素，将能力消耗参数定义为关于能力使用（列车数、平均速度、异质性及稳定性）的"能力平衡"；Landex，A（2008）给出的平衡关系如图 2.2 所示。列车数、异质性、平均速度、稳定性最终都会反映在列车运行计划中。

第二节　列车数

高速铁路的服务对象主要是面向"人"的，为此，进行能力计算与评估时，不是单纯的考虑列车排列进路，而是充分考虑高速铁路客流需求与运能供给间的综合平衡。根据客流需求定义分析时段内所需的列车数。假定时段内各种类型客流需求量为 d_i^p，与客流类型相应的第 i 类型的列车定员为 C_i，满足一定服务水平条件下的第 i 种类型列车时段满载率为 γ_i^p，则时段内计划开行的列车数计算式为

$$N_{tsdis}^p = \sum_i \frac{d_i^p}{C_i \gamma_i} \tag{9.1}$$

第三节　平均速度

从物理学的角度列车区间运行速度可从静态与动态两种角度描述，静态速度决定了轨道（track）最大允许速度代表着轨道区间限速极值。由于安全或其他约束的存在而定义某一轨道区间的限速极值，因而这种静态的速度表述方式关于轨道区间位置的分段常数函数。动态速度由微分方式表示：

$$F_1(v) - F_2(v, s) = m * \rho * \frac{\mathrm{d}v}{\mathrm{d}t} \tag{9.2}$$

式中　$F_1(v)$——分段定义的牵引力；

$F_2(v, s)$——分段定义的制动力；

v——列车速度；

s——列车位置；

m——列车质量；

ρ——回转质量系数；

$\dfrac{\mathrm{d}v}{\mathrm{d}t}$——列车加速度/减速度。根据动态速度微分方程估计运行时间为：

$$\Delta t = \int_{t_1(s_1)}^{t_2(s_2)} \mathrm{d}t = \int_{s_1}^{s_2} \frac{1}{v(s)} \mathrm{d}s \tag{9.3}$$

式中　s_1——列车起始位置；

s_2——列车终止位置；

t_1——列车在起始位置处时点；

t_2——列车在终止位置处时点。

动态速度的计算非常复杂，通常借助于静态速度特征及速度约束值求解微分方程予以近似。从列车运行图质量指标的角度通常将列车速度分为最高速度（运行途中可能或允许达到的最大速度）、运行速度（运行途中不包括停站时分和起停车附加时分的平均速度）、技术速度（在运行区段内，不包括车站停车时分但包括起停车附加时分的平均速度）、旅行速度（运行区段内包括沿途停站时分和起停车附加时分的平均速度），各种速度中旅行速度对于提高运输服务质量应该更为具有实际意义。

A landex（2005）以获得较多的线路能力为目标，研究了与基础设施闭塞分区长度相匹配的旅行速度优化问题，根据制动距离和可能的旅行速度，提出了离散式列车运行控制系统与连续式列车运行控制系统最佳旅行速度的确定方法。

我国高速铁路的列控系统采用准移动闭塞方式、目标距离控制（又称连续式一次速度控制）模式，即根据目标距离、目标速度及列车本身的性能确定列车制动曲线，不设定每个闭塞分区速度等级，采用一次制动方式。根据 A landex（2005）、刘澜（2006）在准移动闭塞方式下最优旅行速度 V_{opt} 的计算公式：

$$V_{opt} = \sqrt{2\left(\frac{(6.1\mu + 61)c}{1\,200} + gi\right)B + S_s + L} \tag{9.4}$$

式中 μ ——制动力占列车总重的百分比；

      c ——闭塞分区长度；

      g ——地球万有引力系数；

      B ——准移动闭塞分区长度；

      S_s ——安全防护距离；

      L ——列车长度。

刘英（1998）指出停站方式与停站比例是讨论点、线问题的一个重要参数，主要反映在两个方面：一是车站对旅客可达性的影响，二是由于列车停站而导致的旅行时间的变化。高速铁路要在客运节点分级系统的基础上，建立车站等级与列车分类尽可能匹配的停站模式，优化各种列车的平均旅行速度。

第四节　稳 定 性

稳定性分析重点在于把握列车运行是有控随机与随机有控特性，基础设施状态、列车运行状况及控制系统状况可能产生各种随机延误使其偏离运行计划，但运行计划的科学编制又有可能使这种偏离尽可能最小化。Cherng-Chwan HWANG（2010）指出从运行效率、服务质量和基础设施的改善（infrastructure improvement）等方面而言，被认为精确的估计延误传播对于线路能力的利用起着一个关键的作用。铁路网是一个多级递阶控制的系统，由于线路间存在可能成为瓶颈的交叉和重叠，网络效应所引起的延误传播使一条单线不能完全独立于整个网络。中国高速铁路与既有提速线运营环境发生了变化，客运专线型，列车等级普遍较高，准时性要求高；相比于欧洲、日本，线路距离长，运行时间长，运行条件复杂，更加需要对延误的准确预计，进行有效的延误管理，从而在列车运行计划中设置适当的列车间隔时间与缓冲时间以增强稳定性。

第五节　异 质 性

如果在每一相同线路区段的所有列车由运行时间、停站方式等决定的平均速度等特性亦相同则为同质列车；如果有较大差距则为异质列车。根据 Michiel J.C.M.Vromans（2006）列车异质性有两种衡量方法：

1. 最小间隔时间倒数的和（SSHR）

$$SSHR = \sum_{i=1}^{N} \frac{1}{h_i} \qquad (9.5)$$

式中 N ——列车数；

      h_i ——列车 i 与列车 $i-1$ 间的最小间隔时间。

SSHR 值越大，则列车异质性越高。

2. 到达间隔时间倒数的和（SAHR）

$$SAHR = \sum_{i=1}^{N} \frac{1}{h_i^A} \qquad\qquad (9.6)$$

式中　h_i^A——列车 $i-1$ 与列车 i 到达时间间隔；

　　　N——列车数。

列车同质条件下，SAHR 等于 SSHR；列车异质条件下，SAHR 总是小于 SSHR。SSHR 是衡量区间列车的异质性，SAHR 是衡量车站的列车异质性。本书建议采取 SSHR 与 SAHR 的加权平均和综合衡量列车在整个高速铁路网系统的异质性，即

$$HETER = \alpha SSHR + \beta SAHR$$

式中　$\alpha + \beta = 1$ 且 $0 < \alpha < 1$，$0 < \beta < 1$。

网络化条件下的高速铁路系统并非是完全同质列车，客流需求层次的多样性导致了列车种类的多样性。按照高速铁路的运营管理可将我国高速铁路上运行的列车分为本线、下线以及跨线三个等级。对于这些不同类型的列车 Steven S.Harrod（2007）分析了双线铁路混合交通流的能力影响影响因素；根据 M.bril（2008）在双线上相对于列车速度，异质性对于能力的影响程度要更大些。

如果线路上运行不同速度类型的列车，则线路的能力在很大程度上取决于列车的顺序，不同速度等级列车组合顺序会影响间隔时间，导致不同的异质性。对于混合类型列车的运行组织策略的比较分析见表 9.1。

表 9.1　混合类型列车的运行组织策略及其比较

混合列车运行组织策略	利弊分析
快车兼顾慢车	均等化各种类型列车的运行速度，降低列车异质性，但会降低高速列车的速度，影响高速列车乘客的满意度
设定优先级	低等级列车被高等级越行，可充分发挥高速列车的速度，但如果越行时间过长，会降低低等级列车乘客的满意度；
不同类型列车分组运行	从不同角度出发这种策略有两个可选方案:从乘客角度而言满足其多样化出行需求，但会使异质性最大化，降低设备能力的使用效率，从铁路运营方而言，最小化列车异质性，充分发挥设备效能，但会降低乘客的满意度，如图 5-1 所示（Kaas，1998）。文献[1]提出了列车分组几种策略并予以定性比较分析，但并未给出定量的评价标准。

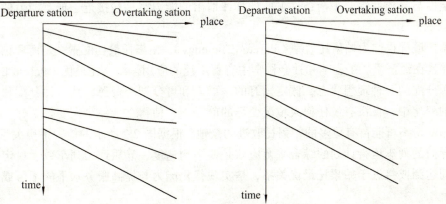

图 9.1　从旅客角度的 TOP（左）& 从铁路运营方角度的 TOP（右）（Kaas，1998）

通过比较分析，分组策略的优势在于它可以基于优化的异质性在乘客与铁路运营方的利益需求之间进行权衡；实际运行组织过程中，应偏向于兼顾乘客与运营方的效益为前提采用列车分组策略；优化异质性数值，实现双赢。但当列车在车站发生越行/待避时，仍需考虑优先级。

第六节　综合平衡

我国和前苏联等国家采用以某种列车的平行运行图为基础、通过规定其他各种列车扣除系数来计算非平行运行图区间通过能力，日本、欧洲不选定以某种列车为计算基础，而是采用直接计算法考虑各种列车在运行图上相互配置的种种可能性综合安排列车运行计划与评估能力。

时刻表构造与评价的通用方法是试错方法（trial-and-error）。Lindfeldt（2010）提出了基于可变时刻表计算线路能力的三个方法（单线的分析方法-SAMFOST；双线的优化组合方法——TVEM；仿真方法——Response Surface Methods）；TVEM（Timetable Variant Evaluation Model），将时刻表视为变量展开线路能力分析，不同的时刻表会产生不同的线路能力结果，不同的类型模式（如频率、速度等级、停站方式、）及不同列车流模式的组合都可以用 TVEM 评价。可变时刻表的思想对于基础设施规划与时刻表构造都是很有价值的，但本质上这几种方法都是基于试错枚举（Trial and rejection）且没有给出评价的优化标准，而仅是基于各种备选时刻表之间的差异进行分析评价，这样不仅费时费力，而且难以判断各种备选时刻表方案的优劣。既有文献很少有关于将列车运行计划的综合平衡评价与时刻表的构造整合为一体的研究，除了 Vromans（2004）描述了随机时刻表的优化模型并证明是更为有效的。

列车运行计划综合平衡的目标是提高稳定性、平均速度，降低异质性；满足乘客多样化的出行需求的同时，满足铁路运营方的收益需求。在各种类型列车数已知条件下，异质性是决定平均速度与稳定性的关键因素：异质性的降低可能会提高运行计划的稳定性，但也会降低高速列车的旅行速度。

铁路能力的使用、评估需基于一定的运输组织模式，即研究给定运输组织模式下的能力计算与评估；如果将铁路能力分为基础能力、现实能力与可开发能力，则在列车数、平均速度、稳定性与异质性综合平衡条件下所计算评估出的能力将是最接近于现实能力的一种优化的能力。

帕累托最优也称为帕累托效率（Pareto Efficiency）、帕累托最佳配置，是博弈论中的重要概念，并且在经济学、工程学和社会科学中有着广泛的应用。帕累托最优（Pareto Efficiency）是指资源分配的一种理想状态，假定固有的一群人和可分配的资源，从一种分配状态到另一种状态的变化中，在没有使任何人境况变坏的前提下，使得至少一个人变得更好。帕累托最优的状态就是不可能再有更多的帕累托改进的余地。根据图 2.2 所示的能力平衡关系，以服务旅客为导向的列车运行计划的综合平衡应该是使平均速度、异质性、列车数、稳定性这几项要素之间达到或接近于帕累托最优关系，是实现优化能力与提高服务水平的不可或缺的必要条件。

列车运行计划中混合类型列车的组合关系是关键，不同组合关系会产生不同的能力，所以能力的计算与评估应该是判断基础设施能否完成预定的交通需求。考虑上述影响因素并为反映铁路能力的动态性与不确定性，能力计算时需改变以往的着眼于列车数或列车进路数，本书提出将以完成预定的列车服务-需求意向集（Train Service -Demand Intension Set，TSDIS）所需的时间占用更新为铁路能力概念。列车运行计划的综合平衡及铁路能力如图 9.2 所示：

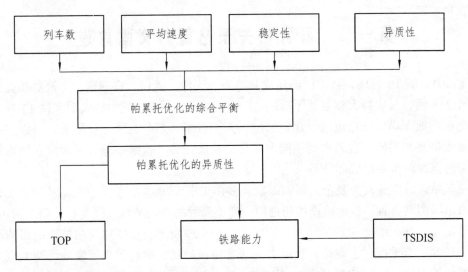

图 9.2　列车运行计划的综合平衡&铁路能力

　　列车间的组合顺序位置关系是在列车运行计划编制流程中的重要环节问题，异质性反映了列车组合关系，根据分析本书提出将帕累托最优条件下的异质性作为能力计算与评估、列车运行计划的编制与评价、制定区间/线路/车站使用策略的依据标准之一。据此标准，将因省去枚举而提高运行计划的编制效率与可实施性，亦可提高能力计算与评估的可信度。

第十章　高速铁路车站能力计算与评估

第一节　既有相关车站能力文献评述

截至 2010 年 10 月底，我国已经建成北京南、天津、武汉、广州南、上海虹桥等现代化铁路客站 218 座，其中特大型客站 13 座；正在建设的 218 座，其中特大型客站 15 座。这些客站无论在功能布局、交通流线、建筑造型、关键技术，还是在服务设施上，与以往客站相比都有重大创新和突破，普遍做到了能力充足、功能完善、换乘便捷，成为所在城市的现代化综合交通枢纽的重要组成部分。

铁路车站区域作业较为复杂，影响因素众多，文东（2006），杜文、文东（2006）列举分析了车站站场图型布置、客运站设备的选用、列车到发的不均衡性、接发各种列车所占比重、车站股道使用方案、咽喉和到发线能力的配合、动车段所走行线等对车站能力的影响因素；刘仍奎（1994）着重探讨了车站系统能力的动态协调问题，同时提出了模糊协调的概念和协调概率的计算方法。Nie lei & Hanson（2005）通过将实际运营数据的统计分析与估计的闭塞时间、缓冲时间和线路占用时间对比，系统分析了列车在车站的运行情况，指出如果依据实际运营数据尽可能准确的估计车站闭塞时间和缓冲时间以改善到发时间的可行性，会在很大程度上提高列车运行质量。Dan Max Burkolter（2005）以列车进路为衡量标准研究车站能力问题，将用于能力计算的进路分配定位为战略层问题，总体层应用 Petri net 构建可行的时刻表，但未具体考虑列车在站作业时间的不确定性；局部层用冲突图检验进路间的冲突，但未能反映出冲突具体发生的位置及列车对进路的选择偏好等。张英贵（2010），贾文峥、毛保华（2009）分别利用排序理论与 Petri 网研究车站股道分配方案及瓶颈识别。De kort，A.F.（1999）等应用排队论（将车站看成单服务台或者多服务台）构建不同形式的模型（如 markovian、semi-markovian）基于不同的服务规则，通过计算计划等待时间、延误时间研究车站宏观能力。Peter J.Zwaneveld（2001），Richard Lusby（2006）以尽可能最大化排列列车在车站的可行进路数为主要目标，将列车在车站的可行进路排列问题抽象为加权的节点压缩模型，并应用分枝定界方法求解，节点压缩方法可以处理许多大规模的进路，但一旦备选进路建好后，就不能再改变进路上各资源的占用时间；Xavier Delorme（2004）提出了构建混合模型应用启发式算法求解的思路。

第二节　高速铁路车站能力计算与评估策略的比较分析

根据客流需求特征规律及车站基础设施拓扑结构，为充分把握能力的不确定性与动态性，利用基于场景的方法，定义某一时段（比如高峰时段）内车站的列车服务-需求意向集，更新能力的定义，以完成既定列车服务-需求意向集合所需的对基础设施占用时间为衡量能力的标准。在此基础上，从空间维度、时间维度提出了高速铁路车站能力计算的几种策略，并结合不同的车站类型、从时-空二维角度比较分析了各种计算策略的适用条件。

一、高速铁路车站的分类及主要作业内容

根据高速铁路车站的主要功能、在线路上所处的位置、站型及平面布置结构，将高速铁路车站划分为越行站、中间站、枢纽站、中心站。

（一）越行站

越行站是为中速列车待避高速列车越行的车站，设于站间距离较长的区间，不办理客运业务。

（二）中间站

中间站是高速铁路线上为数最多的车站，分为有折返列车的中间站和无折返列车的中间站，主要办理列车的接发、越行和通过作业、旅客上下车作业，在较大的一些中间站还办理少量始发、终到或立即折返的列车作业。有综合维修管理区岔线接轨的中间站，在正常情况下，"天窗"时间内办理检测、维修等列车进出正线作业。与既有铁路（既有站）有联络线连接的中间站，办理来（去）自既有铁路进入（发出）高速中间站列车（包括高、中速列车，城际动车组）的接发作业。

（三）枢纽站

枢纽站通常衔接三个以上方向，并在一般情况下配设有高速列车运用维修所等设施，办理列车接发和通过作业，包括为数较多的列车始发、终到作业。白天在车站到发线上进行作业；夜间到站停运后，配属本站的动车组通过走行线进入动车运用维修所，进行日检（或小修）、存放，翌日早晨动车组从动车运用维修所进入车站到发线并准备发车。在枢纽站或其附近都设有与既有站（线）间的联络线，可办理高、中速列车的转线或可能的中速机车换挂作业。

（四）中心站

中心站只是相对于一条高速线而言，其位于线路的起讫点，但运行于跨越该线的列车在中心站仍为通过列车，区别仅仅是通过的方式可能不同。中心站是全线高速列车的主要检修基地和运营指挥机构所在地，设有高速列车动车段所和管理机构等，具有全线最大的客运量，基本包括了中间站、枢纽站的全部作业，所不同的是其所办理的绝大多数为始发（或终到）列车，没有不停站通过列车，但可能有少量停站折角通过的列车。中心站一般设有与既有铁路车站之间的联络线，需要在本站转线的列车，根据联络线的设置方式，相应的需要办理旅客上下车换乘作业。

二、高速铁路车站能力计算与评估策略比较分析

从微观角度应用牛顿动力学分析列车运行过程可能得到相应的各项时间的精确时间值，从数学意义上分析，车站能力的计算要兼顾到这种微观的精确性。在时间维，铁路运输系统

是一个灰色系统，各项作业时间带有一定的模糊性；在空间维，车站（特别是复杂的大型车站）各子系统作业之间要有一定的协调匹配性；车站能力的评估要兼顾到这种模糊性与协调匹配性。同时，列车在车站区域作业的复杂特性，要求计算与评估能力时首先应根据车站类型特点分析应采取的策略，在此基础上确定具体的能力计算与评估方法，再结合能力计算与评估理论，进行车站能力计算与评估。据此，车站能力计算与评估的基本流程如图 10.1 所示：

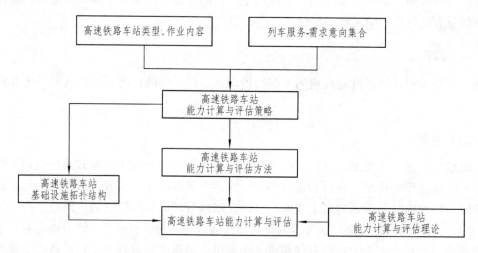

图 10.1　高速铁路车站能力计算与评估基本流程

（一）时间维度

不同于既有传统铁路车站，高速铁路车站服务的对象主要是具有一定出行规律的旅客，因此，为对指导实际列车运营更有意义，高速铁路车站不再是计算全天候的能力，而是需要计算与评估各不同特征时段的能力。从时间层面划分，将车站能力分为早高峰时段能力、平峰时段能力、晚高峰时段能力、天窗综合维修影响时段能力。

1. 高峰时段

通常在高峰时段为加速车底周转，提高使用效率，在车站区域只进行列车的接发、通过或立折等作业，而一般不进行动车组出入段作业。

2. 早晚时段

通常在早开始发车和夜接近停运时，需要进行动车组出入段作业，车站咽喉区存在列车到发与动车组出入段作业之间的干扰，而使咽喉区的作业复杂化。

（二）空间维度

1. 整体策略（将车站视为一个不可分割的系统整体）

在这种策略中，以将车站视为一个不可分割的系统整体作为基本出发点，构建整体车站系统物理基础设施布设的抽象拓扑图，在此基础上展开车站能力计算的研究；可直接计算评估出车站系统的整体协调能力。此种策略适用于车站站场图型相对较为简单，咽喉区作业亦相对较为简单的情况。

2．车站站场分解策略

（1）纵向分解。

将车站分解为由咽喉、到发线、动车段所走行线等子系统，并将各子系统视为一个独立的系统，分别计算各子系统的能力，尔后再依据一定的协调、配合度评估车站系统能力。此种策略对于站场图型复杂、作业繁忙的车站区域较为有利，但在评估车站整体能力时，对于协调度、配合度的取值具有一定的模糊性。

（2）矩阵式分解。

先以列的形式分割站场，沿上（下）行方向从左到右将站场不等分成若干列；同时辅以站场原有水平方向轨道（行）、股道及渡线将整个车站区域分割成由特定行列定义的若干组成部分。在此基础上，分别计算各小区段的能力，再运用系统协调的理论与方法计算评估车站整体能力。此种策略对于大型的车站区域较为适合，但对于行列划分的规模尺度提出了较高的要求，若行列划分过细，易破坏车站作业的流水线性质，从而影响能力计算结果的客观准确性。

3．混合分层策略

（1）总体层——局部层的双层分解策略。

这种策略首先是将车站抽象为由各主要节点构成的拓扑图，在总体层假定各节点的能力无限大，且列车可在瞬间通过各节点，确定列车的顺序与到发时间，构建初始时刻表；在局部层详细考虑各节点的实际道岔与线路构成，检验总体层初始时刻表的可行性并予以优化。总体层与局部层间交互反馈，最终得到尽可能优化的车站时刻表，获得车站能力。

这种总体层——局部层分解策略适用于构成复杂、衔接方向多的大型车站区域，对于车站的瓶颈识别较为有利，计算出的结果也较为贴近客观实际。

（2）基于进路的层次扩展分解策略。

杜彦华、刘春煌（2005）提出了基于进路的层次扩展策略，首先根据车站具体特点，抽象出所有进路之间的逻辑关系，然后在不同层次上分别建立各个进路的层次扩展模型，描述相关区段道岔及站台等设备间的联锁关系；其次对相同层次的进路层次扩展模型进行整合形成该层面的总体模型；最后对所有层面的模型进行整合组成整个车站系统的层次扩展模型，从而计算车站系统能力。

这种基于进路的层次扩展策略适合于大型车站区域，但由于设备间的联锁限制，各种进路排列组合可能性较大，进路间的逻辑关系的确定将会是一个难点，且此种策略不具备识别车站瓶颈的条件。

（三）时-空二维层面

高速铁路车站能力的计算与评估是要基于一定的服务质量的，同时也要以优化利用车站各项基础设施等资源为目标，实现用户最优（为旅客提供一定质量的列车运行服务）和系统最优（车站各项基础设施设备资源的优化运用）。

从时-空二维角度研究车站能力计算策略，根据高峰时段车站作业内容特征，主要进行列车的接发及通过作业，这种情况下需要的是车站各子系统的协调配合，故应将车站系统视为一个不可分割的整体或利用混合分层策略计算评估车站能力；根据早晚时段车站作业内容特征，车站不同的分区作业复杂程度不同，容易在咽喉区产生列车到发与车底出入段的交叉干扰，故计算评估早晚时段能力较适宜使用站站场分解策略或混合分层策略。

针对上述几种能力计算与评估策略分析，不同车站类型和计算时段条件下各种策略适用性分析见表10.1。

表 10.1   针对不同车站类型及不同时段车站能力计算与评估推荐策略

计算时段 / 车站类型	高峰时段	早晚时段
越行站	整体策略	整体策略
中间站	整体策略/混合分层策略	站场分解策略/混合分层策略
枢纽站	混合分层策略/站场分解策略（矩阵式分解）	站场分解策略（矩阵式分解）/混合分层策略
中心站	混合分层策略/整体策略	站场分解策略（纵向分解）/混合分层策略

高速铁路车站不同于既有传统铁路车站，能力的计算与评估在考虑以充利用基础设施资源的同时，要以一定的服务质量尽可能满足客流多方面需求为目标。本书分析高速铁路车站分类及其作业内容；重新定义了高速铁路车站能力的衡量标准；从时间维度、空间维度分析总结了高速铁路车站能力的计算与评估策略，并从时-空二维层面结合车站类型分析比较了各种策略的适用性。几种策略最终都可以计算车站系统的整体能力，对于越行站及拓扑结构和列车作业相对简单的中间站可直接应用整体策略计算能力；但对于基础设施拓扑结构复杂的车站区域的能力计算适宜采用车站站场分解策略和混合分层策略（特别是计算高峰时段能力时），但前者在站场分解后计算整体能力时，各子系统的协调配合度的取值具有一定的模糊性，往往难以确定，从而容易影响能力计算结果的客观准确性，所以针对此种情况推荐首选混合分层的车站能力计算与评估策略。另外，当需要进行瓶颈识别时，采用总体层-局部层的双层分解策略或站场分解策略较为适宜。

第三节   总体层–局部层的双层模型体系构建的基本思路

根据前文对车站能力计算与评估策略的比较分析，本书选择总体层——局部层的双层模型体系计算与评估车站能力，在总体层（即车站总体抽象拓扑结构层）优化列车顺序，局部层检验排序的可行性，其模型构建的基本思路为：在总体层将车站抽象为由各主要节点构成的拓扑图，并假定列车可以不受限的通过各节点，以完成既定 t@s-TSDIS 任务列表所需时间最少为目标，应用模糊时间高级 Petri nets（Fuzzy Timing High-level Petri Nets，FTHNs）与极大加代数 Max Plus 确定列车占用车站股道资源的时序；在局部层详细考虑各子区域咽喉节点的实际道岔与线路构成，利用资源树冲突图（Resource Tree Conflict Graph，RTCG）在局部层进行冲突检验与进路选择优化，实现总体层与局部层间交互反馈，计算&评估高速铁路车站 t@s-TSDIS 中某一特定时段的优化能力。

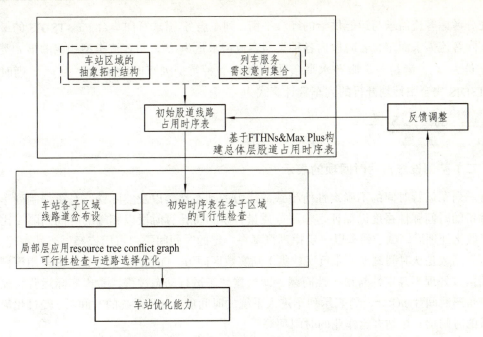

图 10.2　应用 FTHNs & RTCG 的总体层-局部层的双层模型的逻辑关系

第四节　高速铁路车站区域列车占用股道线路时序优化研究

列车对股道线路的占用时序是发挥车站基础设施能力的关键环节之一，亦是车站能力计算&评估的基础。

一、时段内车站列车服务–需求意向集合的形式化构建

本书所定义的车站列车服务-意向需求集合 t@s——tsdis（Train Service——Demand Intention Set，t@s-tsdis）主要以列车为核心的元素组成，"服务"是根据车站的物理衔接方向，车站拓扑结构中，指定每列车进入车站系统的物理点，停靠（或通过）的站台，以及离开车站系统的物理点；"需求"是从旅客市场需求角度指定列车集中每一列车代表速度等级类型，以及相关列车间的接续关系等。

如果将 t@s-tsdis 集合中列车视为列车群，则其具有并发性和随机性，刘澜（2002），史峰、谢楚农（2004）分析了如何考虑影响列车群系统运行的各种不确定性因素，进而描述单个列车以及多个列车间的各种时序关系或时间属性。除计算时段外，t@s-tsdis 中其他基本项还包括以下几点。

（一）列车类型与列车数

根据客流需求，确定车站列车服务-需求意向集合中的列车类型，为不同类型的列车赋予一定的服务优先级。

高速铁路以"人"为主要服务对象，能力计算&评估时需将既往为列车排列进路的思路转

变为充分考虑客流需求与运能供给的综合平衡。列车服务-需求意向集合 t@s-TSDIS 的最大输入依实际客流需求而定，若时段内各种类型客流需求量为 d_i^p，与客流类型相应的第 i 类型的列车定员为 C_i，满足一定服务水平条件下的第 i 种类型列车时段满载率为 γ_i^p，则时段内 T@S-TSDIS 集合中计划开行的列车数计算式为

$$N_{tsdis}^p = \sum_i \frac{d_i^p}{c_i r_i}$$

（二）基础设施占用时间项的表示

考虑列车运行时间的不确定性所导致的能力的动态性，以及实际铁路系统编制列车运行图所预留的时间弹性裕度以保证运输服务质量，本书将计算时段以相等的时间间隔（比如分钟）离散化处理后，赋予列车以一定模糊概率在一定的时间间隔内占用或经过车站物理设施；模糊时间函数是从时间刻度（非负实数集）到实数区间[0，1]的映射函数，本书采用模糊三角形时间函数处理不确定性与动态性问题，即根据列车运行动态过程，考虑实际运营状况，用模糊三角形时间片 $p(\pi_1, \pi_2, \pi_3)$ 表示列车进入系统的时间项、离开系统的时间项、经过化简的各子区域的时间项、在站客运作业的时间项等。

令 h_i 表示与车站衔接的区间线路上列车运行的最小时间间隔，根据列车在区间运行的间隔时间，时段[t_b，t_e]内 t@s-tsdis 集合中各列车的可能到达时间为：

$$arr(t_j) = (j-1)h_i + t_b + \varepsilon_j$$

对于到达-停站-出发型列车的出发时间为：

$$dep(t_j) = arr(t_j) + dwell(t_j) + \varepsilon_j$$

式中　　$dwell(t_j)$——在站作业处理时间；

　　　　ε_j——允许的可能偏差时间。

如果将 ε_j 赋予一定的模糊时间概率，则可用模糊三角形时间片刻画 $arr(t_j)$、$dep(t_j)$。

（三）列车间可能接续关系的确定

良好的换乘接续是提高服务满意度的关键，在 t@s-tsdis 任务列表中，假定列车间可能在四个时间节点（X.00，X.15，X.30，X.45）中的一个发生接续关系，即在计算与评估车站能力时在这些时间节点中考虑列车间的接续以满足旅客中转换乘需求。

综上，根据旅客市场需求与车站物理拓扑结构，为 t@s-tsdis 集合中的每一列车指定进入车站的点，停靠（或通过）的站台，离开车站的点，并赋予每一列车一系列的约束条件；令：

per——计算与评估时段；N——列车数量；pr（$type$）——不同类型列车的优先级函数；$element$（arr，dep，syn）——列车运行到发时间项及接续关系等基本要素；d_i^p——时段内各种类型客流需求量；γ_i^p——满足一定服务水平条件下的第 i 种类型列车时段满载率；$jlocin$——列车 j 进入车站系统的点位；$jlocout$——列车 j 离开车站系统的点位；则 t@s-TSDIS 中的元素可描述为：

t@s-TSDIS={per, pr（$type$）, N, $element$（arr, dep, syn）, d_i^p, γ_t^p, $jlocin$, $jlocout$}

二、基于 FTHNs 的总体层模型构建与求解算法

（一）列车与车站交互的 t@s-FTHNs 描述

1. FTHNs（Fuzzy-timing high-level Petri nets）

FTHNs 是一种引入了关于时间的模糊集合理论的 Petri nets，使用四种模糊时间函数：模糊时间戳 $\pi(\tau)$ 给出令牌在时间 τ 位于库所 p 的数值概率估计，每次事件发生后动态更新计算所有的模糊时间戳（除了初始的模糊时间戳外）；模糊使能时间 $e(\tau)$ 表示事件发生所必须的所有令牌中最迟到达的时间概率分布；模糊发生时间 $o(\tau)$ 表示事件在某一时间发生的概率分布；模糊延迟时间 $d(\tau)$ 表示令牌从变迁 t 的初始事件至到达库所 p 所需时间长度的概率分布，可视为弧的权值。在 FTHNs 中，$<< p,v >,\pi(\tau) >$ 表示着色为 v 的令牌位于库所 p，模糊时间戳为 $\pi(\tau)$。

2. 高速铁路列车在车站的主要作业径路

根据不同的作业类型，高速铁路列车在车站的主要作业径路分为如下几种：

（1）始发列车在站作业径路：动车组出段——咽喉占用作业（动车组转出作业）——到发线客运作业——咽喉占用作业（始发作业）；

（2）终到列车在站作业径路：咽喉占用作业（到达作业）——到发线客运作业——咽喉占用作业（动车组转入作业）——动车组入段；

（3）折返列车在站作业径路：咽喉占用作业（到达作业）——到发线客运作业——咽喉占用作业；

（4）通过（包括通停）列车作业径路：咽喉占用作业（到达作业）——到发线客运作业——咽喉占用作业（出发作业）；

对于一个确定的行车任务，客运专线列车通过咽喉区的时间由其速度、列车长度和咽喉长度决定，而列车占用咽喉进路的时间还需考虑准备进路时间和进路解锁时间（分段解锁时间）时间等。

3. 列车与车站交互的 t@s-FTHNs 静态定义

列车在车站的主要作业类型分为始发、终到、折返、通过（包括通停）几种，根据 t@s-tsdis 及 FTHNs 的定义将 t@s-tsdis 集合中列车与车站交互的 t@s-FTHNs 静态描述为：

（1）$\sum$——有限类型（颜色）集合，包括车站线路 strack（其中站台线 ptrack $\subset$ strack）；列车服务-需求意向集合 T@S-TSDIS。

（2）p——有限库所集，其中 p_{in}——列车进入车站线路系统的库所，p_{out}——列车离开车站线路系统的库所，p_{free}——车站线路可用，p_{busy}——车站线路繁忙。

（3）T——有限变迁集，其中 T_{arr}——列车到达事件，T_{dep}——列车离开事件，T_{syn}——列车接续事件。

（4）$A \subseteq (P \times T) \cup (T \times P)$——弧集合，代表流关系。

（5）$C \in P \to \sum$——颜色函数。

（6）D 与 $arcs(T \times P)$ 有关的模糊延迟集。

（7）$CT = \{<< strack(i),tsdis(j) >,\pi(\tau) > | strack(i) \in p, tsdis(j) \in C(p)\}$——着色令牌，表示集合 t@s-tsdis 中列车 j 以 $\pi(t)$ 的时间可能性分布到达库所 $strack(i)$；列车的移动是一个动态过程，

有三个变量会随着时间发生变化：列车位置，列车速度，加速/减速；这些变量是时间的函数。

（8）用三元组 $<t,b_{in},b_{out}>$ 表示变迁的一个事件，其中 b_{in}，b_{out} 分别为被消耗的令牌集合与被产生的令牌集合。

4. 列车在车站 t@s-FTHNs 动态行为描述

车站由道岔和股道构成，总体层拓扑图将咽喉道岔区域简化为列车可以在瞬间通过且没有能力限制的点。在这种简化条件下，列车的运行是由一系列的股道和点的连接组成的，因此进路是固定的（除了要确定使用平行股道线路中的哪一条，而这并不属于进路排列问题，因平行线路有相同的起讫点）；列车将以一定的顺序分配给这些平行的股道线路，需要解决的问题是确定平行股道线路中的列车顺序。根据机械调度理论，将此问题视为在一定数量的相同类型的机械上（平行的股道）处理一定数量的非抢占式作业调度（运行的列车）的问题。t@s-FTHNs 描述列车在车站动态行为如图 10.3、10.4、10.5 所示。

（1）每一个列车的运行由其自身的 FTHNs 描述，FTHNs 是由相关的事件（在平行线路区间的到达、出发及到发两事件间的持续时间时间）组成，库所的持续时间以模糊时间片表示，如图 10.3 所示。

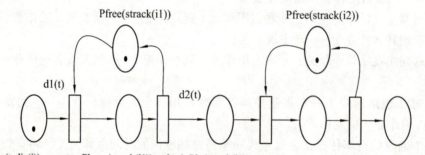

图 10.3　一列列车运行的 t@s-FTHNs

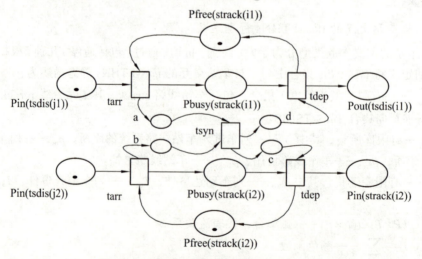

图 10.4　两列车在车站接续的 t@s-FTHNs

（2）为保证理想列车接续的可能性引入接续变迁 tsyn。在变迁"列车到达车站"之后和变迁"列车从车站出发"之前分别引入新的库所，在这些库所间设置一个变迁"所有接续列车已经到达";在所有"列车到达车站"的变迁被激发前这一变迁不能被激发,因而保证了接续列车的同步。

(3)描述在平行的站台线路区域列车运行情况,库所 Pfree(strack)持有的令牌数等于其所代表的股道区域可使用的平行线路数,库所 Pin(tsdis)持有的令牌数为将在站台线上进行作业的列车数。

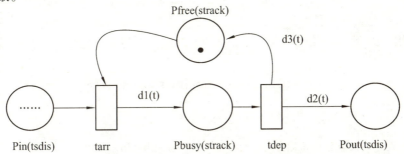

图 10.5 多列车在平行股道运行的 t@s-FTHNs

图 10.5 中 $|M_0(p_{in}(tsdis))| = n$,$|M_0(p_{free}(strack))| = m$,即有 n 个 t@s-TSDIS 集合中的列车在 m 条车站到发线上有占用的需求;当 $|M_0(p_{free}(strack))| = 1$ 时,即仅有一条车站线路服务于 t@s-TSDIS 时,该问题可视为非抢占式批量调度问题。

(二)股道资源的 t@s-FTHNs 分配策略

将以基础设施占用时间最短为目标的拓扑层车站区域股道线路占用时序优化问题抽象为非抢占式机械作业调度问题:对于多列车在多条平行线路作业的情况(图 10.5)提出子区域 δ_i 的集合,集合中的元素由经过区域的列车集合 $T_{\delta i}(T_{\delta i} \subset t@s-TSDIS)$ 和该区域的平行线路数 $\mu_{\delta i}$ 组成;则 $T_{\delta i}$ 对于 $\mu_{\delta i}$ 的一个划分组成了股道占用排序问题的一个解,即

$$T_{\delta i} = \bigcup_{j=1}^{\mu_{\delta i}} T_{\delta i}^j 且 T_{\delta i}^k \cap T_{\delta i}^1 = \Phi, \forall k \neq 1$$

每个子集合 $T_{\delta i}^j$ 中的元素对于相应的 $\mu_{\delta i}^j$ 亦有一个排序(即图 10.5 中 $|M_0(p_{in})| = n$,$|M_0(p_{free})| = 1$,的情况)。本章以两列车争用同一个股道为例(即图 10.5 中 $|M_0(p_{in})| = 2$,$|M_0(p_{free})| = 1$,的情况)阐释 t@s-FTHNs 股道分配策略。

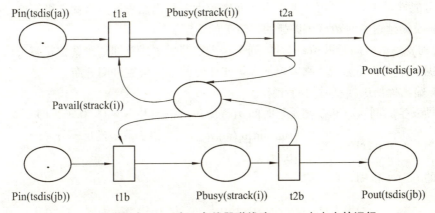

图 10.6 两列车 a,b 在一条线股道线路 strack(i)上的运行

在图 10.6 中，变迁 $t1$ 存在两种可能发生的顺序：

$$\sigma_1 : M_0[e_{1a} > M_1[e_{2a} > M_2[e'_{1b} > M_3[e'_{2b} > M_4$$

即 strack（i）首先服务于列车 a；

$$\sigma_2 : M_0[e_{1b} > M_5[e_{2b} > M_6[e'_{1a} > M_7[e'_{2a} > M_8$$

即 strack（i）首先服务于列车 b。

以三元组 $<t, b_{in}, b_{out}>$ 表示一个事件，其中 b_{in}, b_{out} 分别为事件发生时被消耗与被产生的令牌集合：

$$b_{\text{in-a}} = << p_{\text{free}}, \text{strack(i)} >, \pi_0(\tau) > + < p_{in}, \text{tsdis(a)} >, \pi_{0a}(\tau) >$$

$$b_{\text{out-a}} = << p_{\text{busy}}, < \text{strack(i)}, \ a >>, \pi_{1a}(\tau) >$$

$$b_{\text{in-b}} = << p_{\text{free}}, \text{strack(i)} >, \pi_0(\tau) > + < p_{in}, \text{tsdis(b)} >, \pi_{0b}(\tau) >$$

$$b_{\text{out-b}} = << p_{\text{busy}}, < \text{strack(i)}, \ b >>, \pi_{1b}(\tau) >$$

基于 FTHNs 对两列车 a，b 的股道线路资源分配过程为：

Step 1　应用 latest 算子对模糊使能时间 $e(\tau)$ 的计算评估：

$$e_{1a}(\tau) = \text{latest}\{\pi_0(\tau), \pi_{0a}(\tau)\}$$

$$e_{1b}(\tau) = \text{latest}\{\pi_0(\tau), \pi_{0b}(\tau)\}$$

对于由此计算出的两列车模糊使能时间可能存在冲突的情况，解决策略为——赋予优先级高的列车较早的模糊使能时间权；对于相同优先级的两列车，则用先到先服务策略，应用 earliest 算子，即

$$e(\tau = earlist\{e_{1a}(\tau), e_{1b}(\tau)\}) ;$$

Step 2　应用 min 算子对模糊发生时间 $o(\tau)$ 的计算评估

$$o_{1a}(\tau) = \min\{e_{1a}(\tau), earlist\{e_{1a}(\tau), e_{1b}(\tau)\}\}$$

$$o_{1b}(\tau) = \min\{e_{1b}(\tau), earlist\{e_{1a}(\tau), e_{1b}(\tau)\}\}$$

由此计算出的模糊发生时间也可能存在交叉，即先后顺序并非完全确定的；但也会发现其中一种可能性早于另一种可能性发生的概率较大，可仍然根据策略优先级策略进行排序。

Step3　模糊延迟时间 $d(\tau)$（即弧的权值）的确定。

由 t_{arr} 到 p_{busy} 的时间延迟 $d(\tau)$ 为零（列车进入线路后该线路即处于繁忙状态），由 t_{dep} 到 p_{free} 的迟延根据列车在车站运行、乘客上下车等作业时间确定模糊时间分布。

Step4　输出库所中模糊时间的计算。

对模糊发生时间 $o(\tau)$ 和模糊延迟时间 $d(\tau)$ 应用"扩展和—$\oplus$"算子，即

$$\pi_{tp} = o_t(\tau) \oplus d_{tp}(\tau) = \begin{cases} \sup \min\{o_t(\tau_1), d_{tp}(\tau_2), \text{如果} \exists \tau_1, \ \tau_2 满足 \tau = \tau_1 + \tau_2 \\ 0, \ 否则 \end{cases}$$

一般的，对于模糊三形，取

$$\pi_{tp} = o_t(\tau) \oplus d_{tp}(\tau) = (o_1, o_2, o_3,) \oplus (d_1, d_2, d_3,) = (o_1 + d_1, \ o_2 + d_2, \ o_3 + d_3)$$

　　FTHNs 根据可能性计算为事件的部分排序提供信息，而并非将其转换为全序；另一方面，列车在车站股道线路的运行排序属于非抢占式调度问题，通过引入相应的策略可以确定多列车共享一条股道线路资源的一个排序，将其转换为无需决策型的 t@s-FTHNs 事件图：不是只由一个库所表示其持有的股道线路令牌，而是增加新的库所，并使新增的库所数目等于需要共享占用该股道线路的列车数；为每一个新增的库所添加一条指向相应列车占用股道线路的弧，股道线路令牌起初分配给第一个占用股道线路的列车。股道分配的策略流程如图 10.7 所示。

图 10.7　股道资源的 t@s-FTHNs 分配策略流程

　　依上述分配策略流程结合相应算法，构造将股道线路资源首先分配给列车 a 的 t@s-FTHNs 事件图如图 10.8 所示。

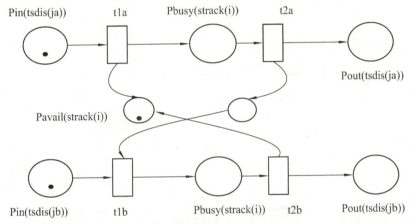

图 10.8　两列车在一条股道线路上运行的 t@s-FTHNs 事件图

（三）总体层 t@s–FTHNs 股道占用优化排序模型求解算法流程设计

　　依据列车与车站交互的 t@s-FTHNs 描述及股道资源的 t@s-FTHNs 分配策略，构造完成 t@s-tsdis 任务列表的 t@s-FTHNs 事件图，在此基础上设计总体层列车占用车站股道时序的优化算法。

　　依据 Y.Zhou，T.Murata.（2000），定义去模糊函数 deFuzzy[a，b，c]：

　　（1）将仿真时间扩大 100 倍，在区间[100a，100c]范围内产生一个随机值 atime；

　　（2）如果 atime=100c，则返回 atime；

　　（3）如果 atime 在区间[100a，100b]或（100b，100c]内，则产生一个[0，1]间的随机值 V，并计算可能性值 D（atime）；如果 D（atime）$\geq V$，则返回 atime，否则执行步骤（1）。

　　令 τ'_{ji} 为与股道资源库所直接相关的变迁 t_i 与 t_j 间的库所持有时间，即 $\tau'_{ji} = o'(t_j) - o'(t_i)$；

　　应用去模糊函数 deFuzzy[a，b，c]及其计算关系：

$$\tau_{ji} = \mathrm{deFuzzy}(\tau'_{ji}) = \mathrm{deFuzzy}(o'(t_j) - o'(t_i)) = o(t_j) - o(t_i)$$

　　对 t@s-FTHNs 时间事件图中的模糊时间片去模糊后，构造每一股道列车占用的 Max Plus 矩阵模型：

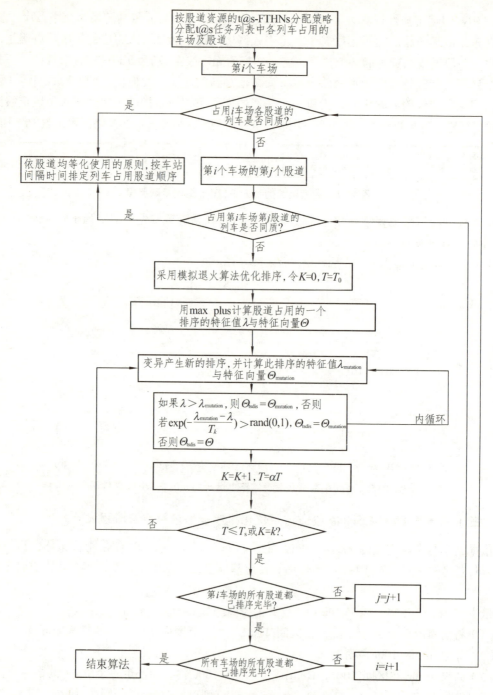

图 10.9 股道占用排序的优化流程图

定义向量 $X(K) = (x_1(k), x_2(k), \ldots)'$ 为系统的状态，$x_j(k)$ 表示变迁 t_j 第 k 次被激活，有 $x_j(k) = \tau_{ji} \otimes x_i(k)$，其中 $x_i(k)$ 为 $x_j(k)$ 的直接上行变迁被激活时间；在此基础上应用 Howard's 算法与调用 Scilab 应用软件计算 Max Plus 模型，对计算得到的特征值与特征向量用模拟退火算法循环变异以确定每一股道列车占用的优化排序。Scilab 调用 Howard's 算法用 Max-plus 计算每一股道列车占用的特征值与特征向量流程如图 10.10 所示。

图 10.10　Max-plus 计算每一股道列车占用的特征值与特征向量流程

三、某高速铁路车站 BJSS 的股道占用时序优化案例

某高速铁路车站 BJSS 为始发（终到）站，分别有普速场、高速场、城际场共计 24 条股道线路，BJSS 总体拓扑结构如图 10.11 所示。

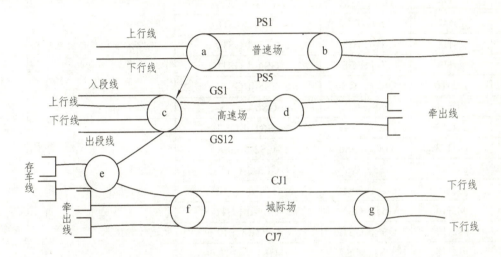

图 10.11　某高速铁路车站 BJSS 的总体拓扑结构

BJSS 在某优化时段内办理列车类型包括普速列车（速度 160 km/h 及以上）、1 型高速列车（速度 300 km/h 及以上）、2 型高速列车（速度 250 km/h 及以上）、城际列车（速度 300 km/h 及以上），各车场列车作业类型主要有始发列车、通过列车、折返列车，在车站区域内作业径路分别为：

1. 普速场列车作业径路

普速场主要办理通过列车作业，在站作业径路为 a-PSi-b，i=1～5；

2. 高速场列车作业径路

高速场主要办理始发、折返作业，下行始发作业径路：c-gsi-d-gsj-c，i=8～12，j=1～7；上行到达在尾部牵出后折返出发作业：c-gsi-d-gsj-c，i=1～6，j=7～12。

3. 城际场列车作业径路

城际场主要办理始发、折返作业，由存车线始发：e-f-cj1-g，e-f-cj2-g；由动车段发车：c-e-f-cj1-g，c-e-f-cj2-g；折返列车作业径路：g-cj6-f-QCI-f-cj3-g，g-cj7-f-QCI-f-cj4-g，g-cj6-g-QCI-f-cj5-g。

某时段内 t@s-tsdis 任务列表见表 10.2。

表 10.2　某时段内 t@s-tsdis 任务列表

序号	运行线代码	占用股道	运行径路	在站作业类型	车场
0	psl0	ps1	a-ps1-b	通过	普速场
1	psl1	ps2	a-ps2-b	通过	
2	psl2	ps3	a-ps3-b	通过	
3	psl3	ps4	a-ps4-b	通过	
4	psl4	ps5	a-ps5-b	通过	
5	psl5	ps1	a-ps1-b	通过	
6	gs1l6	GS8，GS1	c-GS1-d-GS8-c	下行始发（考虑动车出段作业径路）	高速场
7	gs1l7	GS9，GS2	c-GS2-d-GS9-c		
8	gs1l8	GS10，GS3	c-GS3-d-GS10-c		
9	gs1l9	GS11，GS4	c-GS4-d-GS11-c		
10	gs1l10	GS12，GS5	c-GS5-d-GS12-c		
11	gs1l11	GS8，GS6	c-GS6-d-GS8-c		
12	gs1l12	GS1，GS7	c -GS1-d-GS7-c	上行到达在尾部牵出后折返出发作业	
13	gs1l13	GS2，GS8	c -GS2-d-GS8-c		
14	gs2l14	GS3，GS9	c-GS3-d-GS9 -c		
15	gs2l15	GS4，GS10	c -GS4-d-GS10 -c		
16	gs2l16	GS5，GS11	c -GS5-d-GS11-c		
17	gs2l17	GS6，GS12	c-GS6-d-GS12-c		
18	gs2l18	GS1，GS7	c-GS1-d-GS7-c		
19	gs2l19	GS2，GS8	c-GS2-d-GS8-c		
20	gs2l20	GS3，GS9	c-GS3-d-GS9-c		
21	gs2l21	GS4，GS10	c-GS4-d-GS10-c		
22	cjl22f	CJ1	e-f-CJ1-g	由存车线发车	城际场
23	cjl23f	CJ1	e-f-CJ1-g		
24	cjl24f	CJ1	e-f-CJ1-g		
25	cjl25f	CJ2	e-f-CJ2-g		
26	cjl26f	CJ2	e-f-CJ2-g		
27	cjl27f	CJ2	e-f-CJ2-g		
28	cjl28c	CJ1	c-e-f-CJ1-g	由动车段发车	
29	cjl29c	CJ1	c-e-f-CJ1-g		
30	cjl30c	CJ1	c-e-f-CJ1-g		
31	cjl31c	CJ2	c-e-f-CJ2-g		
32	cjl32h	CJ6，CJ3	g-CJ6-f-QCI-f-CJ3-g	折返作业	
33	cjl33h	CJ6，CJ3	g-CJ6-f-QCI-f-CJ3-g		
34	cjl34h	CJ6，CJ5	g-CJ6-f-QCI-f-CJ5-g		
35	cjl35h	CJ7，CJ4	g-CJ7-f-QCI-f-CJ4-g		
36	cjl36h	CJ7，CJ4	g-CJ7-f-QCI-f-CJ4-g		

各车场股道占用时序优化的实验过程数据见附件，各车场股道占用优化排序结果见表10.3。

表 10.3 普速场各股道列车占用优化排序方案

股道别	列车运行线占用排序	列车运行线	在站作业类型	在站作业时间项随机去模糊			整个车场同一周期内	
				到达进站时间	在站停留时间	在站出发时间	占用开始时刻	占用结束时刻
PS1	psl0-psl5	psl0	通过	3.74		3.74	00	00
		psl5	通过	3.74		3.74	43	43
PS2	psl1	psl1	通过	3.74		3.74	09	09
PS3	psl2	psl2	通过	3.74		3.74	18	18
PS4	psl3	psl3	通过	3.74		3.74	27	27
PS5	psl4	psl4	通过	3.74		3.74	35	35

注：按此排序，同一车场内，各列车间是不存在作业冲突的；冲突仅可能发生在不同车场的咽喉交叉处。

表 10.4 高速场各股道列车占用优化排序方案

股道别	列车运行线占用排序	列车运行线	在站作业类型	某个周期占用开始时刻	某个周期占用结束时刻	在站作业时间项随机去模糊					整个车场同一周期内	
						到达进站时间	在站停留时间	在站出发时间	牵出线牵出时间	牵出线折返时间	占用开始时刻	占用结束时刻
GS1	gs2118-gs1112- gs116	gs2118	上行到达	56	74	4.01	17.53		3.63		00	08
		gs1112	上行到达	85	91	2.09	6		3.53		19	25
		gs116	下行始发	96	102		6	2.09		3.53	146	152
GS2	gs117-gs1113-gs2119	gs117	下行始发	158	164		6	2.55		3.6	63	69
		gs1113	上行到达	169	175	2.55	6		3.6		74	80
		gs2119	上行到达	179	197	4.39	18.19		3.51		84	102
GS3	gs2120-gs2114-gs118	gs2120	上行到达	367	384	4.03	17.67		3.55		142	159
		gs2114	上行到达	389	407	4.03	17.67		3.55		189	206
		gs118	下行始发	417	423		6	1.11		3.52	248	266
GS4	gs2121-gs2115-gs119	gs2121	上行到达	683	701	5.1	18.73		3.51		281	299
		gs2115	上行到达	707	724	5.1	18.73		3.51		305	322
		gs119	下行始发	735	741		7	2.06		3.55	369	375
GS5	gs2116-gs1110	gs2116	上行到达	45	63	5.23	17.66		3.52		379	397
		gs1110	下行始发	74	81		7	1.03		3.55	443	451
GS6	gs2117-gs1111	gs2117	上行到达	48	67	4.8	18.59		3.52		456	475
		gs1111	下行始发	79	86		7	2.1		3.51	537	544
GS7	gs2118-gs1112	gs2118	折返出发	166	183		17.16	3.55		3.55	16	33
		gs1112	折返出发	195	201		6	1.17		3.57	45	51

续表

股道别	列车运行线占用排序	列车运行线	在站作业类型	某个周期占用开始时刻	某个周期占用结束时刻	在站作业时间项随机去模糊					整个车场同一周期内	
						到达进站时间	在站停留时间	在站出发时间	牵出线牵出时间	牵出线折返时间	占用开始时刻	占用结束时刻
GS8	gs2119-gs116-gs1113-gs1111	gs2119	折返出发	344	362		18.3	3.53		3.53	110	128
		gs116	出段进站	372	372	3.56			3.37		138	138
		gs1113	折返出发	376	383		7	2.23		3.56	270	277
		gs1111	出段进站	387	387	3.37			3.56		512	512
GS9	gs117-gs2120-gs2114	gs117	出段进站	66	66	3.76			3.53		55	55
		gs2120	折返出发	70	87		17.25	3.62		3.62	167	184
		gs2114	折返出发	92	109		17.25	3.62		3.62	511	528
GS10	gs118-gs2115-gs2121	gs118	出段进站	348	348	2.44			3.54		240	240
		gs2115	折返出发	352	370		18.05	3.51		3.51	330	348
		gs2121	折返出发	375	393		18.05	3.51		3.51	333	351
GS11	gs119-gs2116	gs119	出段进站	44	44	3.74			3.52		361	361
		gs2116	折返出发	49	67		18.28	3.58		3.58	405	424
GS12	gs1110-gs2117	gs1110	出段进站	144	144	3.6			3.53		435	435
		gs2117	折返出发	149	166		17.04	3.53		3.53	483	501

注：按此排序，同一车场内，各列车间是不存在作业冲突的；冲突仅可能发生在不同车场的咽喉交叉处。

表 10.5　城际场各股道列车占用优化排序方案

股道别	列车运行线占用排序	列车运行线	在站作业类型	某个周期占用开始时刻	某个周期占用结束时刻	在站作业时间项随机去模糊					整个车场同一周期内	
						到达进站时间	在站停留时间	在站出发时间	牵出线牵出时间	牵出线折返时间	占用开始时刻	占用结束时刻
CJ1	cjl29c-cjl22f-cjl23f-cjl24f-cjl28c-cjl30c	cjl29c	由动车段发车	295	303	5.19	7.52	2.17			00	08
		cjl22f	由存车线发车	307	314	2.17	7.52	2.17			12	20
		cjl23f	由存车线发车	318	326	2.17	7.52	2.17			24	32
		cjl24f	由存车线发车	330	337	2.17	7.52	2.17			36	44
		cjl28c	由动车段发车	341	349	5.19	7.52	2.17			48	56
		cjl30c	由动车段发车	308	315	5.19	7.52	2.17			60	68
CJ2	cjl31c -cjl25f-cjl26f -cjl27f	cjl31c	由动车段发车	282	290	5.46	7.52	2.03			72	80
		cjl25f	由存车线发车	294	301	2.03	7.52	2.03			84	92
		cjl26f	由存车线发车	305	313	2.03	7.52	2.03			96	104
		cjl27f	由存车线发车	317	325	2.03	7.52	2.03			108	116

续表

股道别	列车运行线占用排序	列车运行线	在站作业类型	某个周期占用开始时刻	某个周期占用结束时刻	在站作业时间项随机去模糊					整个车场同一周期内	
						到达进站时间	在站停留时间	在站出发时间	牵出线牵出时间	牵出线折返时间	占用开始时刻	占用结束时刻
CJ3	cjl32h-cjl33h	cjl32h	折返出发	306	324		17.54	2.52		2.52	166	184
		cjl33h	折返出发	328	345		17.54	2.52		2.52	188	206
CJ4	cjl35h-cjl36h	cjl35h	折返出发	139	157		17.3	2.5		2.5	278	296
		cjl36h	折返出发	162	179		17.3	2.5		2.5	300	318
CJ5	cjl34h	cjl34h	折返出发				17.3	2.5		2.5	322	340
CJ6	cjl32h-cjl33h-cjl34h	cjl32h	上行到达	342	359	2.66	17.41		1.5		121	139
		cjl33h	上行到达	364	381	2.66	17.41		1.5		144	162
		cjl34h	上行到达	386	404	2.66	17.41		1.5		210	228
CJ7	cjl35h-cjl36h	cjl35h	上行到达	49	68	2.35	18.47		1.37		232	251
		cjl36h	上行到达	72	90	2.35	18.47		1.37		255	274

注：按此排序，同一车场内，各列车间是不存在作业冲突的；冲突仅可能发生在不同车场的咽喉交叉处。

　　FTHNs 能够充分刻画列车在站作业过程的动态性，股道资源分配策略同时兼顾了可行性与均衡性。

第五节　基于双层模型的高速铁路车站能力计算与评估

　　铁路车站能力影响因素众多，且最终现在时间维。

　　铁路系统中固定设备与活动设备的各种相互作用的效果最终都体现在时间维度，在国内外既有相关研究的基础上，本书根据高速铁路客流特征规律及车站基础设施拓扑结构，从服务旅客市场需求的角度出发，利用基于场景的方法，首先定义时段内车站的列车服务-需求意向集合 t@s-tsdis（t@s-train service ~ demand intention set，t@s-tsdis），以完成既定 t@s-tsdis 对基础设施占用时间为度量标准，利用总体层—局部层的双层模型体系计算&评估高速铁路车站能力；在总体层列车占用车站股道时序已知的条件下，构造资源树冲突图 RTCG（resource tree conflict graph，RTCG）进行局部层冲突检验与进路选择优化，优化目标是完成此时段内 t@s-tsdis 所需的基础设施占用时间最小，标定高速铁路车站整体能力（即将车站视为一个完整的客观实体所计算&评估出的能力）。

一、基于 RTCG 的局部层冲突检验与进路选择优化

（一）基本思路

　　总体层—局部层双层模型体系中总体层所给出的 t@s- tsdis 列车占用车站股道线路时序优化是以忽略了资源分配的时间间隔约束、未考虑进路冲突为假定前提，根据图 10.2 所示的逻

辑关系需要进行局部层冲突检验与进路选择优化。基本思路为：在局部层将车站股道线路、道岔、信号机等视为资源，根据具体的资源拓扑结构关系应用深度优先搜索算法枚举 t@s-tsdis 任务列表中的列车从进入车站系统的点到离开车站系统的点间的可能进路集合 R 并优化确定列车占用各股道时序；对于总体层 t@s-tsdis 列车占用车站股道线路时序，确定相应资源占用的起止时间，即已知列车在车站的到发时序，利用 algorithm1，根据列车到达车站的时刻，反推其从进入车站系统的点经过各车站咽喉子区域资源的时刻，根据列车从车站出发的时刻，顺推列车从站台线出发直到离开车站系统的点所经过的各咽喉子区域资源的时刻；在此基础上，利用 algorithm2 构造资源树冲突图，进行冲突检验与进路的选择优化。

（二）改进的资源树冲突图 RTCG 的构建与进路冲突检验

树冲突图以树结构形式表示 t@s-tsdis 任务列表中优化排序后的列车进入车站系统的点与离开车站系统的点之间的运行径路，根结点表示进入车站系统的点，叶结点表示通过相应的进路而到达的离开车站系统的点，其他结点对应于进路的中间拓扑点，如果某中间点存在两条或以上可选进路则在此处定义树的分支；每一列车的进路都是从根结点到叶结点间的一系列有向边连接起来的树，如果进路间在某处存在冲突，则在相应的结点间连接一条无向边；给树的根结点与叶结点分别添加一个虚拟源点与汇点，则将所有列车径路选择的树冲突图转化为多商品网络流问题，用 0-1 变量表示是否选定某资源，用流约束的满足与否判断是否可为所有列车优化选择出可行进路。根据 Martin Fuchsberger（2007），本书提出改进的资源树冲突图 RTCG（resource tree conflict graph）将车站系统的股道线路、道岔等视为资源，首先构建算法 algorighm1 确定各列车运行径路上资源占用的起止时刻，再构建算法 algorithm2 从资源占用起止时刻集合中检测资源占用的冲突团 C_i，将所有可能发生重叠的资源占用时间间隔分组为各个冲突团。

algorithm1：列车运行进路 r 上列车 t 占用资源 i 的起止时间的计算。

输入：t@s- tsdis 集合中列车占用车站股道时序，t@s-tsdis 任务列表中列车运行进路集合。

输出：t@s- tsdis 集合中列车 t 占用进路 r 上的资源 i 的起止时间 T_{ts}^{ri}，T_{te}^{ri}。

即 T_{ts}^{ri}=t@s- tsdis 中列车 t 占用进路 r 上的资源 i 的开始时刻；

T_{te}^{ri}= t@s- tsdis 中列车 t 占用进路 r 上的资源 i 的结束时刻。

Step1. 指定 t@s-tsdis 集合中任一列车 t 所占用的进路 r 上的资源 i，令 distance(i, j) 为同一进路上的两个资源 i 与 j 间的物理距离，train length(t) 为列车 t 的长度。

Step2. 根据 t@s-tsdis 集合中列车占用车站股道时序，令：

t_{ja}^r——进路 r 上的列车 t 进入车站系统的点 j 的时刻；

t_{jd}^r——进路 r 上的列车 t 离开车站系统的点 j 的时刻；

$\overline{v_t^r}$——进路 r 上的列车 t 的平均速度；

V_t^{ir}——进路 r 上的列车 t 通过资源 i 的近似速度。

Step2.1 若资源 j 是 i 的运行方向上的后续点，则

$$T_{ts}^{ri} = t_{ja}^r - \text{distance}(i,j)/\overline{v_t^r}$$

$$T_{ts}^{ri} = t_{ja}^r - \text{distance}(i,j)/\overline{v_t^r} + \text{trainlength}(t)/v_t^{ir}$$

Step2.2 若资源 j 是 i 的运行方向上的前驱点，则

$$T_{ts}^{ri} = t_{jd}^r + \mathrm{distance}(j,i)/\overline{v_t^r}$$

$$T_{ts}^{ri} = t_{jd}^r + \mathrm{distance}(j,i)/\overline{v_t^r} + \mathrm{trainlength}(t)/v_t^{ir}$$

Step3.返回资源 i 的占用起止时刻 $[T_{ts}^{ri}，T_{te}^{ri}]$。

algorithm2：从资源占用起止时刻集合中检测资源占用的冲突团 C_i。

输入：进路上资源 i 的各列车占用起止时刻 $[T_{ts}^{ri}，T_{te}^{ri}]$ 的集合。

输出：资源 i 的时间占用冲突团 C_i。

Step1.以升序构造 t@s- tsdis 集合中各列车占用资源 i 的开始时刻列表 L_s^i，即

$$L_s^i = \{l_s^{i,n} \mid l_s^{i,n} = T_{ts}^{ri} \text{ 且 } l_s^{i,n} < l_s^{i,n+1}, n = 0,1,\cdots\}$$

Step2. 以升序构造 t@s- tsdis 集合中各列车占用资源 i 的结束时刻列表 L_e^i：

$$L_e^i = \{l_e^{i,n} \mid l_e^{i,n} = T_{te}^{ri} \text{ 且 } l_e^{i,n} < l_e^{i,n+1}, n = 0,1,\cdots\}$$

Step3. 令 t_s 为当前 L_s^i 列表中资源占用的最早时刻，t_e 为与 t_s 相对应的资源占用结束时刻，

$$new\_end\_time = t_e$$

Step4. 对当前列表 L_s^i 中的每一个元素 $l_s^{i,n} = T_{ts}^{ri}$，若 $l_s^{i,n} < new\_end\_time$，则将 $[T_{ts}^{ri}，T_{te}^{ri}]$ 加入到冲突团 C_i 中；否则，将 T_{ts}^{ri} 从列表 L_s^i 中删除，将 T_{te}^{ri} 从列表 L_e^i 中删除；

Step5. 如果列表 L_e^i 非空，则返回到 step3 重复检测。

利用算法 algorighm1 确定各列车运行径路上资源占用的起止时刻，并用算法 algorithm2 从资源占用起止时刻集合中检测资源占用的冲突团 C_i，继而检查总体层的 t@s-tsdis 任务列表中列车占用股道线路时序在各局部层的可行性；分为基本可行、部分可行、不可行三种情况讨论：

（1）完全可行。初始时序在局部层是有效的，即 t@s-tsdis 列表中所有列车占用各资源的安全间隔距离是可满足的，能够通过 RTCG 检验在局部层找到优化的径路。

（2）部分可行。如果 t@s-tsdis 任务列表中某些列车占用径路上的资源间隔不满足安全距离以致存在冲突，需反馈到总体层调整列车占用股道时序再检验。

（3）不可行。如果 t@s-tsdis 任务列表中列车占用资源间隔不满足安全要求的数目大于某个阈值以至与总体层间的反馈调整过于费时费力，或者对于上述部分可行情形在与总体层进行若干次交互反馈调整后仍不可行，则重新生成 t@s- tsdis 列车占用股道时序，再进行可行性检验与进路选择优化。

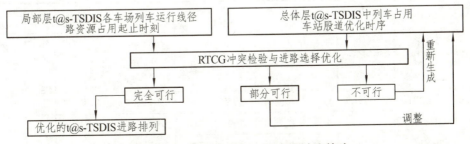

图 10.12　RTCG 总体层 & 局部层冲突检验

二、某高速铁路车站 BJSS 的能力计算与评估案例

前文已经列出某高速铁路车站 BJSS 总体层各车场股道列车占用的优化时序安排方案，局部层各车场各运行线径路资源占用起止时刻详见附录，按此优化方案径路冲突只可能发生在不同车场间列车作业的咽喉区交汇处，在同一车场内各列车径路的资源占用是不存在冲突的。本书应用实例 BJSS 站的 t@s-tsdis 中各列车运行线径路在普速场经过咽喉区 a、b，高速场经过咽喉区 c、d，城际场经过咽喉区 c、e、f、g，各列车在 BJSS 站运行经路的冲突仅可能发生在高速场与城际场间列车出段作业有交叉的咽喉区 c 处，依改进的资源树冲突图 RTCG 进行局部层冲突检验，BJSS 站总体层 t@s- tsdis 列车占用车站股道时序为部分可行的；城际场的列车运行线 cjl29c、cjl28c、cjl30c、cjl31c 可能会与高速场的列车运行线 gs2118、gs1112、gs117 在 BJSS 站咽喉区 c 处发生资源占用冲突，进一步检验分析得出资源树冲突图如图 10.13 所示。

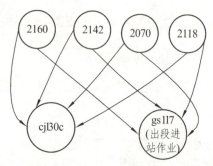

图 10.13　BJSS 站某时段完成 t@s-tsdis 任务列表的资源树冲突图

图 10.13 中圆圈中的纯数字表示 BJSS 站咽喉区 c 处的主要道岔编号，字母与数字的组合表示运行线编号，箭头连线表示资源占用起止时间间隔集合内相应的道岔被两条及以上的列车运行线占用而产生进路冲突，经 RTCG 冲突检验知 BJSS 站某时段 t@s-tsdis 总体层列车占用车站股道时序为部分可行的，即 cjl30c 与 gs117 出段进站作业在咽喉区 c 处存在冲突，根据图 10.2 冲突检验与进路选择优化的流程进行总体层局部层交互反馈，由于高速场影响列车较多，故保持高速场既有列车占用股道时序优化方案不变，调整城际场列车运行线 cjl30c 及其所影响的相关城际列车运行线的资源占用时间，具体调整过程为：将城际场列车运行线 cjl30c 及其所影响的后续列车资源占用时刻全部相应的向后延迟 5 min，此时消除了列车运行线 cjl30c 与 gs117 出段进站作业在咽喉区 c 处的冲突，并且未产生新的冲突，调整后的城际场股道列车占用优化时序安排见表 10.6。

表 10.6　调整后的城际场各股道列车占用优化排序方案

股道别	列车运行线占用排序	列车运行线	在站作业类型	某个周期占用开始时刻	某个周期占用结束时刻	在站作业时间项随机去模糊					整个车场同一周期内	
						到达进站时间	在站停留时间	在站出发时间	牵出线牵出时间	牵出线折返时间	占用开始时刻	占用结束时刻
CJ1	cjl29c-cjl22f-cjl23f-cjl24f-cjl28c-cjl30c	cjl29c	由动车段发车	295	303	5.19	7.52	2.17			00	08
		cjl22f	由存车线发车	307	314	2.17	7.52	2.17			12	20
		cjl23f	由存车线发车	318	326	2.17	7.52	2.17			24	32

续表

股道别	列车运行线占用排序	列车运行线	在站作业类型	某个周期占用开始时刻	某个周期占用结束时刻	到达进站时间	在站停留时间	在站出发时间	牵出线牵出时间	牵出线折返时间	占用开始时刻	占用结束时刻
		cjl24f	由存车线发车	330	337	2.17	7.52	2.17			36	44
		cjl28c	由动车段发车	341	349	5.19	7.52	2.17			48	56
		cjl30c	由动车段发车	308	315	5.19	7.52	2.17			65	73
CJ2	cjl31c -cjl25f- cjl26f -cjl27f	cjl31c	由动车段发车	282	290	5.46	7.52	2.03			77	85
		cjl25f	由存车线发车	294	301	2.03	7.52	2.03			89	97
		cjl26f	由存车线发车	305	313	2.03	7.52	2.03			101	109
		cjl27f	由存车线发车	317	325	2.03	7.52	2.03			113	121
CJ3	cjl32h-cjl33h	cjl32h	折返出发	306	324		17.54	2.52		2.52	171	189
		cjl33h	折返出发	328	345		17.54	2.52		2.52	193	211
CJ4	cjl35h-cjl36h	cjl35h	折返出发	139	157		17.3	2.5		2.5	283	301
		cjl36h	折返出发	162	179		17.3	2.5		2.5	305	323
CJ5	cjl34h	cjl34h	折返出发				17.3	2.5		2.5	327	345
CJ6	cjl32h-cjl33h- cjl34h	cjl32h	上行到达	342	359	2.66	17.41		1.5		126	144
		cjl33h	上行到达	364	381	2.66	17.41		1.5		149	167
		cjl34h	上行到达	386	404	2.66	17.41		1.5		215	232
CJ7	cjl35h-cjl36h	cjl35h	上行到达	49	68	2.35	18.47		1.37		237	256
		cjl36h	上行到达	72	90	2.35	18.47		1.37		260	279

注：按此排序，同一车场内，各列车间是不存在作业冲突的；冲突仅可能发生在不同车场的咽喉交叉处。

调整后各车场资源占用分配为优化可行的，不存在冲突问题，以股道占用时间为衡量标准，BJSS 站各车场股道累计完成 t@s-tsdis 任务列表所需时间为 932 min。

依据 Dan Max Burkloter（2005）的思想，在 BJSS 站的总体拓扑图 10.11 中，假定除某子区域以外的其他子区域的能力无限大，分别计算评估各子区域的资源占用时间消耗，见表10.7，时间占用最大者即为影响能力的瓶颈。

表 10.7 BJSS 站各子区域单独考虑条件下完成某时段 t@s-TSDIS 的时间占用   （单位：min）

咽喉子区域	a	b	c	d	e	f	g
时间占用	22.44	22.44	189.45	74.18	8.08	27.82	107.85

因在咽喉区 c 处存在列车出入段作业与返返作业，相对较为复杂，资源占用时间较大，故在咽喉区 c 处为 BJSS 站的能力关键瓶颈节点。

第十一章　高速铁路线路能力计算与评估

第一节　线路区间能力计算的既有传统方法

国内以区间为研究对象计算区间的通过能力的既有文献较多。张雅静、王鹤鸣（2010）将铁路区段通过能力定义为铁路区段内各种固定设备中，通过能力最薄弱的设备的能力，也称其为区段最终通过能力或限制通过能力；既有传统铁路区段能力的大小受区间（区间正线数、区间长度、线路纵断面、机车类型、信号、联锁、闭塞设备的种类）、车站（到发线数目、咽喉道岔的布置、驼峰和牵出线数、信号联锁闭塞设备的种类）、机务段设备和整备设备（内燃或电力机车定修台位及段内整备线）、给水设备（水源、扬水管道及动力机械设备）、电气化铁路的供电设备（牵引变电所和接触网）等设备能力的影响。铁路区间通过能力被定义为一个区间根据现有固定设备（区间正线数、区间长度、线路纵断面及信号、联锁、闭塞设备等），在一定类型的机车、车辆和行车组织方法的条件下，一昼夜内所能通过的最多列车对数或列车数；通常计算铁路区间通过能力从平行运行图入手，然后再在平行运行图基础上计算非平行运行图的区间通过能力。

传统铁路计算区间通过能力所需要考虑的时间因素主要有：列车区间运行时分和起停车附加时分、列车技术作业停站时间、车站间隔时间、追踪列车间隔时间、施工"天窗"时间等；其他因素还包括列车种类、不同种类列车所占列车总数的比例、列车连发比例、站间距离（站间距离决定了不同速度列车之间的列车区间运行时分之差，而列车区间运行时分之差是决定不同速度列车之间发车间隔时间的重要因素之一。）、线路纵断面、机车类型、信号、联锁、闭塞设备的种类等。黄超、王红林（2008）指出在追踪间隔一定的情况下，客运专线通过能力主要受不同速度等级列车的速差、停站时间、停站率以及区间长度、综合维修"天窗"时间和设置方式等因素的影响。计算一定服务质量条件下的区间能力，还需考虑缓冲时间的设置。

杨帅华（2007），孙晚华、韩学雷（2005），姜兴（2008）详细综述了既有传统铁路区间通过能力的计算方法，主要有图解法和分析计算法：图解法是在运行图上首先铺画旅客列车，然后在旅客列车间隔内，铺画其他货物列车（包括摘挂列车），在运行图上所有最大限度铺画客货列车总数即认为该区段的非平行运行图的通过能力。图解法精确，但作业量大，费时费力，一般只适用于能力利用程度接近饱和时或个别特殊情况的图解验算。近年来，图解法已经被计算机模拟法取代。

分析计算法包括扣除系数法、平均最小列车间隔时间法和直接计算法（利用率法）等。

扣除系数法是沿袭非平行运行图通过能力计算方法，以一种列车占用能力为标准，确定其他列车与该标准列车在能力占用上的当量关系，即扣除系数，从而将不同列车的能力占用归一化为标准列车的数量，确定出通过能力的理论计算值。铁路区间通过能力扣除系数计算法是以最大限度的发挥铁路运输设备潜能为理论所建立的方法，它的计算结果表现为理想条件下铁路区间的最大通过能力，若按这一通过能力条件编制列车运行图，列车运行图将成为没有调整余地、无应变能力的刚性运行图。显然，在实际工作中刚性运行图是难以实施的。因而，这一区间通过能力除特定的个别高峰小时外，也是无法实现的。

直接计算法是在列车种类、不同列车所占列车总数的比例、列车连发比例、列车追踪间隔时间、天窗设置时间和类型等条件已定的情况下，寻求一种满足上述条件的各个发车间隔时间的最佳数量，使得单位时间内通过区间的列车数最多，从而得到特定区间的通过能力。直接计算法计算区间通过能力实际上是一种局部优化的方法，即只是满足该区间最优化，而未考虑区段的最优化。

最小列车间隔时间计算法是德国铁路采用的通过能力计算方法，是指从前行列车占用区间始点至邻接后行列车占用区间始点为止的时间间隔，可用图解法或计算法分别确定所有能够出现的相邻两列车的列车种类组合。在确定最小列车追踪间隔时间的基础上，可用运行图相关法或不相关法确定平均最小列车间隔时间。平均最小列车间隔时间计算法是以排队论为基础，以保证实现一定列车运行工作质量要求为决策依据所建立的方法，它的计算结果表现为在一定主客观条件下可实现的区间通过能力。杨帅华（2007），包维民（2002），魏德勇（2004）应用平均最小列车间隔法的运行图不相关法分别计算了郑武、襄渝、武广客运专线的通过能力。

Giovanni Longo（2008）将线路的理论能力（列车数/小时）定义为股道数与列车间隔时间及缓冲时间之和的比值，即

$$C = \frac{3\,600\,Nt}{th+tb} \tag{11.1}$$

斯洛伐克（Slovak）铁路基础设施管理者 ZSR 的线路区间能力计算步骤是首先界定线路区间，分析出附加的维修时间、固定占用时间、平均每一列车径路的占用时间、缓冲时间，给出线路区间能力的计算公式（capacity of the track line section）为：

$$n = \frac{T-(T_{vyl}+T_{stal})}{t_{obs}+t_{medz}^{poi}} \tag{11.2}$$

式中　n——实际能力；

　　　T——时段；

　　　T_{vyl}——附加的维修时间；

　　　T_{stal}——固定占用时间；

　　　t_{obs}——每条路径的占用时间；

　　　t_{medz}^{poi}——每条路径的缓冲时间。

M.Abril（2008）在连续两列车间的间隔时间的计算方法的基础上计算每个线路区间的能力，其计算公式为：

$$capacity = \frac{time\ period}{headway\ time} \Rightarrow capacity = \frac{time\ period}{F(\frac{distance}{speed})+F'(\frac{Speed}{Deceleration})+F''(\frac{Length}{speed})+OT} \tag{11.3}$$

Robert Burdett，Erhan Kozan（2004）综述总结了线路/网络的能力计算研究。国内既有传统铁路线路通过能力是以区间的通过能力计算为基础的，并将一个方向或区段内通过能力最小值作为该方向或该区段的通过能力，但这种推算方法并不适用于高速铁路客运专线。中国

高速铁路与既有提速线运营环境发生了变化，客运专线型，列车等级普遍较高，准时性要求高；但相比于国外，线路距离长，运行时间长。

本书线路优化能力的计算与评估是在列车数已知的条件下，根据图 2.2 的能力平衡关系，根据 TSDIS 的定义，寻找满足图 2.2 能力平衡关系的异质性、平均速度、稳定性值并使其达到帕累托最优状态；根据速度与时间关系，在帕累托最优状态下的平均速度可保证完成 TSDIS 所需的时间最小。

第二节　高速铁路线路列车服务—需求意向集合 t@l-TSDIS 的定义

除计算评估时段、列车类型及列车数（与 t@s-tsdis 定义相同），t@l-tsdis 集合中其他的元素主要包括线路上区间与车站的拓扑关系、时段内列车服务策略、时段内区间使用策略、时段内车站使用策略。

一、线路上的区间与车站拓扑关系

UIC406 将线路定义为两个大的节点间的连接，通常是由一系列闭塞区间组成（在固定自动闭塞系统和准移动自动闭塞系统中），中间可能还有一些越行/会让站。

依据付慧伶（2010）划分沿线车站等级为一级路网性客运节点、二级区域性客运节点、三级地方性客运节点、四级一般性客运节点。我国高速铁路线路区间为双线双方向（double-track line），正常情况下按双线单向行车，非正常情况下可反向行车。

二、时段内列车服务策略

我国高速铁路的单条线路往往衔接铁路客运网的多个方向，要求本线与跨线列车开行方案统一编制，涉及大量的站点和客流 OD 对，由列车类型、起讫点、径路、停站方式、越行/待避关系等决定的每对 OD 对间的列车流模式各不尽相同，应根据时段客流需求特征制定列车服务策略，进而确定具体的列车流模式。

三、时段内区间使用策略

（一）列车区间运行时分

列车运行时分是能力计算与评估的重要影响因素，查伟雄（2001）从对列车区间运行时分的动态特性的分析出发，利用数理统计中随机变量在一定置信水平下的区间特征，分析了列车区间运行时分的时间标准，并给出区间运行时分的数学式描述：

$$t_{运}=t_{纯运}-at_{起}bt_{停}+\varepsilon \tag{11.4}$$

式中　$t_{运}$——列车在区间运行时分；

$t_{纯运}$——列车在区间纯运行时分；

$t_{起}$——列车起动附加时分；

$t_{停}$——列车停车附加时分；

$$a = \begin{cases} 1, & \text{当列车在区间停车后出发时} \\ 0, & \text{其他} \end{cases} \qquad b = \begin{cases} 1, & \text{当列车在区间到站停车时} \\ 0, & \text{其他} \end{cases}$$

关于区间纯运行时分 Joern Pachl（2002）基于基本动力学原理描述了列车运行的动态性。影响列车运行的随机参数包括列车自重、列车轴重、列车加速/减速性能、线路坡度等，有许多方法试图估计随机性的运行时间，但是目前欧洲许多编制列车时刻表的软件工具是基于确定性的运行时间估计，W.Sauer（1999），Olaf Brunger（2008）提出了一种考虑随机影响因素的运行时间估计方法：将随机影响参数视为随机变量，重复估计确定性的运行时间；每次估计运行时间时，假定随机参数服从某种概率分布函数并依此为其随机生成一个值；将反复进行的运行时间估计值附加一个微小的超出百分比作为最终的运行时间。本质上这仍属于确定性的方法，但是它考虑了列车运行随机因素的影响。另一种估计运行时间的方法是为随机影响参数赋予确定的、坏情况（或者甚至最坏情况）下的值，此方法可能产生运行时间的坏值（或坏值）包含一定冗余而大于实际的运行时间。

令 s 表示连接车站 s 与车站 $s+1$ 的区间，S 表示区间集合，$s \in S$，$S \in t@l-TSDIS$，i、j 表示使用区间 s 的列车，N_s 表示使用区间 s 的列车集合，$N_s \in t@l-TSDIS$，列车 j 进入区间 s 的时刻为 e_{js}，列车 j 离开区间 s 的时刻为 l_{js}，综合各种文献及高速铁路列车运行条件，列车在区间运行主要存在以下约束：

1. 区间内运行时间

对于区间 s 上的任一列车 j，若 j 在区间 s 以最佳速度自由运行的最小时间为 r_{js}^t，则

$$e_{js} + r_{js}^t \leqslant l_{js}, \quad \forall j \in N_s, s \in S \tag{11.5}$$

2. 最小在站作业时间

列车在站作业包括始发、终到、折返、不停站通过和停站后通过几种类型，若列车 j 在车站 s 作业时间为 w_{js}^t 则

$$l_{js} + w_{js}^t \leqslant e_j, s=1, \quad j \in (N_s \cap N_{s+1}), s \in S \tag{11.6}$$

3. 最小间隔时间

令 $x_{ijs} = \begin{cases} 1, & \text{区间}s\text{上列车}i\text{是列车}j\text{的直接前驱} \\ 0, & \text{其他} \end{cases}$

若 a_{ijs} 为进入区间的列车 i 与 j 所需的最小间隔时间，则 $e_{is} + a_{ijs} \leqslant e_{js} + (1-x_{ijs})M, j \in N_s$，$s \in s \in S$，$M$ 为任意大的正数，确保当且仅当 $x_{ijs}=1$ 约束发生作用。

4. x_{ijs} 的一致性

令 $\underline{j_s}$ 与 $\overline{j_s}$ 分别表示在区间运行的列车序列中的第一列与最后一列，则序列中的每列车

有且仅有一个直接前驱（除第一列车 $\underline{j_s}$），即

$$\sum_{j|j\neq i \text{ or } \overline{j_s}} x_{ijs} = 1, \forall i \in N_s, i \neq \overline{j_s}, s \in S$$

有且仅有一个直接后继（除最后一列车 $\overline{j_s}$），即

$$\sum_{j|j\neq i \text{ or } \underline{j_s}} x_{ijs} = 1, \forall i \in N_s, i \neq \underline{j_s}, s \in S$$

Tijs Huisman（2001）提出并证明了在混合交通流条件下列车运行时间的定理：

$$\begin{aligned}R_0 &= F_0 \\ R_n &= \max(F_n, R_{n-1} - A_n)\end{aligned} \tag{11.7}$$

式中　F_n——列车 n 在区间无干扰自由运行的时间；

　　　R_n——列车 n 从进入线路区间到离开区间的实际运行时间；

　　　A_n——列车 n 与列车 n-1 的缓冲时间，如果 $E(A_n) > 0$，则 $\lim_{x \to \infty} R_n = \xi$，$\xi$ 为某随机变量。

据此，本书令区间内第一列车以最佳速度自由运行，即 $R_{0s} = r_{0s}^t$，其余列车在考虑与其他列车间的相互影响的运行环境下的运行时间，即

$$R_{js} = \max(r_{js}^t, R_{j-1,s} - A_j) = \max(r_{js}^t, l_{j-1,s} - e_{j-1,s} - A_{js})$$

式中　A_{js}——列车 j-1 与 j 在区间 s 的缓冲时间。

所有列车 $j \in N_s$ 在区间 s 上运行的时间总和为：

$$R_{N_s} = \sum_{j \in N_s} R_{js} = {}_{0s}^t + \sum_{j=1}^{N_s} \max(r_{js}^t, l_{j-1,s} - A_{js}) \tag{11.8}$$

又

$$A_{js} = h_{js} - a_{ijs}^t$$

所以

$$R_{N_s} = r_{0s}^t + \sum_{\substack{j \in N_s \\ j \neq 0}} \max(r_{js}^t, l_{j-1,s} - h_{js} + a_{ijs}) \tag{11.9}$$

（二）区间内列车运行的异质性 Ssshr

Michiel J（2006）提出用最小间隔时间倒数的和表示不同种类列车区间组合的异质性 S_{sshr}，即

$$SSHR = \frac{1}{N} \sum_{s \in S} \sum_{j \in N_s} \frac{1}{h_{js}} \tag{11.10}$$

式中　N——列车数；

　　　h_{js}——区间 s 列车 j 与列车 j-1 间的最小间隔时间；

　　　h_{js} =最小安全间隔时间+运营裕量；

　　　$h_{js} = \min\{e_{j,s} - e_{j-1,s}, l_{j,s} - l_{j-1,s}\}$。

SSHR 值越大，则列车异质性越高。Michiel J.C.M. Vromans（2006）只分析了双线中单向区间的异质性计算式，本书依此式分别计算上/下行区间的异质性，再取两者和的一半作为整个线路区间的异质性计算结果。

四、时段内车站使用策略

时段内车站使用策略主要考虑车站的等级、列车在车站的异质性、在站作业方式（始发、终到、通过、有无列车接续关系）、在站的到达与出发站台、在站的作业处理时间、列车间越行关系等。

根据 Michiel J.C.M.（2006）用到达间隔时间倒数的和（$SAHR$）表示不同类型列车组合在车站的异质性，即

$$SAHR = \frac{1}{N} \sum_{s \in S} \sum_{j \in N_s} \frac{1}{h_{js}^A} \tag{11.11}$$

式中　h_{js}^A ——列车 j 与列车 $j-1$ 到达车站 s 时间间隔；

　　　h_{js}^A = 最小安全间隔时间 + 运营裕量；

　　　N ——列车数，其中：

$$h_{js}^A = e_{j,s} + r_{j,s} - e_{j-1,s} - r_{j-1,s}$$

列车同质条件下，SAHR 等于 SSHR；列车异质条件下，SAHR 总是小于 SSHR。

Michiel J.C.M.（2006）只分析了双线中单向车站到达时间间隔的异质性计算式，本书依此式分别计算上/下行列车在车站的异质性，再取两者和的一半作为整个车站的异质性计算结果。汪海龙、钱勇生（2008）提出了低等级列车越行站停车判断的贪婪机制，即只要低等级列车满足越行站不停车条件，便继续向下一个车站行驶，到下一个站后继续判断越行站不停车条件，如果满足则继续行驶，不满足则在该站停车。彭其渊（2004）提出并分析了简单越行、多列越行、一列被多列越行、复杂越行等几种越行关系，本书采取简单越行方式。对于有停站列车的在站作业处理时间包括乘客上/下车时间、开/关车门时间、等待出发时间等，若令 t_k^i 为第 i 列车到达第 k 个站台的时间，s_k^i 第 i 列车在站台 k 的停车时间，r_k^i 为第 i 列车从站台 k 到站台 $k+1$ 的运行时间，则有：

$$s_k^i = t_{k+1}^i - t_k^i - r_k^i \tag{11.12}$$

Goverde R..M.P.（2001）指出实际在站处理时间干扰与到达晚点时间服从指数分布，但所有有关轨道交通能力的文献都是给车站停靠时间设定一个值。

在站作业方式（始发、终到、通过、有无列车接续关系）依据列车类型与车站类型的匹配关系确定，其他时段、列车数、各类列车在站作业时间的估计、在站的到达与出发站台、在站作业处理时间、列车间越行关系等依据 t@s-tsdis 具体确定。

第三节　高速铁路线路能力计算与评估模型构建

对于城市轨道交通，区间/线路能力的计算与评估关键在于列车间隔时间的确定，但高速

铁路区间/线路能力还要考虑更多的因素。与既有传统铁路相比，高速铁路线运营环境发生了变化，客运专线型，列车等级普遍较高，准时性要求高；相比于国外，线路距离长，运行时间长。在基础设施固定的条件下，一定服务质量条件下的能力是运输组织水平的反映。进行高速铁路线路/网络能力计算与评估时，假定动车组列车排污、配餐等附属性作业时间的消耗不影响高速铁路正常行车组织。根据前文分析，本书主要从可靠性、异质性、服务时间几方面衡量运输服务质量，展开无图条件下的能力计算与评估。

一、异质性

异质列车会增加列车运行过程中延误传播的可能性，降低运行图的稳定性。Alex Landex（2007）分析了列车异质性对铁路网络能力的影响。降低列车异质性、提高同质性可以保证列车运行的可靠性准时性；实现低异质性、高同质性的极端方法是使快慢车的区间运行时间与停站方式一致，但一方面由此产生的"短板效应"势必会影响快速列车技术性能的发挥，另一方面完全同质的列车难以满足多样性的客流需求。SSHR 与 SAHR 均能够反应列车运行计划的异质性进而预期可靠性的变化，SSHR 反映的是整个区间情况，SAHR 反映的是从区间到节点车站的到达情况。最小化 SSHR 或 SAHR 意味着时间间隔的均等化，从而降低延误发生的可能性。当列车在计算评估时段内类型密度合理具有较高的同质性时，SSHR、SAHR 便达到了理想值。SSHR 与 SAHR 都不是绝对的方法，仅是用来比较相同线路区间的不同列车运行计划的质量或指明如何为某线路区间编制可靠的列车运行计划。SAHR 可以弥补 SSHR 的不足，但 SAHR 实质是点的间隔时间的衡量而并没有考虑区间。鉴于此，采取 SSHR 与 SAHR 的加权平均和综合衡量列车在整条线路的异质性，即 $HETER = \alpha SSHR + \beta SAHR$，式中 $\alpha + \beta = 1$ 且 $0 < \alpha < 1$，$0 < \beta < 1$。无论是最小间隔时间 h_i，还是最小到达间隔时间 h_i^A 都必须首先要满足列车运行控制系统、信号系统的最小行车安全间隔的约束，并且要保证一定的运营裕量时间，即 $h_i =$ 安全间隔时间+运营裕量时间，$h_i^A =$ 安全间隔时间+运营裕量时间；若令 $h_{ty(i-1),ty(i)}$ 表示利用准移动闭塞方式仿真模型计算出的列车 i 与列车 i-1 所属类型的最小行车安全间隔时间，则须满足 $h_i \geqslant h_{ty(i-1),ty(i)}$，$h_i^A \geqslant h_{ty(i-1),ty(i)}$。

二、可靠性

铁路网系统运输能力可靠性是与路网系统有效使用能力直接相关的，最大化可靠性是提高有效使用能力的根本；从运营规划角度，与可靠性最直接相关的因素就是列车运行的间隔时间。

本书在可靠性分析时将列车 j 进入区间 e_{js}、离开区间 l_{js} 等基本活动统一用列车的移动 m_{js} 表示。列车运行过程的动态性导致了不确定性，概率论是描述不确定性的理论，用列车 j 准时移动的概率衡量可靠性，即列车 j 的移动（进入、离开）不会迟于计划时刻的概率，进而对列车 j 的移动时刻概率密度函数积分 $\int_{-\infty}^{m_{js}} f_j(t)dt$ 计算可靠性概率，式中 $f_j(t)$ 为列车 j 的移动时刻的概率密度函数，m_{js} 为列车 j 在区间 s 的实际移动时刻。

计算网络系统的可靠性的本质就是根据系统中每一子系统的可靠度及系统结构形式，计算网络系统的可靠度。若网络中运行的列车 $1, 2, \cdots, N$ 所属类型集为 $TY=\{ ty1, ty2, ty3, \cdots\}$，

令 $ty(j) \in TY$ 为列车 i 的类型，ω_j 为与列车 i 对应的类型 $ty(j)$ 的权重，铁路网络系统中运行的列车 j 的可靠性与其自身及其前行列车的运行状况有关，根据 Malachy Carey（1999）令 p_{js} 表示列车 j 自身不受干扰在区间 s 运行的可靠性概率，分别以下几种情况讨论：

1. 只考虑列车 j 自身可能产生的延误。

令 m_{js}^0 为列车 j 计划移动时刻，则 p_{js} 的计算式为：

$$p_{js} = p(m_{js} \leqslant m_{js}^0) = \int_{-\infty}^{m_{js}^0} f_j(t)\mathrm{d}t \tag{11.13}$$

此种情况下整条线的可靠性计算式为：

$$p_{line}^0 = \sum_{s \in S} \sum_{j \in N_s} p_{js} = \frac{1}{N} \sum_{s \in S} \sum_{j \in N_s} \omega_j \int_{-\infty}^{m_{js}^0} f_j(t)\mathrm{d}t \tag{11.14}$$

2. 只考虑一阶延误传播

列车 j 遭遇前行列车的一阶延误传播，假定：

（1）只考虑与列车 j 直接相邻的前行列车 j-1 的延误传播，而忽略列车 j 的其他前行列车的延误传播；

（2）不论前行列车 j-1 延误传播幅度有多少，列车的运行顺序保持不变。

此种情况下，可靠性是指列车 j 在与列车 j-1 间隔时间 h_j 内不受影响的概率，即

$$p_{js} = p(m_{js} \leqslant m_{js}^0 + h_j) = \int_{-\infty}^{m_{js}^0} f_j(t)\mathrm{d}t \tag{11.15}$$

由 $\dfrac{\theta_{ri}}{\theta_{hi}} = f_i(m_i^s + h_i) > 0$ 可知列车 i 的可靠性是间隔时间 h_i 的递增函数；但移动时刻概率密度函数 $f_i(t)$ 最终是逐步下降的，因而可靠性增加的幅度是逐渐减小的。此情况下整条线路系统的可靠性计算式为：

$$p_{line}^1 = \sum_{s \in S} \sum_{j \in N_s} \omega_j \int_{-\infty}^{m_{js}^0 + h_j} f_j(t)\mathrm{d}t \tag{11.16}$$

3. 考虑列车 j 自身延误加上来自列车 j-1 的一阶延误传播

此种情况下，前行列车 j-1 在时刻 $m_{js} - h$ 前完成移动的可能概率为 $\int_{-\infty}^{m_{js}-h_j} f_{j-1}(t)\mathrm{d}t$，则列车 j 在时刻 m_{js} 移动的概率密度函数为 $f_j(t)\int_{-\infty}^{m_{js}-h_j} f_{j-1}(t)\mathrm{d}t$，由此列车 j 的可靠性计算式为：

$$p_{js} = \int_{-\infty}^{m_{js}^0} \left(f_j(t)\int_{-\infty}^{m_{js}-h_j} f_{j-1}(t)\mathrm{d}t\right)\mathrm{d}t \tag{11.17}$$

则整条线路系统的加权平均可靠性计算式为

$$p_{line}^2 = \sum_{s \in S} \sum_{j \in N_s} p_{js} = \frac{1}{N} \sum_{s \in S} \sum_{j \in N_s} \omega_j \int_{-\infty}^{m_{js}^0} \left(f_j(t)\int_{-\infty}^{m_{js}-h_j} f_{j-1}(t)\mathrm{d}t\right)\mathrm{d}t \tag{11.18}$$

列车实际运行过程中，自身延误、来自前行列车的一阶甚至多阶传播延误均可能发生，但对于多阶传播延误，如果列车间的间隔时间规划合理充足，产生的可能性很小且一旦产生亦很可能会在传播过程中被吸收掉；因此，本书优化的条件主要考虑自身延误、一阶延误传播、自身延误加上来自直接前行列车的延误传播几种情况，设定最大化可靠性的优化目标。

上述基于概率函数的可靠性分析属于较好的事前分析，但列车移动时刻表概率密度函数的确定往往需要基于大量的实测数据。另一方面，可以通过列车间隔时间的合理设置提高运行的可靠性。基于此，用列车的平均加权间隔时间衡量可靠性，令列车 j 在区间 s 与前行列车 $j\text{-}1$ 的间隔时间 h_{js}，a_{ijs} 为列车 j 在区间 s 与前行列车 $j\text{-}1$ 的最小间隔时间，则 h_{js} 与 a_{ijs} 的差值 $p_{js} = h_{js} - a_{ijs}$ 越大吸收延误的可能性越大，列车运行可靠性将越高。整条线路的可靠性定义为：

$$p_{line} = \frac{1}{N} \sum_{s \in S} \sum_{\substack{j \in N_s \\ j \neq 0}} (h_{js} - a_{ijs})$$ （11.19）

三、完成 t@l-TSDIS 所需服务时间

根据区间与车站使用策略分析，t@l-tsdis 集合中列车在整条线上的运行时间为：

$$\min R_{line} = \sum_{s \in S} R_{N_s} = \sum_{s \in S} r_{0s}^t + \sum_{s \in S} \sum_{\substack{j \in N_s \\ j \neq 0}} \max(r_{js}^t, 1_{j-1,s} - e_{j-1,s} - h_{js} + a_{ijs})$$ （11.20）

综合前文分析，一定服务质量条件下高速铁路线路能力计算与评估的数学规划模型（Mathematical Program for Line Capacity，MPLC）为：

OBJ:

$$\min H_{line} = (a/N^p) \sum_{s \in S} \sum_{j \in N_s} (1/h_{js}) + (\beta/N^p) \sum_{s \in S} \sum_{j \in N_s} (1/h_{js}^A)$$ （11.21）

$$\max P_{line} = (1/N^p) \sum_{s \in S} \sum_{j=1}^{N_s} (h_{js} - a_{ijs})$$

$$\min R_{line} = \sum_{s \in S} r_{0s} + \sum_{s \in S} \sum_{j=1}^{N_s} \max(r_{js}, l_{j-1,s} - e_{j-1,s} - h_{js} + a_{ijs})$$

s.t.

$$h_{js} = \min \{e_{js} - e_{j-1,s}, l_{js} - {}_{j-1,s}\}$$

$$h_{js}^A = e_{js} + r_{js} - e_{j-1,s}, -r_{j-1,s}$$

$$h_{js} \geqslant a_{ijs}$$

$$h_{js}^A \geqslant a_{ijs}$$

$$e_{js} + r_{js} \leqslant l_{js}$$

$$l_{js} + w_j \leqslant e_{j,s+1}$$

$$e_{js} + a_{ijs} \leqslant e_{js} + (1 - x_{ijs})M$$

$$\sum_{j|j \neq i \, or \, \overline{j_s}} x_{ijs} = 1$$

$$\sum_{j|j \neq i \, or \, \underline{j_s}} x_{ijs} = 1$$

$$x_{ijs} = \begin{cases} 1, 区间 s 上列车 i 是列车 j 的直接前驱 \\ 0, \ 其他 \end{cases}$$

$$\alpha + \beta = 1, \, 0 < \alpha < 1, \, 0 < \beta < 1, M \, is \, a \, great \, positive \, number$$

第四节 高速铁路线路能力计算与评估模型求解

一、以问题为导向的 MPLC 模型求解基本思路

（一）多目标的处理

D.K.Pratihar（2008）将既有文献对多目标调度问题的求解归结为五大类：分级法，将目标按优先级排序后再按个顺序优化；效用法，使用效用函数（通常是各目标的加权和）将所有目标统一为一个单目标；目标规划（或称满足法），将所有目标视为约束，所求得的解以尽可能接近每个目标为目的，有时选取一个目标为主目标，将其他目标视为约束予以优化；同步法（或称 Pareto 法），目的在于通过某种启发式方法生成或近似找到有效解集；交互法，在求解过程的每个步骤中，决策者表达其对提出的一个或几个解的偏好性，以便于使最终的解逐渐收敛于各个目标彼此间满意的妥协平衡点。

本书采用 Pareto 法（具体的采用 Pareto 存档进化策略（Pareto Archived Evolution Strategy，PAES）与交互法相结合的求解策略。

（二）约束的处理

整数 0-1 规划约束部分的处理：对于由一系列区间、车站按某一拓扑方式组成的多阶线路系统（multistage line system），将区间视为加工设备，将车站视为缓冲库存，采用 just-in-case 策略，即根据列车服务策略、车站使用策略、区间使用策略将整数 0-1 规划约束视为约束可满足问题滚动优化。

连续实数约束部分的处理：T.Loukil（2005）将带约束的多目标优化问题归结为三种方法：静态罚函数法、动态罚函数法、自适应罚函数法，本书采用基于模糊-逻辑理论的模糊-逻辑罚函数法。

二、以问题为导向的 MPLC 的具体求解过程

（一）目标函数标准化（最小化）

依据

$$f_i' = \begin{cases} \dfrac{f_i}{1+f_i}, & forminf_i \\[2mm] \dfrac{1}{1+f_i}, & formaxf_i \end{cases}$$

对 MPLC 的目标函数标准化（最小化）处理：

$$\begin{cases} H'_{\text{line}} = \dfrac{H_{\text{line}i}}{1+H_{\text{line}}} \\[2mm] P'_{\text{line}} = \dfrac{1}{1+P_{\text{line}}} \\[2mm] R'_{\text{line}} = \dfrac{R_{\text{line}}}{1+R_{\text{line}}} \end{cases}$$

则优化目标向量为：

$$\min\{H'_{\text{line}}, P'_{\text{line}}, R'_{\text{line}}\}$$

（二）整数 0-1 规划约束部分的处理

本质上轨道交通系统是一种典型的离散事件动态系统，根据周磊山（1994）应用离散事件动态系统理论研究滚动式列车运行计划的调整；根据朴爱华（1996），时颢（2000），Jiamin Zhang（2011）对运行图结构的分析，本书对于由一系列区间、车站按某一拓扑方式组成的多阶线路系统，将车站视为缓冲库存，将区间视为加工设备，以阶段均衡模式为基础，采用 just-in-case 策略，即根据列车服务策略、车站使用策略、区间使用策略等对整数 0-1 规划约束采取交互式滚动优化处理方法。

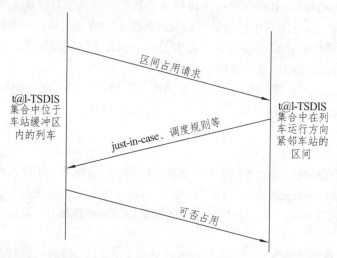

图 11.1　阶段均衡模式下以车站——区间为单元的 Just-in-case 交互式滚动优化

（三）连续实数约束条件的处理

对实数型约束条件依据 $g_j(x) \geq 0$ 形式标准化处理：

$$g_1(v) = h_{js} - a_{ijs} \geq 0$$
$$g_2(v) = h_{js}^A - a_{ijs} \geq 0$$
$$g_3(v) = l_{js} - e_{js} - r_{js} \geq 0$$
$$g_4(v) = l_{j,s+1} - l_{js} - w_j \geq 0$$
$$g_5(v) = e_{js} - e_{is} - a_{ijs} \geq 0, if\ x_{ijs} = 1$$

根据模糊集理论，应用模糊逻辑罚函数法 Cheng，FY（1997）处理传统实数约束条件 $g_1(v), g_2(v), g_3(v), g_4(v), g_5(v)$。令 t_{vi} 表示解 v 对于约束 i 的冲突程度，且

$$t_{vi} = \begin{cases} 0, g_i(v) \geq 0 \\ -g_i(v), eles \end{cases}$$ ；Z_i 表示第 i 个不可行域的容忍阈值，引入模糊-逻辑概念，y_v 为解 v 的模糊罚函数；根据模糊定义，将整个搜索空间划分为如下 10 个区域（zone）。

Zone 1： $\max(t_{v1},\cdots,t_{vL})\leqslant Z_i$ 为可行域，此区域惩罚项 $y_v=0$。

Zone i，$i=2\sim9$：$Z_{i-1}<\max(t_{v1},\cdots,t_{vL})\leqslant Z_i.$，$i=2$，…，10，为惩罚空间，此处惩罚项 $y_v=i.$

Zone 10：$Z_{10}<\max(t_{v1},\cdots,t_{vL})$ 为拒绝空间，此处惩罚项 $y_v=100$。

本书置各区域的容忍阈值 Z_i 分别为 0.001，0.01，0.02，0.5，1.0，5.0，10.0，15.0，25.0，35。

据此，对于任意解 v，根据模糊罚函数法，$F_1=H'_{line}$，$F_2=P'_{line}$，$F_3=R'_{line}$，其转换的无约束目标函数向量为 $\{F'_1,F'_2,F'_3\}_v$，且 $F'_i=F_i+y_v(i=1,2,3)$，F'_i 其中代表了解的一个状态，y_v 代表了在非可行域中解违反约束的程度，F_i 代表解与 Pareto 前沿的距离。

这样，实数约束部分处理完毕，模糊-逻辑罚函数将带有约束的多目标规划问题转换为无约束的多目标优化问题：

$$\min\{F'_1,F'_2,F'_3\}_v$$

（四）Pareto 存档进化策略&交互法求解多目标优化问题

在上述前三个步骤的基础上，以车站区间（即车站及列车运行方向上紧邻车站的区间）为单元滚动优化评估计算，在每一单元采用 Pareto（1+1）PAES 存档进化策略&交互法，求解转换后的 MPLC 多目标优化问题。

多目标优化问题（MOP）的一般形式：寻找决策变量向量 $\vec{x}^*=[x_1^*,x_2^*,\cdots,x_n^*]^T$，使其满足不等式约束 $g_i(\vec{x})\geqslant0,i=1,2,\ldots,m$ 与等式约束 $h_i(\vec{x})=0,1,\ldots,p$，并优化（最小化）目标向量 $\vec{f}(\vec{x})=[f_1(\vec{x}),f_2(\vec{x}),\cdots,f_k(\vec{x})]^T$。Carlos A.（2004）定义了 MOP 的 Pareto 最优解、MOP 的 Pareto 占优、MOP 的 Pareto 前沿与 MOP 的 Pareto 最优集等：

MOP 的 Pareto 最优解定义：解 $\vec{x}^*\in\Omega$，如果对于每个 $\vec{x}\in\Omega$ 及 I={1，2，...，k}或者 $\forall_i f_i(\vec{x})=f_i(\vec{x}^*)$，或者至少有一个 $i\in I$ 使 $f_i(\vec{x})=f_i(\vec{x}^*)$，则称解 $\vec{x}\in\Omega$ 是 Pareto 最优的。即如果不存在这样的可行向量 $\vec{x}$：$\vec{x}$ 降低某些目标函数值的同时不会引起至少其他一个目标函数值的增加，则 $\vec{x}^*$ 是 Pareto 最优的（即不可能优化其中部分目标而使其他目标不劣化）。MOP 的 Pareto 占优定义：对于向量 $\vec{u}=\{u_1,u_2,\ldots,u_k\}$ 与 $\vec{v}=\{v_1,v_2,\ldots,v_k\}$，当且仅当 u 部分小于 v，即 $\forall_i\in\{1,\ldots,k\}$，$u_i\leqslant v_i\wedge\exists i\in\{1,\ldots,k\}$：$u_i<v_i$ 时，称 u 占优 v，或 v 被 u 占优。

MOP 的 Pareto 最优集定义：对于给定的多目标问题 $MOP\vec{f}(\mathrm{x})$，Pareto 最优集 P^* 定义为

$$P^*:=\{x\in\Omega\,|\,\neg\exists x'\in\Omega\vec{f}(x')\leqslant\vec{f}(x')\}$$

MOP 的 Pareto 前沿：对于给定的多目标问题 $MOP\vec{f}(\mathrm{x})$ 及 Pareto 最优集 P^*，将 Pareto 前沿（PF^*）定义为 $PF^*=\{\vec{u}=\vec{f}=(f_1(x),\ldots,f_k(x))\,|\,x\in P^*\}$。通常情况下，是不可能找到包括这些解的线或面的分析表达式的，生成 Pareto 前沿的一般过程是计算可行解集 Ω 及其相应的目标值 $f(\Omega)$，当有足够数量的这些可行解时，就有可能确定非占优解并产生 Pareto 前沿。

通常多目标优化问题 Pareto 最优解是一个集合，对于实际应用问题的最后方案决策，必须根据对问题的了解程度和决策人员的偏好，从多目标优化问题的 Pareto 最优解集中挑选一个或部分解作为所求多目标优化问题的最优解。因此，求解多目标问题的首要步骤和关键尽可能求出尽可能多的 Pareto 最优解，然后进行多准则决策。多目标决策方案结果最优性并不直观，从理论和实用性的观点出发，有必要根据偏好结构定义最优性，可应用多属性决策理

论，即多目标优化→多属性决策的过程。

Pareto 存档进化策略（PAES）是一种重要的多目标进化算法，具有较好的进化性能和收敛速度，PAES 的三个组成部分包括备选解生成器、备选解接受函数、非被占优解档案列表。Joshua D.Knowles（1999）给出了（1+1）——PAES 的伪代码；根据实际待求解模型 MPLC 的特点，本书采用改进的（$^{1+1}$）—PAES 存档策略，基本流程如图 11.2 所示。

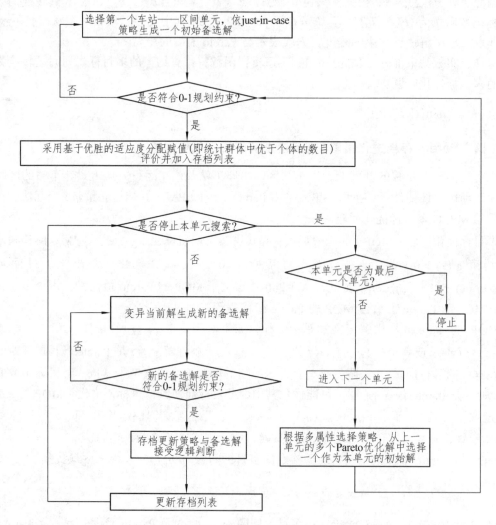

图 11.2　改进的（1+1）——PAES 存档策略流程

1. 初始解生成

将 t@l-tsdis 中的列车视为列车群，具有并发性和随机性，采用 just-in-case 策略生成 1 个初始始解。解采用实数编码形式，定义解的表现形式为：

对于每一区间 sec 上的每一列车 j 而言，

$$v_{\text{sec}-j} = \{x_{ijs}, (e_{js}, l_{js}), h_{js}, h_{js}^{A}\};$$

对于每一区间 sec 内的所有列车而言，

$$v_{\text{sec}} = \{v_{\text{sec}-0}, v_{\text{sec}-1}, v_{\text{sec}-2}, \cdots, v_{\text{sec}-N_s}\}$$

对于由 section 个区间组成的整条线路而言，

$$v = \{v_0, v_1, v_2, \cdots, v_{\text{section}}\}$$

在改进的（1+1）—PAES 存档策略中维持当前的 Pareto 最优解，并在每一次迭代中依据各约束条件违反情况与当前目标值优化程度进行对当前解的取舍及并从更新后存档列表中选择一个产生变异解。

2. 改进的（1+1）—PAES 存档列表更新策略与当前解接受逻辑

个体适应度的计算，根据目前的研究结果，多目标进化算法的适应度赋值策略分成三种：基于聚合的策略、基于准则的策略和基于 Pareto 优胜关系的策略。PAES 评估函数基于支配关系进行个体评价，本书改进的（1+1）—PAES 的亦采取基于优胜关系的适应度赋值（即统计群体中优于个体的数目，设某个体 i 被群体占优的个数为 d_i，取 d_i 的倒数作为个体 i 的适应度）。

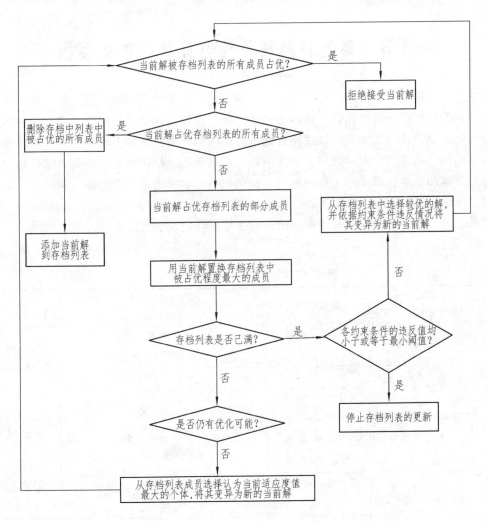

图 11.3　改进的（1+1）-PAES 存档列表更新策略与当前解接受逻辑

本书将每一车站—区间单元的存档列表分为目标空间与解空间两部分设计，将目标空间设计为 5×3 的五行三列的矩阵，其中各列分别代表异质性、可靠性与运行时间三个目标值；根据进入/离开区间时间，将解空间分上/下行设计为 $5 \times 2N_s^{up}$ 与 $5 \times 2N_s^{down}$ 的矩阵，其中 N_s^{up} 为上行方向区间 s 的列车数，N_s^{down} 为下行方向区间 s 的列车数。

存档列表的更新与当前解的接受逻辑选择过程是根据适应度赋值结果进行操作的，将当前解的适应度值与存档列表集合中的成员逐个比较，根据 Pareto 优胜关系，如果当前解的适应度值小于存档列表中所有成员，则拒绝接受当前解；否则，如果大于存档列表中的所有成员，删除存档列表中被占优的所有成员，添加当前解到存档列表；如果大于存档列表中的部分成员，替换被占优程度最大的成员；如果存档列表未满，且仍有优化可能，则从存档列表成员选择适应度值最大的个体，将其变异为当前解；如果存档列表已满，且各约束条件的违反值均小于或等于最小阈值，则从存档列表中选择约束条件违反值最大的解，将其变异为新的当前解，否则停止存档列表的更新。此改进的（1+1）——Pareto 存档更新与当前解接受逻辑如图 11.3 所示：

第五节 高速铁路线路能力计算与评估案例

京沪高速铁路位于中国东部地区的华北和华东地区，纵贯京、津、冀、鲁、苏、皖、沪几个省市，两端连接环渤海和长三角两个经济区域；京沪高速铁路线路自北京南站引出，线路走向与既有京沪铁路大体平行，线路自北京南站西端引出，终到上海虹桥站，沿途客运车站：北京南站、廊坊、天津西站、天津南站、沧州西站、德州东站、济南西站、泰安站、曲阜东站、滕州东站、枣庄站、徐州东站、宿州东站、蚌埠南站、定远站、滁州站、南京南站、镇江南站、丹阳北站、常州北站、无锡东站、苏州北站、昆山南站、上海虹桥站，天津、济南、徐州、蚌埠、南京、上海等枢纽地区通过修建联络线引入既有站，满足跨线动车组客车上下线运行。

表 11.1 京沪线路区间里程与车站

车站	北京南站 起计里程（公里）	连接铁路	城市轨道交通 转乘路线	备注
北京南站	0	京津城际铁路 京沪铁路	北京地铁 4 号线 北京地铁 14 号线	13 台 24 线
廊坊	59			
天津西站	由天津南—天津西 联络线连接	天津地下直径线 （天津站—天津西） 京津城际铁路 津保城际铁路	天津地铁一号线 天津地铁四号线 天津地铁六号线	13 台 24 线
天津南站	131	环渤海城际铁路 （预留）	天津地铁三号线 天津地铁八号线	桥式车站 2 台 6 线
沧州西站	219			2 台 6 线

车站	北京南站起计里程（公里）	连接铁路	城市轨道交通转乘路线	备注
德州东站	327	京沪高速铁路青太客运专线		5 台 13 线
济南西站	419	青太客运专线	济南轨道交通 1 号线、6 号线（规划中）	15 台 17 线
泰安站	462			2 台 6 线
曲阜东站	533			2 台 6 线
滕州东站	589			2 台 4 线
枣庄站	625	枣临铁路	枣庄 BRT B1 线	2 台 6 线
徐州东站	688	徐兰客运专线		7 台 15 线
宿州东站	767	宿淮徐城际高铁		2 台 6 线
蚌埠南站	844	合蚌客运专线京台高速铁路		7 台 24 线
定远站	897			2 台 4 线
滁州站	959			4 台 6 线
南京南站	1018	沪汉蓉客运专沪宁城际铁路宁杭城际铁路宁安城际铁路	南京地铁 1 号线 南京地铁 3 号线（建设中） 南京地铁 6 号线（2011 年开建） 南京机场轻轨线（2011 年 7 月开工）	京沪场：10 线；沪汉蓉场：12 线；宁安场：6 线
镇江南站	1087			2 台 6 线
丹阳北站	1112			2 台 4 线
常州北站	1144		常州地铁 1 号线（规划中） 常州地铁 3 号线（规划中）	2 台 6 线桥式车站
无锡东站	1201	锡虞城际铁路	无锡地铁 2 号线（建设中）	2 台 6 线
苏州北站	1227	通苏嘉城际铁路	苏州地铁 2 号线（建设中）	2 台 6 线
昆山南站	1259	沪宁城际铁路		
上海虹桥站	1302	沪宁城际铁路沪杭高速铁路沪湖城际铁路	上海轨道交通 2 号线 上海轨道交通 5 号线或上海轨道交通 22 号线 上海轨道交通 10 号线 上海轨道交通 17 号线（规划中） 上海轨道交通 20 号线（规划中） 沪杭磁浮机场联络线或虹桥机场—浦东国际机场快速直达轨道交通线路（规划中）	2 场 16 台 30 线

　　拟定京沪高速铁路开行 380A 和 380B 两种列车，安全运行时速 300/250 公里，京沪高铁将实行两个速度等级混合开行的模式，全线实行三种运营模式："一站直达"模式，是指上海虹桥到北京中间不停站；"省际直达"模式，是指"只停省会城市"的高铁；"沿线车站交错停车"模式，确保沿线城市的旅客都有车坐。根据列车速度、停站方式、起讫点（本线/跨线）

将 t@l-tsdis 任务列表中的列车划分为六个等级，见表 11.2。

表 11.2　t@l-tsdis 任务列表中列车等级划

列车等级	列车速度类型	停站方式	OD 起讫点（本线/跨线）
一级	300 km/h	直达	本线
二级	300 km/h	省际直达	本线
三级	300 km/h	中间站交错停车	本线
四级	250 km/h	中间站交错停车	本线
五级	250 km/h	中间站交错停车	跨线
六级	200 km/h	中间站交错停车	跨线

选取某高峰时段京沪线列车服务-需求意向集合，编制 t@s-tsdis 任务列表见表 11.3。

表 11.3　某高峰时段京沪线 t@l-tsdis 任务列表

列车编号	列车类型	始发站—终到站	中间经过车站（按运行方向）及在站作业类型时间	列车等级
G1	本线，300 km/h，直达模式	北京南—上海虹桥	南京南（站停2分）	一级
G2	本线，300 km/h，直达模式	上海虹桥—北京南	南京南（站停2分）	一级
G3	本线，300 km/h，省际直达模式	北京南—上海虹桥	济南西（站停2分）、南京南（站停2分）	二级
G4	本线，300 km/h，省际直达模式	上海虹桥—北京南	南京南（站停2分）、济南西（站停2分）	二级
GA01	本线，300 km/h，中间站交错停车模式	北京南—上海虹桥	廊坊（站停2分）、天津南（站停2分）、德州东（通过）、济南西（站停2分）、徐州东（站停2分）、蚌埠南（通过）、南京南（站停2分）、镇江南（站停2分）、无锡东（站停2分）、昆山南（通过）	三级
GA02	本线，300 km/h，中间站交错停车模式	上海虹桥—北京南	昆山南（站停2分）、无锡东（通过）、镇江南（通过）、南京南（站停2分）、蚌埠南（站停2分）、徐州东（站停2分）、济南西（站停2分）、德州东（站停2分）、天津南（通过）、廊坊（通过）	三级
GA03	本线，300 km/h，中间站交错停车模式	北京南—上海虹桥	沧州西（站停1分）、济南西（站停3分）、泰安（通过）、徐州东（通过）、蚌埠南（站停3分）、南京南（站停2分）、常州北（站停1分）、苏州北（通过）、昆山南（站停2分）	三级
GA04	本线，300 km/h，中间站交错停车模式	上海虹桥—北京南	昆山南（通过）、苏州北（站停2分）、常州北（站停1分）、南京南（站停2分）、蚌埠南（通过）、徐州东（站停3分）、泰安（站停2分）、济南西（站停2分）、沧州西（通过）	三级

续表

列车编号	列车类型	始发站-终到站	中间经过车站（按运行方向）及在站作业类型时间	列车等级
GA05	本线，300 km/h，中间站交错停车模式	北京南—上海虹桥	廊坊（通过）、济南西（站停2分）、泰安（站停2分）、枣庄（通过）、徐州东（站停2分）、蚌埠南（通过）、滁州（站停2分）、南京南（站停3分）、无锡东（通过）、苏州北（站停2分）	三级
GA06	本线，300 km/h，中间站交错停车模式	上海虹桥—北京南	苏州北（通过）、无锡东（站停2分）、南京南（站停2分）、滁州（通过）、蚌埠南（站停2分）、徐州东（站停2分）、枣庄（站停1分）、泰安（通过）、济南西（站停2分）、廊坊（站停2分）	三级
GA07	本线，300 km/h，中间站交错停车模式	北京南—上海虹桥	天津南（通过）、沧州西（站停1分）、德州东（站停1分）、济南西（站停2分）、泰安（通过）、徐州东（站停3分）、宿州东（通过）、南京南（站停3分）、常州北（通过）、无锡东（站停2分）、苏州北（通过）	三级
GA08	本线，300 km/h，中间站交错停车模式	上海虹桥—北京南	苏州北（站停2分）、无锡东（通过）、常州北（站停2分）、南京南（站停2分）、宿州东（站停1分）、徐州东（站停2分）、泰安（站停2分）、济南西（通过）、德州东（通过）、沧州西（通过）、天津南（站停2分）	三级
GA09	本线，300 km/h，中间站交错停车模式	北京南—上海虹桥	廊坊（站停2分）、济南西（站停2分）、泰安（站停2分）、蚌埠南（通过）、滁州（站停2分）、南京南（站停2分）、丹阳北（通过）、常州北（站停2分）、苏州北（站停2分）、昆山南（通过）	三级
GA10	本线，300 km/h，中间站交错停车模式	上海虹桥—北京南	昆山南（站停1分）、苏州北（通过）、常州北（通过）、丹阳北（站停1分）、南京南（站停2分）、滁州（通过）、蚌埠南（站停2分）、泰安（站停2分）、济南西（站停2分）、廊坊（站停2分）	三级
GA11	本线，300 km/h，中间站交错停车模式	北京南—上海虹桥	天津南（通过）、沧州西（站停2分）、济南西（站停2分）、滕州东（站停2分）、徐州东（通过）、蚌埠南（站停9分）、南京南（站停2分）、镇江南（站停2分）、无锡东（通过）	三级
GA12	本线，300 km/h，中间站交错停车模式	上海虹桥—北京南	无锡东（站停2分）、镇江南（站停2分）、南京南（站停2分）、蚌埠南（通过）、徐州东（站停2分）、滕州东（通过）、济南西（站停2分）、沧州西（站停2分）、天津南（站停2分）	三级
GA13	本线，300 km/h，中间站交错停车模式	北京南—上海虹桥	济南西（站停2分）、泰安（站停2分）、徐州东（站停2分）、滁州（通过）、南京南（站停2分）、丹阳北（站停2分）、无锡东（站停1分）、苏州北（通过）	三级

续表

列车编号	列车类型	始发站–终到站	中间经过车站（按运行方向）及在站作业类型时间	列车等级
GA14	本线，300 km/h，中间站交错停车模式	上海虹桥—北京南	苏州北（站停2分）、无锡东（通过）、丹阳北（站停2分）、南京南（站停2分）、滁州（站停2分）、徐州东（通过）、泰安（站停2分）、济南西（站停2分）	三级
GA15	本线，300 km/h，中间站交错停车模式	北京南—上海虹桥	沧州西（通过）、德州东（站停2分）、济南西（站停2分）、曲阜东（通过）、滕州东（站停2分）、滁州（站停2分）、南京南（站停2分）、镇江南（站停2分）、无锡东（站停1分）、苏州北（通过）	三级
GA16	本线，300 km/h，中间站交错停车模式	上海虹桥—北京南	苏州北（站停2分）、无锡东（站停3分）、镇江南（通过）、南京南（站停2分）、滁州（通过）、滕州东（通过）、曲阜东（站停2分）、济南西（站停3分）、德州东（通过）、沧州西（站停2分）	三级
GA17	本线，300 km/h，中间站交错停车模式	北京南—上海虹桥	天津南（站停2分）、济南西（站停2分）、泰安（通过）、枣庄（站停2分）、徐州东（站停8分）、蚌埠南（通过）、南京南（站停2分）、无锡东（通过）、苏州北（站停2分）、昆山南（通过）	三级
GA18	本线，300 km/h，中间站交错停车模式	上海虹桥—北京南	昆山南（站停2分）、苏州北（通过）、无锡东（站停2分）、南京南（站停2分）、蚌埠南（站停2分）、徐州东（通过）、枣庄（通过）、泰安（站停8分）、济南西（站停2分）、天津南（通过）	三级
GB01	本线，250 km/h，中间站交错停车模式	北京南—上海虹桥	廊坊（站停2分）、济南西（站停2分）、曲阜东（通过）、滕州东（站停1分）、徐州东（通过）、宿州东（站停2分）、南京南（站停2分）、镇江南（站停1分）、无锡东（通过）、昆山南（站停2分）	四级
GB02	本线，250 km/h，中间站交错停车模式	上海虹桥—北京南	昆山南（站停1分）、无锡东（站停2分）、镇江南（通过）、南京南（站停2分）、宿州东（通过）、徐州东（站停3分）、滕州东（通过）、曲阜东（站停2分）、济南西（站停2分）、廊坊（通过）	四级
GB03	本线，250 km/h，中间站交错停车模式	北京南—上海虹桥	廊坊（通过）、天津南（通过）、廊坊（通过）、德州东（站停2分）、济南西（站停3分）、曲阜东（站停2分）、徐州东（站停1分）、滁州（通过）、南京南（站停2分）、丹阳北（站停2分）、常州北（通过）	四级
GB04	本线，250 km/h，中间站交错停车模式	上海虹桥—北京南	常州北（站停2分）、丹阳北（通过）、南京南（站停2分）、滁州（站停1分）、徐州东（站停2分）、曲阜东（通过）、济南西（站停2分）、德州东（通过）、天津南（站停2分）、廊坊（站停2分）、	四级

续表

列车编号	列车类型	始发站－终到站	中间经过车站（按运行方向）及在站作业类型时间	列车等级
GC01	跨线，250 km/h，在上海虹桥站下线	北京南—杭州	德州东（站停3分）、济南西（站停2分）、滕州东（通过）、枣庄（通过）、徐州东（站停5分）、南京南（站停3分）、常州北（通过）、无锡东（站停2分）、苏州北（通过）、上海虹桥（站停4分下线运行）	五级
GC02	跨线，250 km/h，在上海虹桥站上线	杭州—北京南	上海虹桥（站停3分上线运行）、苏州北（站停2分）、无锡东（通过）、常州北（站停2分）、南京南（站停2分）、徐州东（站停2分）、滕州东（站停2分）、济南西（站停2分）、德州东（站停2分）	五级
D01	跨线，200 km/h，在济南站上线，在徐州东站下线	青岛—郑州	济南站（上线，站停6分）、泰安（站停1分）、曲阜东（站停3分）、滕州东（站停2分）、枣庄（站停9分）、徐州东（站停9分下线运行）、	六级
D02	跨线，200 km/h，在徐州东站上线，在济南站下线	郑州—济南	徐州东（站停21分上线运行）、枣庄（站停7分）、滕州东（通过）、曲阜东（站停23分）、泰安（通过）、济南（站停6分下线运行）	六级

根据模型求解算法，利用 C#编程求解京沪线时段内各区间及全线完成 t@l-tsdis 任务列表的异质性、可靠性与运行时间三个目标值的结果见表 11.4。

表 11.4　京沪线能力计算与评估的优化目标结果　　单位：min

序号	车站—区间单元	异质性（标准值）	可靠性（标准值）	运行时间（标准值）	异质性（实际值）	可靠性（实际值）	运行时间（实际值）
0	北京南—廊坊	0.952027236	0.005302227	0.996896338	19.84516129	187.6	321.2
1	廊坊—天津南	0.950672198	0.005159959	0.99745028	19.27254329	188.8	391.2
2	天津南—沧州西	0.950930202	0.005038291	0.997915451	19.37913431	197.48	478.72
3	沧州西—德州东	0.950669079	0.004909662	0.998300822	19.27126149	202.68	587.52
4	德州东—济南西	0.949183991	0.00475466	0.998005903	18.67883766	209.32	500.48
5	济南西—泰安	0.95126714	0.003888025	0.996164468	19.52003508	256.2	259.72
6	泰安—曲阜东	0.949318911	0.003825555	0.997673553	18.73122574	260.4	428.84
7	曲阜东—滕州东	0.947413447	0.003664346	0.997052234	18	271.9	338.24
8	滕州—枣庄	0.946315687	0.003547357	0.995422084	17.62741544	280.9	217.44
9	枣庄—徐州东	0.945413937	0.003422313	0.997378905	17.31969437	291.2	380.52
10	徐州东—宿州东	0.940972988	0.004204507	0.997678522	15.94139633	236.84	429.76
11	宿州东—蚌埠南	0.941377206	0.004133598	0.997618367	16.05821119	240.92	418.88
12	蚌埠南—定远	0.939501388	0.004067025	0.99654362	15.52930496	244.88	288.32
13	定远—滁州	0.939348934	0.004040078	0.997043869	15.48775624	246.52	337.28
14	滁州—南京南	0.938710806	0.004005768	0.996830026	15.31608991	248.64	314.46

序号	车站—区间单元	异质性（标准值）	可靠性（标准值）	运行时间（标准值）	异质性（实际值）	可靠性（实际值）	运行时间（实际值）
15	南京南—镇南京南—镇江南	0.938161434	0.003948823	0.997296274	15	252	369
16	镇江南—丹阳北	0.939328271	0.003861004	0.99270073	15.48214121	258	136
17	丹阳北—常州北	0.938767115	0.003865182	0.994288325	15.33109394	257.72	174.08
18	常州北—无锡东	0.9383585	0.003910527	0.996785393	15.22283697	254.72	310.08
19	无锡东—苏州北	0.936915756	0.003817377	0.9929795	14.85181878	260.96	141.44
20	苏州北—昆山南	0.936816854	0.003806334	0.994288325	14.8270055	261.72	174.08
21	昆山南—上海虹桥	0.937591385	0.003812719	0.9956221	15.02342874	261.28	227.42
	全线合计	20.75906246	0.090985337	21.92193509	371.7163924	5370.68	7224.68
	全线平均	0.943593748	0.004135697	0.996451595	16.89619966	244.1218182	328.3945455

据此，可得到京沪线优化的能力为完成 t@l-tsdis 任务列表中的列车运行需占用全线时间为 7 224.68 min，实现这个目标的异质性为 371.716 392 4，可靠性为 5 370.68。

第十二章　高速铁路网络能力计算与评估

铁路网是在一定空间范围内（全国、地区或国家间），为满足一定历史条件下的客货运输需求而建设的相互联结的铁路干线、支线、联络线以及车站和枢纽所构成的网状结构的铁路系统。根据 UIC406 定义，铁路网是指完成特定任务、满足控制条件的点和线的组合（specific combination of nodes and lines to fulfill specific tasks and controls.）。2000 年世界铁路营业里程约 100 万 km，其中复线占 15.45%。随着世界各国高速铁路的发展，未来将形成覆盖全球的高速铁路网，列车跨线、跨国界行驶带来的优势显而易见。"十一五"期间，我国铁路新线建成投产 1.5 万 km，到 2010 年年底中国铁路营业里程达到 9.1 万 km；投入运营的高速铁路动车组列车达到 480 组，新增普通铁路客车 8540 多辆，有 290 多座新建客站投入使用。我国"四纵""四横"的客运专线建成后，将形成以客运专线为骨架，提速线路为网络，覆盖我国大部分大中城市，长达 3 万余 km 的快速客运网。随着中国铁路的建设和发展，将逐步形成包括高速铁路、城际铁路、市域铁路以及既有铁路等在内的综合轨道交通网络。

第一节　高速铁路列车服务网络设计

很多学者基于铁路物理网络和列车开行方案构造了"列车服务网络"，所谓"列车服务网络"意指由铁路车站、线路及开行方案中的列车 OD 和停站形成的可供旅客组合选择出行的连通网络。列车服务网络设计应以客运量为基础，以客流特征规律为依据，安排列车种类、起讫点、数量、经由线路、编组内容、停站方案、客座能力利用率、车底运用等。

我国铁路客运网由既有线和一些新建线、城际铁路、高速铁路共同构成，这些线路在技术水平、客流条件、在路网中发挥的功能等方面都具有不同的特点，列车开行方案需要结合具体线路或网络的客流、客运设备等条件编制。目前国内对列车开行方案所采用的研究路线受既有铁路影响，以"按流开车"为基本原则，根据客流与客运设备配置条件优化列车开行方案；从多角度切入列车开行方案优化问题，用不同的优化方法确定列车等级、种类、起讫点、数量、经由线路、停站方案中的单一或几个要素，并对启发算法有一定探索。

高速铁路的单条线路往往衔接铁路客运网的多个方向，要求本线与跨线列车开行方案统一编制，涉及大量的站点和客流 OD 对，比城际铁路的条件要复杂得多，列车开行方案的各项要素应实现组合优化。目前有许多学者从不同的角度切入了列车开行方案的优化问题，定性、定量地对列车开行模式、开行方案优化思路、具体的要素设计方法等进行了研究；近年来，城市道路交通的一些优化思想被较多地应用到列车开行方案中，在考虑客运需求特点、旅客中转换乘方面形成了一系列研究成果。

我国高速铁路点多、线长、面广，部分列车还将跨线运行，某些较长线路还可能开行夜间列车，高速铁路列车服务网络的设计不能独立于既有路网，必须综合考虑各种客流的需要，包括本线客流、跨线客流、既有线客流；短途客流、中长途客流；东部、中部、西部客流等。

不能再沿用增开临客满足客流波动的方法，必须长效适应不同时段客流的波动，如旺季、淡季、周末、工作日，日高峰、非高峰分别开行不同数量的列车或采用不同的编组。

一、高速铁路列车服务网络设计原则

高速铁路网列车运行组织面临跨线、直达与中转、周期与非周期等开行模式的组合选择问题，我国高速铁路网规模大、构成复杂，周期性列车开行模式的适应性仍值得研究；高速铁路网衔接了一些既有线和城际铁路，且路网整体性比较强，要求对客流统一组织、对运输资源统一运用；对长运距客流的跨线、直达与中转结合型输送方式问题还需要经过多方面比选来确定，我国高速铁路服务网络设计处于多元的运输组织背景中。根据铁道部运输局（2007）高速铁路服务网络的设计需遵循以下原则二

◆ 适应高速铁路客流时段性的特点，最大限度满足旅客出行的需要，尽可能解决好运行线的布局问题，按时段、频率安排列车运行线；

◆ 协调好高速铁路线与既有线的衔接，并尽可能充分利用高速铁路线及既有线的能力；

◆ 考虑到跨线列车对本线高速列车开行的影响，特别是要考虑到高速铁路综合维修天窗方案对跨线列车和夕发朝至列车开行的制约作用，协调好跨线列车运行线与本线列车运行线的关系，跨线列车布局方案应尽可能考虑高速铁路本线的能力，并为本线列车的开行创造条件，尽量减少高速铁路各种列车相互影响；

◆ 列车起讫点设置要充分考虑动车运用效率，考虑动车检修、整备基地的布局，跨线列车要考虑合理的下线距离与既有线的检修、整备条件。考虑到列车开行数量受动车组能力的制约，服务网络的设计应尽可能提高动车组运用效率；动车运转所和检修基地的位置对于动车组在高速铁路和既有线上的开行有较大的影响，决定了动车组跨线运行的距离和方式。为了实现检修集中、运用分散，大幅度减少因动车组的日常检修需要而造成的车体空送，提高动车组的运营能力和使用效率，在动车组检修基地的布局上，充分考虑运量的发展，根据高速铁路开行方案在路网客运中心及始发终到客流较集中的地区，合理设置动车组检修基地和运用所，形成以检修基地为辐射中心的动车组网络体系，保证动车组高效、安全运行。（北京、上海、广州、武汉四大动车运用基地）。

◆ 列车停站方案对旅客的影响主要包括两个方面，一是车站对旅客可达性的影响，二是由于列车停站而导致的旅客旅行时间的变化。高速铁路要在分级客运节点系统的基础上，建立车站等级与列车分类充分结合的停站模式，提高高速铁路列车停站方案的规律性。路网列车停站方案优化必须达到吸引客流，又要使停站对列车旅行时间的影响最小，而且可以在运营成本较低的情况下为旅客提供便利的服务。不同的停站方案对客流量变化的影响是个动态过程，列车停站方案也必须经过动态优化。

◆ 兼顾均衡铺画的原则，充分利用线路和车站的能力，减少各种列车间的越行与避让，保证运行图的稳定性；

◆ 考虑到旅客的换乘，高速铁路服务网络的设计要处理好相关运行线的合理接续问题；

◆ 使高速列车运行与高速客运站的技术作业过程相协调。

以较好的路网通达性、换乘条件与运输服务质量为目标，在上述基本原则的基础上，应根据动车组检修基地规划布局方案及高速铁路客运专线服务城市统计情况设计高速铁路列车服务网络。我国高速铁路网中规划设立 4 个动车段所和 29 个动车运用所，4 个动车段所分别

位于北京、上海、武汉、广州 4 个主要干线通道上的大型城市，并规划在全路枢纽性车站建立动车运用所（具体见表 12.1），使我国高速铁路网大体可以形成以四大动车段所为中心、覆盖高速铁路全网的动车组养护维修系统。

表 12.1　高速铁路网动车组检修基地规划布局方案

所属动车段所	动车运用所
北京	北京、北京西、天津、石家庄、济南、青岛、沈阳、大连、哈尔滨
武汉	郑州、长沙、西安、成都、重庆、兰州、乌鲁木齐
上海	虹桥、南京、杭州、合肥、福州、南昌、温州
广州	广州、深圳、南宁、贵阳、昆明、三亚

二、高速铁路网络服务质量框架体系

高速铁路是高新技术的集成，规划中的我国高速铁路网点多、线长、面广，在准时性、换乘方便度、快捷性、需求与供给的匹配度等相应服务质量方面也提出了更高的要求。面向乘客的运输产品设计要以一定的服务质量为目标，统筹考虑铁路运营收益与成本、乘客运营收益与成本、网络中人的中转换乘与车的跨线运行，实现客流需求与运能供给的协调匹配。

以货运为主的传统铁路的三个表征参数为速度、密度、重量，相应的本书将以客运服务为主的轨道交通系统三个重要表征参数定义为：速度、频率、载客量。通常公共交通的服务质量分为可用性、舒适性和方便性两大类，系统服务性能指标主要有频率、服务时间、载客数及可靠性等。根据网络化运营所呈现出的特征，用不同的性能指标描述轨道交通系统不同的组成部分，构建面向乘客的轨道交通系统服务质量框架体系见表 12.2。

表 12.2　面向乘客的轨道交通系统服务质量框架体系

性能指标	组成部分		
	车站/枢纽	区间/线路	网络系统
可用性	频率 可达性 乘客负荷	服务时间 可达性	服务范围 服务的人数
舒适性和方便性	协调性 可靠性 环境设施	可靠性 速度	服务时间 协调性 安全性

车站系统的可达性主要指乘客选择使用轨道交通系统的可能性，即在进入轨道交通系统之前与离开轨道交通之后是否可以通过其他交通方式（步行、自行车、公交车、小汽车等）便利的到达/离开起终点站；区间/线路的可达性主要指在轨道交通系统内部可以方便地完成 OD 点之间的出行。

协调性，从时间上主要计量换乘时间与晚点延误（初始晚点、连带晚点），从空间上主要衡量换乘站内部线路间的协调及换乘结点间相互影响关系的协调。张铭（2008）分别从客流需求-供给协调、换乘协调两方面分析了城市轨道交通系统的综合协调。

网络中 t@n-tsdis 任务列表的内容与线路的 t@l-tsdis 基本相同，所不同的是要增加考虑换乘衔接及跨线列车的合理跨线范围等特殊情况。

三、本线/跨线列车的运行组织及中转换乘衔接协调

本线/跨线列车的运行组织及中转换乘衔接是我国高速铁路网络化运营中的关键问题。

我国行车组织的循环周期是一昼夜，运行图包含范围是一个调度区段。因此，一张运行图包含范围是一个调度区段内开行的列车数。马建军、胡思继（2002）构造以京沪高速铁路为核心的高速网状线路，描述高速铁路以及与高速线有列车接续的既有网状线路衔接关系，从运行图编制的角度，提出了两层网络表示法构建基于京沪高速铁路的高速网状线路理论，宏观层描述网状线路的结构和线路衔接关系，计算高、中速列车的运行径路，微观层以轨道电路、道岔等单元计算列车的接、进路及平行、敌对进路，仿真结果表明其理论可用于京沪高速铁路运输组织相关问题的研究。

张铭（2008）应用解释结构模型法（ISM）建立了路网协调层次的多级递阶结构，为协调的构建提供了遵循的原则，并对协调层次反映的情况及其应用方法进行评述：网络化运营组织可通过两个层次进行协调：换乘站内部线路间的协调；换乘节点间相互影响关系的协调。网络协调的目标即是解决节点间的冲突；此外，针对不同形态的路网结构，如何划分协调层次，应用协调策略进一步做了阐述。

张进川、杨浩（2007），凌熙、杨浩（2006）研究探讨了网络化条件下跨线运行的合理运行范围。在轨道交通系统网络化运营条件下，乘客与列车在 OD 间可选路径多样化，最优路径选择是客流诱导系统的基础，如何实现轨道交通网络的最优路径选择，又可提高基础设施利用效率与服务质量，需要更加充分的考虑人的中转换乘与车的跨线/共线运行，强化轨道交通各线、列车和出行者之间的协调性。

综合分析影响乘客路径选择的各种因素，包括车内乘车时间、列车在车站的停止时间、换乘走行时间、换乘次数、拥挤程度等；乘客总是按自己已知的信息估计阻抗函数值，选择起讫点之间的最小阻抗径路。欧洲各国铁路投入了很大的精力研究车站/枢纽中转换乘规律，设计良好的换乘接续，车站的换乘/接续关系如图 12.1 所示。

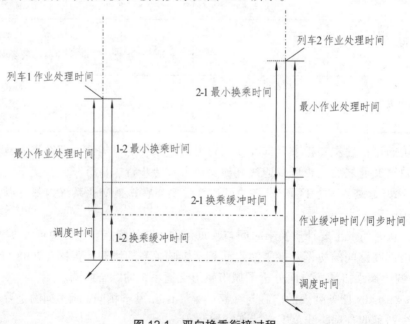

图 12.1　双向换乘衔接过程

　　本线/跨线列车的运行组织属于能力分配问题，路网中分配能力时需要考虑铁路基础设施的使用效率；即本线/路线列车服务网络的设计需要遵循"公共效益最大化"这一原则。既有文献中有关于公共利益的计算的研究主要是为基础设施投资而建立的，并不是适用于判断构建时刻表的过程。

　　在一项法国大西洋线 TGV 服务范围的研究中，根据旅客对各种列车的评价，对日常需求，如花费的时间、运行速度、价格等进行分解，利用计算机仿真模型进行反复计算，由此建立起一个合适的服务区域范围；其研究结果表明，在非高峰期，运量大小主要取决于头等车的多少（公务出行），而在周末高峰期，则主要取决于二等车（非公务出行）；此外，运价是否合理，普通列车服务地区是否较少受到高速列车影响，也对服务范围的建立有较大的影响。

第二节　基于服务网络设计的高速铁路网络能力评估

　　任何系统的功能取决于其自身的组织结构及外部环境两方面，即系统功能=f（自身结构，外部环境）；对于铁路网络系统而言，其能力取决于铁路网系统的规模布局与运输组织方式两方面，铁路网络系统能力=f（规模布局，运输组织）。

一、我国高速铁路网络结构特征分析（网络构造）

　　路网描述是指将铁路路网配置翻译成用符号表示出来的关系表达式，遵循有关的数学规则而构成的一个描述性模型。它是运营管理自动化的基础之一，也是铁路技术站、客运站和枢纽布局的理论基础。路网描述方法的好坏直接关系到车流径路计算处理过程的繁简、存储空间的大小及运行速度的快慢等问题。张铭（2008）指出任何轨道交通网络均由两种基本的子网络单元构造而成并比较了这两种单元结构。

　　由于网络中径路间的影响关系不同而引起列车运行组织的衔接方法完全不同。法国高速铁路呈放射状，按线路配置调度中心，如 TGV 东南线和 TGV 大西洋线调度中心设在巴黎，TGV 北部线调度中心设在里尔。我国分区域的铁路网络格局以中心城市为节点，涉及重要城市经济走廊，线网布局相对分散。可以依据不同的标准对高速铁路网中的所有车站进行等级划分，叶霞飞、顾保南（2010）按照各高速车站所在城市的人口数量、GDP、政治经济地位及既有线车站发送量几项综合因素，并结合动车组检修条件，将高速车站划分为 3 个等级：

　　◆ 位于全国区域性中心城市的高速车站作为 1 级车站，包括北京、上海、广州、西安、成都、武汉 6 个城市的高速车站，这些高速车站动车组检修设备齐全、客流量大、换乘设施完备，适于作为高速铁路网的大型换乘枢纽站。

　　◆ 位于省会级城市和一些重要城市（例如有多条高速铁路交汇的城市、具有动车运用所的城市）的高速车站作为 2 级车站，包括哈尔滨、沈阳、郑州、重庆、南京、石家庄、杭州、长沙、青岛、南宁、兰州等 30 个左右的高速车站，这些车站具备一定的动车组检修能力、客流量较大，可作为周边地区客流的集散地。

　　◆ 位于地级城市和一般性城市的其他高速车站作为 3 级车站，包括苏州、宁波、吉林、洛阳、东莞、大同、烟台、宜昌、威海、三亚等超过 100 个城市的高速车站。

　　为满足高速铁路客运专线直接吸引范围之外的旅客出行需要，同时为拓展高速铁路客运专线的服务范围，必须将跨线客流组织工作当作重中之重。目前铁路系统繁忙干线上近 1/3 车流为本线到发，其余 2/3 为跨线到发，有相当一部分本线客流是由这些跨线列车进行运送，如此高比例的跨线列车给运输组织和列车开行方案的带来很多不便和困难。

　　换乘客流节点是指高速铁路客运专线网络中客流集散能力良好，且能够完成多个方向换乘衔接的客流节点，换乘客流节点构成的界定条件为：

- 位于高速铁路网络之上，即高速铁路线途经所连通的客流节点；
- 旅客发送量在全路网客运量排名前 100 的客流节点；
- 客流节点的线路衔接方向达到三个或三个以上。

表 12.3　高速铁路客运专线换乘客流节点构成

所属区域	城市节点
东北地区	哈尔滨、沈阳、长春、大连、四平
华北地区	北京、天津、石家庄、邯郸、太原、唐山
华东地区	上海、南京、南昌、济南、青岛、徐州、合肥、蚌埠、温州、宁波、杭州、福州、厦门
中南地区	郑州、洛阳、信阳、新乡、武汉、宜昌、株洲、长沙、衡阳、广州、深圳
西北地区	西安、宝鸡、兰州
西南地区	成都、重庆

　　通常将高速铁路换乘节点类型划分为路网性节点、区域性节点、一般性节点与地方性节点。

二、高速铁路网络能力计算与评估的基本思路

　　何世伟、宋瑞（2003）从系统理论和运输需求的概念出发，提出了铁路路网总体运输能力、总体有效运输能力及潜在运输能力等。大系统分解协调算法的原理是将"大系统"分解成若干个"子问题"，在此基础上综合考虑各"子问题"之间的关联，其理论基础是自组织、协同学和控制论等。自 1960 年 Dantzig 和 Wolfe 提出对大系统进行分解的思想以来，大系统递阶优化控制理论不断得到发展；其中 Mesarovic 等人提出的"分级递阶"方法的思想是用分层结构描述大系统，原来系统中的各个子系统送出局部解，而在子系统的上级设置一个协调器，综合考虑各系统的局部解，向子系统送出关联值，经反复迭代和修正，目的在于找到对总系统来说最优的运行状态。由于较小的子问题更容易求解因而将复杂原问题分解为较小的子问题，分治策略是一种总体解决问题与个别设计算法的概念，其中算法将问题划分为各个同类的子问题并且分别进行独立的求解，将子问题的解组合起来形成原始问题的解。

　　从运输组织管理体制上看，路网运输系统是一个多级递阶控制的大系统。采用大系统递阶优化控制理论，作为大系统的铁路网的点、线划分的目标可以通过单独考虑每个车站、换乘客流节点、动车段所、轨道区段（track segment）等基本单元且这些基本单元是与交通流模式（traffic pattern）相关的；在此划分基础上，用分治策略计算与评估各基本单元的能力，进而计算评估整个路网能力。据此，从点、线、路网各个角度对网络化条件下轨道交通系统能力分析如图 12.2 所示。

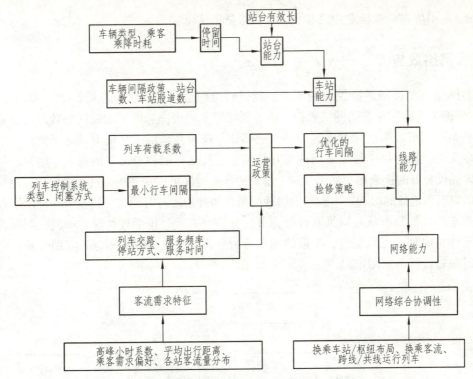

图 12.2　网络化条件下轨道交通系统能力分析

　　随着高速铁路的建设运营，既有传统铁路将以货运为主，高速铁路的运能配置不能独立于既有路网，必须与既有提速线路协调配合，满足本线客流、跨线客流、短途客流、中长途客流等出行需求，如灵活编组，按乘客出行地点、方向的不同或人数的变化，分段加挂、减编客车车辆或改变列车的运行方向、进行列车的重联与分解。由于高速铁路将以运能管理为中心转变为以旅客服务为中心的运输组织模式集中体现了铁路运输客运产品"服务"的本质概念——以尽可能满足乘客出行需求为终极目标的具有一定公益性质的服务，因而也须改变高速铁路的能力衡量标准——以完成一定的旅客运输服务需求所消耗的最小时间为高速铁路能力计算与评估优化的标准，突出不同时段客流的波动规律，从而在服务可靠度与最大物理能力之间找到一个经济优化的能力平衡点。

　　铁路系统是一个复杂的动态系统，计算整个铁路网络的能力非常困难。鉴于此，应首先将高速铁路网络分解为一系列点、线子系统，分别运用相应的理论方法计算各子系统的能力；再根据系统工程的理论与方法运用系统协调技术，考虑一定的协调度，综合评估整个路网的能力。UIC406 将铁路能力视为能力消耗与能力使用的组合，以"能力平衡"（即列车数、平均速度、异质性、稳定性）定义能力消耗参数。据此，高速铁路网能力计算的基本思路为：

　　Step 0：预定义高速铁路网列车服务-需求集合；

　　Step 1：从高速铁路基础设施网络中分解出点、线子系统，基于 UIC406 分析各子系统的能力消耗&能力使用；

　　Step 2：用分析方法计算点、线的最大能力；

　　Step 3：考虑列车数、平均速度、异质性和稳定性，应用优化方法计算点、线的基本能力；

　　Step 4：应用系统协调技术[113]评估高速铁路网络的能力；

Step 5：用仿真技术标定相关参数，计算可能的实际能力。

三、网络效应

铁路网是一个多级递阶控制的系统，其运行组织会受到网络效应的影响，Alex Landex（2007）分析了铁路网系统的网络效应，指出依赖于基础设施和时刻表的网络效应的存在使得路网中的某个部分发生变化都会影响到其他部分，进而会降低系统能力。基于此，可以将网络效应定义为铁路网络中线路之间的相互依赖性以及运行的列车之间的相互作用，比如为保证向乘客提供良好的换乘而在换乘站额外附加的作业时间可以被视为一种网络效应；由于受其他列车的影响而增加的时刻表中额外的缓冲时间及额外的运行时间也可被视为一种网络效应。

对列车运行的分析从时间维度可分为事前分析与事后分析两种情况，事前的列车行为分析主要是评价时刻表的稳定性，事后的列车行为分析主要是根据列车运行实绩分析准时性并反馈给时刻表设计，如图 12.3 所示。

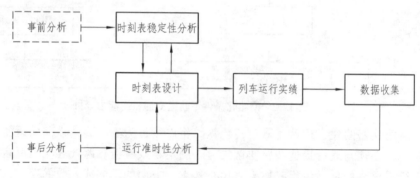

图 12.3 列车运行分析过程

等待时间有两种类型，一种是在实际列车运行过程中，由于延误及延误传播所产生的；另一种是指在安排计划过程中为合理安排列车运行径路充分利用铁路能力所产生的计划等待时间。在时刻表稳定性分析中，计划等待时间是列车网络效应的反映；在列车运行准时性分析中，延误是列车网络效应的反映。Schwanhäußer 于 1978 年首先提出应用等待时间估计铁路基础设施能力，本书研究运行图规划阶段的以计划等待时间计量的网络效应，即在列车运行图尚未形成条件下，站在时刻表规划阶段的角度，结合市场需求以提高服务质量为目标，在分析高速铁路客流需求时间特征的基础上，分析计算列车路径的计划等待时间。在分析计算过程中，将列车在进路第一个区间等待及接受服务的过程规划为一个排队系统，即将列车进路的服务需求过程设定为非齐次泊松过程，将列车进路需求被满足即接受服务的运行过程视为半马尔可夫过程，构建 M（t）/SM/1/∞/∞/PR 排队模型，分析计划等待时间的求解方法。

目前已有一些文献应用排队论计算分析各种等待时间，但大多是基于假定列车的到达过程为泊松过程，到达间隔时间服从负指数分布。而事实上列车的到达过程主要是基于客流需求，结合实际的客流需求特征分析，不同时段将有不同规模的客流需求，甚至在某一时段会有集聚的高峰出现，从而认为将列车的到达过程视为均衡的泊松流并不很切合实际；而应将列车流的到达过程视为非齐次泊松过程。为此本书基于服务水平的考虑，紧密结合客流需求特征，充分体现能力的动态性，提出了 M（t）/SM/1/∞/∞/PR 排队系统模型。

（一）列车径路管理

列车路径是在两点间在指定的时间段内满足列车运行条件的能力需求，由一系列闭塞区间-时间表示。通常铁路基础设施的用户对能力的需求是以列车路径的形式表达的，路径需求是客户（旅客、货主）的需求和铁路自身的需求（如养护维修）的组合结果。

根据 UIC406，计算能力时，应衡量径路第一个闭塞区间起始处的基础设施的时间占用情况，通常等待时间发生在路径第一个闭塞区间的起始处。根据运输密度，可将列车路径数转化为列车数来衡量能力，相关文献给出在交叉区的能力计算式：

$$k = q_{max}n \tag{12.1}$$

式中　k——运输能力（列车数）；

　　　q_{max}——最大运输密度，列车/小时；

　　　n——列车径路数。

路径需求与列车运行时间和到发时间有关；当几条列车路径需求同时发生时，就会发生占用上的冲突，需要从时间上移动路径才能予以解决。这样从时间上移动列车路径就会产生等待时间。为简化描述，本文考虑两个枢纽点间的一条线路的列车路径冲突排队等待情况；当然，所构建的计算模型也适用于再为复杂的基础设施网络。

计算计划等待时间中最关键的两个参数是闭塞时间和最小间隔时间。

能力分析计算是一个迭代过程，第一步是列车类型的组合。设 p_{ij} 是前后相邻两列车类型随机组合概率，即

$$p_{ij} = P(\tau(k+1) = j \mid \tau(k) = i) \tag{12.2}$$

则 p_{ij} 构成了一个随机混合矩阵 $p=(p_{ij})$。在时刻表未知的条件下，可以通过使用相对频数计算矩阵中的元素，这个相对频数是由随机选择列车顺序得到的；前后相邻两列车类型组合概率的计算式为：

$$p_{ij} = (n_i \cdot n_j) / n^2$$

式中　p_{ij}——列车 j 跟随列车 i 组合的相对概率；

　　　n_i——列车 i 的数量；

　　　n_j——列车 j 的数量；

　　　n——所有列车数。

$$M(t)/SM/1/\infty/\infty/PR \tag{12.3}$$

（二）排队模型的建立

当未来列车运行图尚在规划阶段时，排队模型适用于对宏观能力进行研究；在给出列车随机组合频率及随机到达间隔的条件下，排队模型可以计算计划等待时间。根据计划等待时间的计算比较，可以识别出关键设备的瓶颈，并且在铺画运行图时可将这种计划等待时间转化为与运输流密度相对应的缓冲时间。

1. 基于非齐次泊松过程的列车到达过程分析

很多既有文献将列车的到达过程描述为泊松过程，假定到达时间间隔内的到达率为一常

数。但是，列车实际到达到过程是由客流市场需求的列车路径决定的。丁洁冰（2007）关于客运专线旅客到发时刻选择的统计分析数据表明，在最适宜出发时间段的选择上，乘坐高速列车的旅客偏好有一定的时间分布规律，客流有可能形成早晚高峰，特别是短途客流，为提高服务质量，列车的发车频率有必要随旅客对出行时间的要求进行调整，加大早晚高峰列车的开行密度。这说明假定到达时间间隔内列车的到达率为常数是不符合实际情况的。

非齐次泊松过程与到达率为常数的泊松过程的区别之处在于前者的到达率是依时间而变化的；根据高速铁路客运专线客流需求时间特征，在不同的时段内将会有各种不同类型不同数量的列车开行需求，故分析认为应将这一过程看作非齐次的泊松过程，在对高速铁路预测客流及实际客流特征时间分布规律统计分析的基础上，构建列车路径到达率非齐次泊松的 $\lambda(t)$ 的函数表达式，则在时段[0，t]内高速列车的路径需求量即到达量计算的积分形式为：

$$m(t) = \int_0^t \lambda(u)\mathrm{d}u \tag{12.4}$$

设定：S_k——列车路径 k 对线路第一个区间占用需求的开始时间，$S_k < S_{k+1}$

a_k——两相邻列车前后到达间隔时间，$a_k = S_{k+1} - S_k$；

τ_k——路径 k 的类型。

a_k 是根据客流需求特征确定的列车路径时间间隔，当列车密度接近能力水平前后两列车到达时间间隔小于最小时间间隔，即 $a_k < h_{\tau(k),\tau(k+1)}$ 时，不同的列车争用同一条路径会产生冲突；为避免冲突，就会考虑哪一列车保持不动，哪一列车需要从时间上移动，移动的原则是只能向后移，而不能向前移，这样被移动的列车路径就会产生排队等待时间，即

$$\omega_{k+1} = \max(h_{\tau(k)\tau(k+1)} + \omega_{k+1} - a_k, 0) \tag{12.5}$$

2. 列车在区间运行的 Semi-Markovian 过程描述

M 种类型的顾客到达单服务台的服务设备中，J_n 是第 $n+1$ 个进入到服务系统的顾客类型，X_n 代表第 n 个顾客的服务时间，则：

$$P[J_{n+1} = j, X_{n+1} \leq x \mid J_0,...,J_n, X_1,...,X_n] = P[J_{n+1} = j, X_{n+1} \leq x \mid J_n] \tag{12.6}$$

这样 $\{J_n, X_n : n \geq 0\}$ 就是一个 semi-Markov 过程。

列车在区间运行接受服务过程主要基于闭塞间隔时间和最小间隔时间理论。高速铁路线路上运行的列车具有许多不同的等级，根据对 Semi-Markovian 过程的分析，这些不同等级的列车在区间运行接受服务可视为一个 Semi-Markovian 过程，且可根据区间运行时间确定服务时间。

Schwanhäußer 指出最小间隔时间对应于服务时间，即列车在第一个区间的运行时间。

将列车径路的第一个区间视为服务系统，假定下一个等待接受服务的顾客为第 $k+1$ 列车路径需求，此时服务台（列车运行的第一个区间）正在为第 k 个顾客服务，第 k 个顾客的服务时间为 B_k，可以将其概率分布函数定义为：

$$P(B_k \leq t \mid \tau(k+1) = j) = P_{ij} \cdot \delta_{hij}(t)$$

$$且 \delta_x(t) = \begin{cases} 0, t \leq x \\ 1, 其他 \end{cases} \tag{12.7}$$

3. $M(t)/SM/1/\infty/\infty/PR$ 排队模型的建立

在高速铁路客运专线上运行的列车具有不同的类型和优先级，列车径路在线路第一个区间的排队等待过程可抽象为一个带有优先级的排队系统模型。基于上述分析，可将列车在进路第一个区间的排队系统模型建模为 $M(t)/SM/1/\infty/\infty/PR$ 的形式。

即到达过程为非齐次泊松过程，服务过程为半马尔可夫过程，系统容量是无限的即认为考虑满足一切客流需求，遵循优先级的服务规则，但这种优先级是非占优的，即当低等级的正在接受服务时，不会因高等级列车的进入而中断服务退出服务系统，且在相同等级的列车间遵循先到先服务规则。

根据该模型计算的期望等待时间即是时刻表规划过程中所产生的计划等待时间。

（三）$M(t)/SM/1/\infty/\infty/PR$ 排队系统计划等待时间的计算

列车运行图（时刻表）的编制通常是在一定的优先级规则下进行的，时刻表的规划时间段为$[0，24\,h]$，当有多条径路需求时，依据优先规则解决不同等级列车径路间的冲突会产生等待时间。可以根据实际运营需要，从不同角度设定优先级规则；冲突可能发生在低等级列车之间，也可能发生在低等级与高等级列车之间，或者高等级列车之间，但是不管何种情况大多都是低优先级列车避让等待高优先级的列车。

实际上前后相邻列车顺序的组合是一个随机混合矩阵，但为满足计算需要在本研究中假定

$$p_{ij} = p_j \tag{12.8}$$

对于 $M/SM/1/\infty$ 型的排队系统，Neuts，M.F.（1977）针对期望逗留时间 S 提出了一个闭合解的计算式：

$$ES = g_E \cdot (I - P + Q)^{-1} \cdot \alpha + \frac{1}{2(1-\rho)} \cdot [-2 \cdot \lambda \cdot (P_E \cdot \alpha)^2 + \lambda \cdot (P_E \cdot \alpha^2 - 2P_E \cdot B_0' \cdot (I - P + Q)^{-1}\alpha)] \tag{12.9}$$

在列车流非齐次泊松到达过程中，令

$$\lambda' = \frac{m(t)}{t} = \frac{\int_0^t \lambda(u)\mathrm{d}u}{t} \tag{12.10}$$

可近似推出：

$$ES = g_E \cdot (I - P + Q) \cdot \alpha + \frac{1}{2(1-\rho)} \cdot [-2\lambda'(P_E \cdot \alpha)^2 + \lambda' \cdot (P_E \cdot \alpha^2 - 2P_E \cdot B_0' \cdot (I - P + Q)^{-1})\alpha] \tag{12.11}$$

式 12.9 中 P_E 是 P 的随机左特征向量，满足

$$p_E = ((p_E)_i) = p_E \cdot P，且 \sum_{i=1}^{n}(p_E)_i = 1 \tag{12.12}$$

在假定式 12.9 的前提下，对 $\forall i$ 有：

$$(P_E)_i = p_i \tag{12.13}$$

成立；

由此式 12.9 可简化为：

$$ES = g_E\alpha + \frac{1}{2(1-\rho)} \cdot [-2 \cdot \lambda' \cdot (P_E \cdot \alpha)^2 + \lambda' \cdot (P_E \cdot \alpha^2 - 2P_E \cdot B_0' \cdot \alpha)] \tag{12.14}$$

且

$$\alpha = (\alpha_i) = (\sum_j p_{ij} \cdot h_{ij}) \tag{12.15}$$

EB 为接受服务时间的期望值，

则

$$EB = P_E \cdot \alpha \tag{12.16}$$

在考虑优先级排队规则的条件下，设只考虑前后相邻两列车 i 和 j，令 $\overline{w_j}(c_i)$ 为由于与列车路径 i 冲突，列车，j 因等待列车 i 而产生的等待时间，如果两列车处于同一优先级，则产生的计划等待时间为：

$$\overline{w_j}(c_i) = \begin{cases} c_i + h_{ij}, h_{ij} \leqslant c_i \prec h_{ji} \\ 0, \text{其他} \end{cases} \tag{12.17}$$

如果两列车处于不同优先级，列车 j 的优先级低于列车 i 的优先级，在这种情况下，虽然列车 j 先到达，仍要产生对列车 i 的等待，产生的计划等待时间计算式为：

$$\overline{w_j}(c_i) = \begin{cases} c_i + h_{ij}, -h_{ij} \leqslant c_i \prec h_{ji} \\ 0, \text{其他} \end{cases} \tag{12.18}$$

反之，如果列车 j 的优先级高于 i，则不会产生等待时间，即

$$\overline{w_j}(c_i) = 0 \tag{12.19}$$

将在这一过程中产生的系统服务时间定义为：

$$b_{ij} = \max_{c_i}(\overline{w_j}(c_i)) = h_{ij} + d_{ij} \tag{12.20}$$

Schwanhauber 将 d_{ij} 定义为服务时间的随机附加时间，且有：

$$d_{ij} = \begin{cases} +h_{ij}, \text{列车} i \text{的优先级高于列车} j \\ 0, \text{列车} i \text{与} j \text{处于相同优先级} \\ -h_{ij}, \text{列车} j \text{的优先级高于列车} i \end{cases} \tag{12.21}$$

由此将服务时间 d_{ij} 看作一随机变量，有

$$P(B = b_{ij}) = (P_E)_i \cdot p_{ij} \tag{12.22}$$

则

$$EB^2 = \sum_{i=1}^n \sum_{j=1}^n (P_E)_i \cdot (h_{ij} + d_{ij})^2 \tag{12.23}$$

至此在考虑优先级规则时半马尔可夫过程的属性已经消失。

利用式（12.17）和式（12.24），并借助 Pollaczek/Chintchin 对于 $M/GI/1/\infty$ 排队系统关于期望等待时间的求解算式：

$$EW = \frac{\lambda \cdot EB^2}{2(1 - \lambda \cdot EB)} \tag{12.24}$$

将式 12.4 应用于非齐次泊松到达的 $M(t)/SM/1/\infty/\infty/PR$ 排队系统中，经分析计算，计划等待时间为：

$$EW = \frac{\lambda' \cdot EB^2}{2(1 - \lambda' \cdot EB)}$$ （12.25）

式 12-25 中的 EW 即为所求的由于网络效应而产生的计划等待时间。

　　能力计算是铁路运行管理的核心和基础，其主要目的之一是识别关键设备的瓶颈制约。瓶颈的产生主要是由于有较多的列车径路需求而引起的，这种基于瓶颈识别的能力分析可以充分考虑那些影响能力确定的许多实际因素。通常在铺画运行图以及实际列车运行过程中，往往因铁路基础设施关键设备的瓶颈制约而产生等待时间，致使影响铁路列车运行秩序。本文根据 UIC 体系框架，分析基础设施时间占用，结合高速铁路市场客流需求时间特征分析，用解析的方法构建了 $M(t)/SM/1/\infty/\infty/PR$ 排队模型，探讨了计划等待时间的求解方法。但能力具有一定的动态性、不确定性，在解析算法的基础上，仿真仍然是一个必要手段。在无图条件下列车径路计划等待时间的仿真计算过程中，首先要随机生成相邻列车顺序的组合，即提出每个方向每个区间的列车类型组合比例，进行列车流的仿真分析，再根据路网基础设施的拓扑结构来仿真生成不同的列车运行时刻表，通过计算各个备选时刻表的排队时间的平均值来获得最终计划等待时间。

　　高速铁路是由点线组成的网络，计划等待时间是运行图规划阶段进行路网能力利用和管理的一个重要而实用的参数，可以通过计划等待时间识别关键设备的瓶颈制约，并可在时刻表编制阶段将它作为合理分布缓冲时间及冗余时间的依据，增强时刻表的稳定性。

　　本书只是研究了总体的计划等待时间，没有分别计算分析各等级中不同类型列车的计划等待时间；同时，还需深入分析高速铁路客流的时间分布规律，在此基础上确立非齐次泊松过程到达率 $\lambda(t)$ 的函数表达式。另一方面，现实中列车流的到达排队服务过程并不是一个完全随机过程，如何把握列车运行的有控随机特性，把握能力的动态性、不确定性，以及更好的突破排队模型的局限性尚有待深入研究。

第十三章　固定数量条件下动车组优化运用方案分析

　　动车组是将牵引动力装置（相当于机车）和载客装置（相当于客车车底）固定为一体成组运行的特殊车底。中国高速铁路动车组简称 CRH（China Railway High-Speed 的简称），是指时速 200 km 及以上的动力分散型电动车组，具有机车和客车车底双重性质的特点，其运用方式比较灵活。动车组的优化配置使用问题具有特殊性，从而值得深入研究动车组运用问题，以提高其效能。

　　按照《中长期铁路网规划》，在我国大规模规划、建设、运营高速铁路客运专线的形势下，相继引进国际动车组新技术及新装备，实现 CRH1、CRH2、CRH3 等各种车型的国产化，动车组是铁路客运装备的重要组成部分。关于动车组的运用研究，目前大多数的文献是针对客运专线动车底运用计划，诸如如何结合运行图进行良好的周转接续、动车组的运用及检修方式、动车组整备维修基地分布、修程及动车组周转接续时间标准、周转接续计划、列车运行计划变更时如何调整动车组运用计划、如何确定备用动车组的数量（备用率）、动车组保有量的确定等问题。

　　动车组生产或购置投资费用巨大，有必要研究在一定的动车组保有量的条件下，通过研究动车组的合理配置，实现既有动车组的充分利用，尽量避免空车调拨所产生的不必要的浪费以及避免资源闲置。目前很少有文献研究在固定数量动车组的条件下，各基地间的动车组运行数量的配置这一层面的问题，但本书认为这既是动车底运用计划编制的先期基础工作，也能够在运用计划编制完成后的实施过程中有效避免过多空车调拨。本书就此展开了相关研究探讨。

第一节　我国高速铁路客运专线运输组织模式

　　根据国内专家的研究和论证，我国高速铁路客运专线的运输组织模式将采取在高速线上高、中速列车共线运行，并以高速为主；高速列车以在客运专线（高速铁路）运行为主，适当下到普速线；中速列车跨线运行；普速列车仅在普速线上运行的形式。根据客专运输组织规定，运营速度 300 km/h 的客运专线，采用高、中速（200 km/h）混跑方式；运营速度 200 km/h 的线路，部分线路采用客货混跑模式。对于动车组高速列车而言，动车组列车的正常运行需要考虑曲线限速、道岔限速、线路维修或状态不良限速、桥梁限速、隧道限速等速度限制；因而按照我国客运专线（高速铁路）的运输组织模式，动车组下到普速线上运行时，必定会产生部分运能的损失；但另一方面，客运专线作为整体路网的一个组成子系统，决定了我国客运专线客流构成中必然存在一定量的跨线客流，为满足这部分跨线客流方便快捷的出行需求，也为充分发挥动车组效能，要求动车组列车在高速线上运行的同时，适当地要下线到具备其运营条件的普速线路运行，这几方面的现实需求构成了合理配置动车组的必要性问题。

第二节 动车组运用方式分析

我国既有铁路的客车车底使用方式是车底有固定配属，车底在配属段和折返段之间运行，车底运行区段固定。不同于既有铁路的客车车底使用方式，按照目前可查参考文献，大多将动车组的运用方式分为三类：固定使用方式，即与既有铁路车底运用方式一致，动车组只在固定区段内往返运行。这种方式便于动车组管理，但易造成资源浪费。不固定使用方式，即以客运专线（高速铁路）全线为统一系统，充分考虑动车组的维修问题使用效率问题。不固定动车组的使用区段可根据需要可在任何区段之间运行；不固定使用方式可充分利用动车组的运能，但运营管理相对固定方式要烦琐。半固定使用方式：部分动车组采用固定使用方式，部分动车组采用不固定使用方式。我国当前情况是，动车组存在不同的类型，其所运行的线路类型也有一定的区别，本书在进行问题分析时选用不固定动车组使用方式。

第三节 动车组运用的成本效益分析

一、动车组运用成本

（一）固定成本

动车组运用离不开乘务员，乘务员在日常生产运营过程中耗费成本主要取决于如下因素：

C_b——基本工作日每个乘务员平均在途作业成本，元/人·小时；

C_h——每个乘务员平均驻段休息成本，元/人·小时；

C_t——每个乘务员在基地与乘务员休息公寓间平均单向交通成本，元/人·小时；

N_C——乘务员人数，人；

J——研究范围内基地数量。

F_{jk}为动车组从基地 j 到基地 k 的运营过程中所消耗的固定成本，动车组的运用成本由乘务员的作业成本和驻段休息成本两部分组成，据此动车组日常生产运营过程中固定成本计算公式为：

$$F_{jk} = N_C(C_b + C_h + 2C_t) \qquad (13.1)$$

（二）可变成本

动车组运营过程中可变成本主要是由动能消耗所引起的，定义如下参数符号：

C_e——动车组运行过程中单位动力（供电）成本，元/kw·h·km；

P_e——平均每走行 1 km 的耗电量，kw/km；

M_t——总行走公里，km；

V_{jk}——动车给从基地 j 运行到基地 k 的可变成本。

则动车组运行消耗的可变成本计算公式为：

$$V_{jk} = C_e P_e M_T \qquad (13.2)$$

（三）动车组运用总成本

通过成本分析发现，动车组运用的总成本可由固定成本与可变成本的和来表示，计算公式即为：

$$F_{jk} + V_{jk} = N_c(C_b + 2(C_h + C_t)) + C_e P_e M_T \qquad (13.3)$$

二、动车组列车运行线效益

动车组列车运行线效益 U_{jk} 即指由于列车开行所带来的效益，根据本书分析的需要，可将运行线效益看作某列车的开行对运行秩序的贡献 ε_{jk}^1 和对经济社会的贡献 ε_{jk}^2 两部分组成,定义如下参变量符号：

ε_{jk}^1 ——从基地 j 到基地 k 开行动车组列车对运行秩序的贡献量；

ε_{jk}^2 ——从基地 j 到基地 k 开行动车组列车所产生的经济社会效益量；

U_{jk} ——从基地 j 到基地 k 开行动车组列车所产生的运行线效益。

则

$$U_{jk} = \varepsilon_{jk}^1 + \varepsilon_{jk}^2$$

令　R_{jk} ——从基 j 到基地 k 开行的动车组列车的等级系数；

d_{jk} ——动车组列车从基地 j 到基地 k 的运行过程中受晚点影响的程度，与累计晚点时间（ d_1 ）、增晚时间（ d_2 ）及动车组周转接续时间（ d_3 ）有关，令 d_a 为可接受的最大晚点时间，则

$$d_{jk} = \begin{cases} 0, 0<d<d_a \\ a_0 d_1 + a_1 d_2 + a_2 d_3, (d>d_a) \end{cases}$$

则

$$\varepsilon_{jk}^1 = R_{jk}(1 - d_{jk})$$

令　u_{jk} ——理想条件下（即动车组列车等级与线路完全匹配，动车组座席利用率 100%）从基地 j 到 k 开行动车组列车所产生的理想社会经济效益基数；

e_{jk} ——从基地 j 到 k 开行动车组列车时，和动车组列车等级与线路匹配情况及座席利用率有关的社会经济效益基数；

δ_{ijk}^t —— t 时段第 i 天从基地 j 到 k 开行动车组列车的座席利用率；

θ_{ijk}^t —— t 时段第 i 天从基地 j 到 k 开行动车组列车与线路匹配系数。

令 $\theta_{ijk}^t = \begin{cases} 1, & \text{动车组列车线路等级匹配良好} \\ 1-\gamma, & \gamma \text{为动车组与线路不匹配情况下能力损失系数} \end{cases}$

则

$$\varepsilon_{jk}^2 = u_{jk} e_{jk} = u_{jk}(\beta_0 \delta_{ijk}^t + \beta_1 \theta_{ijk}^t)$$

其中 β_0, β_1 为相应权系数。

所以动车组列车从基地 j 到基地 k 的运行过程中所产生的运行线效益计算公式为：

$$U_{jk} = \varepsilon_{jk}^1 + \varepsilon_{jk}^2 = R_{jk}(1 - d_{jk}) + u_{jk}(\beta_0 \delta_{ijk}^t + \beta_1 \theta_{ijk}^t) \qquad (13.4)$$

三、动车组运用成本效益

由前两节的分析可知，动车组列车从基地 j 到基地 k 的开行，所产生的总成本效益可表示为：

$$F_{jk} + V_{jk} - U_{jk} = N_c(c_b + 2(c_h + c_t)) + C_f P_f M_t - (R_{jk}(1 - d_{jk}) + u_{jk}(\beta_0 \delta_{ijk}^t + \beta_1 \theta_{ijk}^t)) \qquad (13.5)$$

第四节　优化动车组运用效能的混合整数规划建模分析

一、模型构建的假设前提

模型构建的假设前提认为：（1）固定供给情况下，即动车组的数量一定；（2）各动车基地间 OD 需求变动趋势可预见；（3）根据客流波动情况，从不同时段考虑，如平日，节假日，其中平日定义为以一个普通周内的 7 天为一周期；（4）动车组采用不固定使用方式；（5）动车组的使用权、归属权采用全路集中管理模式；（6）针对远期较大规模的客运专线（高速铁路）成网条件下动车组的运用调拨，考虑高速动车组下线运行。

二、模型构建

（一）参变量说明

i——各时段中第几天的标志；

t——时段标志，$t = \begin{cases} 1, \text{平日（一般情况下认为是含一个普通周的7天，即} i = 1,2,\cdots,7) \\ 2, \text{节日（春节，清明节，五一，十一等，另} h \text{为某个节假日的天数，则} i = 1,2,\cdots,h) \end{cases}$

b_{ijk}^t——0-1 标识变量，$b_{ijk}^t = \begin{cases} 1, \ t \text{时段第} i \text{天开行从基地} j \text{到基地} k \text{的动车组列车} \\ 0, \ \text{其他} \end{cases}$

x_{ijk}^t——t 时段第 i 天从基地 j 到基地 k 开行动车组列车的数量，$x_{ijk}^t \in \{0,1,2,3,\cdots\}$；

D_{ijk}^t——t 时段第 i 天需要基地 j 开行的动车组数量；

y_{ijk}^t——t 时段第 i 天开始时基地 j 可用的动车组数量，$y_{ijk}^t \in \{0,1,2,3,\cdots\}$；

S——总的动车组数量（保有量）。

（二）目标函数

本书的目的在于，在固定数量条件下，实现动车组合理配置，尽量减少动车组的空车调拨，避免空车调拨，提高动车组的运用效能。依据上述的成本效益分析，具体体现在模型目标函数中就是从平日、假日两种时段对所有动车组基地统筹考虑，使动车组列车固定运营成本、可变运营成本的加和与动车组运行线效益的差值最小化，由此构建目标函数为：

$$\min Z = \sum_{t=1}^{2}\sum_{j=1}^{J}\sum_{k=1}^{j}(F_{jk}b_{ijk}^{t} + V_{jk}x_{ijk}^{t} - (R_{jk}(1-d_{jk}) + u_{jk}(\beta_{0}\theta_{ijk}^{t} + \beta_{1}\delta_{ijk}^{t})))$$ （13.6）

目标函数的意义在于通过优化动车组的合理配置，实现最小化成本支出，最大化运行线效益；在运行线效益的计算中引入了动车组列车与线路的匹配系数这一参数。

（三）约束条件分析

现实中目标函数的实现要考虑如下一系列的约束条件：

$$D_{ij}^{t} \leqslant y_{ij}^{t} \quad 1\leqslant j\leqslant J; t=1时,1\leqslant i\leqslant 7; t=2时,1\leqslant i\leqslant h$$ （13.7）

约束条件 13.7 保证各时段每一天中需要开行的动车组数量不能大于可用动车组数量。

$$\sum_{\substack{n=1\\n\neq j}}^{J} x_{ijn}^{t} \leqslant y_{ij}^{t} \quad 1\leqslant j\leqslant J; t=1时,1\leqslant i\leqslant 7; t=2时,1\leqslant i\leqslant h$$ （13.8）

约束条件 13.8 保证各时段每天中从基地 j 发出的动车组不能大于基地 j 中可用动车组数量；

$$y_{ij}^{t} + \sum_{\substack{m=1\\m\neq j}}^{J} x_{imj}^{t}a_{imj}^{t} - \sum_{\substack{n=1\\n\neq j}}^{J} x_{ijn}^{t} = y_{i+1,j}^{t} \quad 1\leqslant j\leqslant J; t=1时,1\leqslant i\leqslant 6; t=2时,1\leqslant i\leqslant h-1$$ （13.9）

式 13.9 中 a_{imj}^{t} 为 t 时段第 i 天基地 j 接入的动车组状态良好（即可直接继续运用而不必进入维修状态）的占动车组数量的百分比。

约束条件 13.9 中保证平日时段内基地 j 当前天开始可用的动车组数量加上接入的可用动车数与发出的动车组之差等于第二天开始时基地 j 可用的动车组数量；

$$y_{7j}^{1} + \sum_{\substack{m=1\\m\neq j}}^{J} x_{7mj}^{1}a_{7mj}^{1} - \sum_{\substack{n=1\\n\neq j}}^{J} x_{7jn}^{1} = y_{1,j}^{1}$$ （13.9a）

约束条件（13.9a）限定正常情况下平日的最后一天基地 j 中可用动车组数量等于平日第一天可用动车组数量；

$$y_{hj}^{2} + \sum_{\substack{m=1\\m\neq j}}^{J} x_{hmj}^{2}a_{hmj}^{2} - \sum_{\substack{n=1\\n\neq j}}^{J} x_{hjn}^{2} = \sum y_{ij}^{1}b_{h\to i}$$ （13.9b）

式中

$$b_{h\to 1} = \begin{cases} 1, & \text{最后一天假日的第二天是平日的第} i \text{天} \\ 0, & \text{其他} \end{cases}$$

约束条件（13.9b）要求满足假日与平日间的动车组数量转换，限定假日的最后一天基地 j 的起始可用动车组数加上接入可用动车组数与发出动车组数之差等于下一天对应平日的可用动车组数；

$$\sum b_{h\to i}(y_{ij}^{1} + \sum_{\substack{m=1\\m\neq j}}^{J} x_{imj}^{t}a_{imj}^{t} - \sum_{\substack{n=1\\n\neq j}}^{J} x_{ijn}^{1}) = y_{1,j}^{2}$$ （13.9c）

式中

$$b_{i \to 1}=\begin{cases}1, & 第i天平日的第二天是假日\\0, & 其他\end{cases}$$

约束条件（13.9c）实现平日与假日间的动车组数量转换，在平日的第二天为假日的情况下，满足动车组数量关系；

$$x_{ijk}^t \leq A b_{ijk}^t \qquad (13.10)$$

式中 A 为一常参数，表示根据乘务规则限定，出于安全考虑，t 时段第 i 天从基地 j 到 k 可开行动车组数量的上限。

约束条件 13.10 出于安全考虑，限定各时段每一天基地 j 开往基地 k 的动车组数量不能使乘务员超劳；

$$\sum_{j=1}^{J} y_{ij}^t \leq S \qquad (13.11)$$

约束条件 13.11 限定各时段每天各基地可用动车组数量之和不能大于总的动车组保有量。

　　本书结合高速动车组的技术经济特性、动车组运用方式及我国客运专线的运输组织模式与客流构成特征，分析动车组运行过程中的固定成本、可变成本、运行线效益，分别提出了固定成本、可变成本及运行线效益各项相应的计算公式，并且在进行运行线效益分析时结合不同的动车组与线路匹配情况提出了能力损失系数这一参数；结合固定数量动车组条件下，采用不固定使用方式等一系列假设前提，构建了各基地间优化动车组合理配置的混合整数数学规划模型。本书的研究成果可为动车底运用计划编制的先期基础工作及实施过程提供一定的支持。

　　目前对于动车组运用的相关文献研究中，多是在假设各动车组没有区别的条件下进行的；本书虽然分析了不同的动车组与线路匹配所可能产生的能力损失系数这一参数，但对不同类型的动车组的优化配置问题尚有待逐步深入分析研究。

第十四章　以铁路为核心的货运服务供应链设计策略

第一节　铁路货物运输的 SWTO 分析

SWTO（strengths，weakness，threats，opportunity）是一种分析方法，用来确定企业自身的竞争优势（strength）、竞争劣势（weakness）、机会（opportunity）和威胁（threat），从而将企业战略与企业内部资源、外部环境有机地结合起来。

一、铁路货物运输的 S（strength）分析

铁路在综合交通运输行业中占主导地位，并且铁路运输具有低能耗，低污染的特性，是绿色物流的载体，以及占地少，运量大，成本低，受气候影响小等优势。我国铁路运输模式正发生重大突破，从"大重量、高密度、中速度"向"快速度、大重量、高密度"转变。

二、铁路货物运输的 W（weakness）分析

铁路车辆沿固定轨道线路运行，比不上汽车灵活，比不上轮船价格低廉，比不上飞机速度快，因此仅仅依靠铁路自身实现绝大多数货物品类的"门到门"的运输服务是不切合实际的。另一方面，铁路基础设施建设投资成本高，回收周期较长，在一定程度上不利于吸收民间社会资本参与铁路的建设与运营。

三、铁路货物运输的 T（threat）分析

铁路建设重线路、轻节点，在铁路干线发展迅速的同时，相应的物流节点如物流园区（中心、基地）的建设相对滞后，线路和节点缺乏协调，这都影响了铁路物流网络的作用发挥，进一步导致自身内部资源利用率低下，未能有效整合利用外部资源以实现优势互补，致使铁路货运量/周转量市场份额呈下滑趋势。统计数据显示，2013 年 1~9 月份，全国铁路货运量累计 29.24 亿 t，较上年同期增长 0.4%，全国铁路货物周转量累计 21501 亿 t·km，较上年同期下降 0.9%。

四、铁路货物运输的 O（opportunity）分析

2013 年中国铁路改革大幕拉开，政企分开，并坚持企业化、市场化运作，推进现代企业制度建设，依托运输业开展物流等增值服务。铁路自身扩能改造（根据《铁路十二五发展规划》，到 2015 年，全国铁路营业里程达到 12 万 km 左右，复线率和电化率分别达到 50% 和 60%

左右）；客货分线，货运能力不断得到释放。应对资源与环境的压力，国家提出节能减排，发展绿色物流、低碳交通的战略。实施大部制下的一体化交通，以建立结构合理的综合交通运输网络为重点（根据《十二五综合运输体系规划》，"十二五"期间将初步形成以"五纵五横"为主骨架的综合交通运输网络，总里程达 490 万 km），为多式联运创造了条件。

第二节　铁路货运产品层次划分及服务目标定位

21 世纪的商机存在于供应链与供应链间的竞争，物流是供应链的一个组成部分（美国物流管理协会），供应链管理环境下物流环境的特征见表 14.1。

表 14.1　供应链管理环境下物流环境的特征

竞争要求	竞争特性	物流需求策略
顾客化产品的开发、制造和交货	敏捷性	通过畅通的运输渠道，快捷送货
资源动态重组能力	合作性	通过信息网络获得
物流系统对变化的实时响应能力	柔性	多种形式的运输网络，多点信息获取途径
顾客服务能力	满意度	多样化产品，亲和服务，可靠的质量

在行业产业链上，铁路运输业的下游包括物流，都需要以满足市场需求为导向，铁路货运产品的设计应基于供应链管理环境下的物流特征，本书将货运产品划分为核心产品、基本产品、期望产品和扩展产品几个层次，如图 14.1 所示。

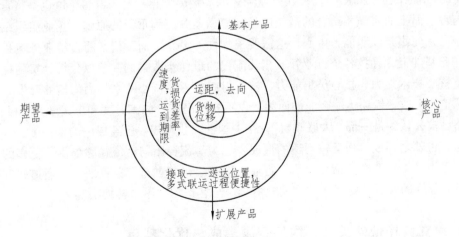

图 14.1　铁路货运产品层次划分

应对新形势下的机遇与挑战，铁路货物运输要保持并冀望扩大市场份额，就必须在保证提供核心产品、基本产品的基础上，尽可能的开发期望产品与扩展产品，提高核心竞争力。以市场需求为导向，各层次货运产品的市场服务目标定位见表 14.2。作为物流的关键组成部分，各层次铁路货运产品的服务目标的实现须借助供应链管理的相关理念加以运作实施。

表 14.2　各层次货运产品的服务目标定位

铁路货运产品层次	产品属性	服务目标定位
核心产品	货物位移	准确实现货物从起点到终点的空间位移
基本产品	运距	完成运距
	去向	去向正确
期望产品	货损货差率	货损货差率为零
	送达速度	送达速度快
	运到期限	运到期限短
扩展产品	接取——送达位置	"门到门"运输
	多式联运的便捷性	一体化服务

第三节　以铁路为核心的货运服务供应链构建的实现途径与方案构想

一、业务流程重组与通道式管理，自上而下改革与自下而上实施相结合。

交通运输服务的开展离不开政策导向，规划建设，技术支持与运营协调。中国铁路要彻底的进行行业管理体制改革，建立现代企业管理制度，第一个步骤就是业务流程重组（Business Process Reengineering，BPR），使反映企业绩效的关键因素得到显著改善，这也是将自上而下的改革与自下而上的实施相结合的最佳途径。遵循业务流程重组的原则，企业组织结构应以流程为中心，而不是以职能为中心，这需要根本性的革新，而不仅是将传统业务流程的计算机化。在此基础上，寻找各个行业领域相关流程的最佳实践案例并予以分析，实施标杆法管理，注重核心技术能力、核心员工能力、核心组织能力、核心关系能力的培养开发，以优质的服务从整体上改善铁路运输企业的面貌，以不断提高客户的满意度和忠诚度为终极目标。

铁路已被公认为是一部"大联动机"，在中国铁路物理规模已经成网的条件下，各个方向的运输通道也随之形成。而运输通道的形成，也为车流径路与客流径路提供了更多的比选余地，进而也为激发铁路企业活力，引入行业内部竞争机制创造了条件。这种通道式管理也必将能够最大程度的实现铁路货运的"无缝衔接"与客运的"零中转换乘"。

二、建立合作伙伴关系，内外资源集成与优化利用

受限于车辆只能沿固定轨道运行等铁路运输业的作业属性及铁路路网的连通性，以全方位满足客户需求为根本出发点，期望产品与扩展产品的市场服务目标的实现需要建立合作伙伴关系，进行内外资源的集成与优化利用，在保证整车、集装箱运输份额的基础上，提供小件集成运输，提高小批量零担运输的服务效率与市场吸引力，并将远期发展目标定位为第三方物流、第四方物流。

（一）基于合作伙伴关系的铁路货运产品服务目标实现途径的构想

以合作伙伴为平台基础，"门到门"运输与一体化服务的设想方案为：客户可以选择铁路服务窗口为切入点，也可以选择任一个与铁路有合作伙伴关系的单位的服务窗口为切入点，只需在服务窗口办理一次货物托运手续，便可以实现铁路货物运输服务的上门承运并交付到门，在货物运输整个服务通道上以及其两端实现"一站式"服务。

货损货差率为零的目标的实现，一方面可以通过给予客户对运输货物包装的物流专业性的建议协助指导包装，或借助合作伙伴提供物流包装服务，严把包装质量关，并特别要求员工装卸车时轻拿轻放、认真负责的服务态度；另一方面利用 Internet/Intranet、EDI、RFID 等信息技术追踪货物运输的全过程。

送达速度快和运到期限短的服务目标的实现，既决定于铁路运输自身的物理属性，也决定于多式联运中综合运输网络的衔接效率和物流服务水平，合作伙伴关系的建立是一个必要的保障，并取决于合作的广度和深度。

（二）合作伙伴关系管理

至于合作伙伴的选择，可以是社会上业已成功运行的物流企业公司，或整合铁路车站周边的货物集散点，或以铁路货物车站为中心建设物流园区，也可以继续发展建设更为专业化的货运代理服务等方式。参考供应链管理思想，以铁路货物运输企业为核心，合作伙伴间信息共享、服务支持、优势互补、以正和博弈为共同目标，充分利用委托-代理机制和信息技术，操作上将货物承运单据分解为内部订单和外协订单，实施成本-收益管理。

基于竞争力和增值率考虑合作伙伴关系的定位，近期、中期主要结成竞争性/技术性合作伙伴关系，并开发培育核心关系，远期建立战略性合作伙伴关系。

中国铁路改革的大幕已拉开，通过对铁路货物运输的 SWTO 分析，可以看到中国铁路货物运输的优势、劣势及发展所面临的机遇和挑战。本章以满足市场需求为目标，根据运输与物流的关系，结合供应链管理环境下的物流环境特征，将铁路货物运输产品划分为核心产品、基本产品、期望产品、扩展产品并指出产品属性、各层次产品的市场服务目标定位；围绕货损货差率为零、送达速度快、运到期限短、"门到门"运输、一体化服务等目标，从业务流程重组、通道式管理、建立合作伙伴关系几方面详尽分析了中国铁路货运产品服务目标的实现途径与方案构想。关于铁路货物运输服务发展策略的分析，旨在以优质的产品服务从整体上改善中国铁路货物运输业，不断提高客户的满意度和忠诚度，以尽可能少的成本投入创造尽可能多的社会经济效益产出，实现系统最优与用户最优的最佳平衡。

第十五章　基于行业属性的铁路经营管理方略初探

第一节　中国铁路行业经营管理现状

自 1997 年以来几次大范围的既有铁路提速改造及高速铁路的规划、建设、运营后，中国铁路的硬件设施已初具规模，2013 年中国铁路的经营管理经历了"大部制"改革——撤销铁道部，成立国家铁路局和中国铁路总公司，打破铁路系统"政企合一"的格局，其中国家铁路局并入交通运输部。中国铁路总公司以铁路客货运输服务为主业，实行多元化经营；负责铁路运输统一调度指挥，负责国家铁路客货运输经营管理，承担国家规定的公益性运输，保证关系国计民生的重点运输和特运、专运、抢险救灾运输等任务顺利实施；负责拟订铁路投资建设计划，提出国家铁路网建设和筹资方案建议；负责建设项目前期工作，管理建设项目；负责国家铁路运输安全，承担铁路安全生产主体责任。国家铁路局的主要职责有：起草铁路监督管理的法律法规、规章草案，参与研究铁路发展规划、政策和体制改革工作，组织拟订铁路技术标准并监督实施；负责铁路安全生产监督管理，制定铁路运输安全、工程质量安全和设备质量安全监督管理办法并组织实施，以及组织实施依法设定的行政许可；组织或参与铁路生产安全事故调查处理；负责拟订规范铁路运输和工程建设市场秩序政策措施并组织实施，监督铁路运输服务质量和铁路企业承担国家规定的公益性运输任务情况；负责组织监测分析铁路运行情况，开展铁路行业统计工作；负责开展铁路的政府间有关国际交流与合作等。

第二节　中国铁路的行业属性分析

各种行业都具有一定共性，但由于所处的环境不同，因此不可避免的呈现出各种各样的特性。铁路作为交通运输方式的一种，其共性在于以完成人或物的位移作为其存在的意义。就中国铁路而言，按服务的对象，中国铁路的行业属性划分为旅客运输、货物运输、行包运输、危货运输、冷藏运输等；按服务承担的主体，中国铁路的行业属性划分为机车、货车车辆、客车车辆、动车组等各种移动设备，以及车站、线路、桥梁、隧道等各种固定设备；按服务方式及服务等级优劣划分，中国铁路的行业属性划分为高速铁路、既有传统铁路、集装箱运输、国际联运等。

中国铁路各种属性与功能已经日益完备，但完成人或物的位移只是铁路行业的直接目标，而其最终的或者说根本的目标在于充分发挥各种属性效能，以尽可能少的成本投入创造出尽可能多的效益利润，实现系统最优与用户最优的最佳平衡。

第三节　"政企合一"与"政企分开"的利弊权衡

长期以来，中国铁路业界呼声最高的莫过于施行"政企分开"的改革方案，但是理性的决策绝不是一个简单的"拆分"或者"合并"的形式上的问题。铁路系统经营管理的主旨在于既需要切实可行的行业规范标准，又需要不遗余力的激发各运输企业作为市场主体的活力。

当下的中国，任何一个国有企业都扮演着双重角色：一方面扮演党领导的政府权力机关的角色，履行政府职能权利；另一方面扮演企业的角色，操纵着整个行业的具体运作。更为形象的表述，就是中国的大部分国有企业既是一部舞台剧的"导演"，也是在舞台上表演的"演员"，而且不必担心没人"看戏"。为什么？归根结底，就是政府与企业间的权利与职责的划分失衡。

无论是"政企合一"还是"政企分开"都是极端，也就是掌管着国民经济动脉的中国的国企不可能与政府绝对的分开，实践也证实了中国的国企与政府合二为一也是弊大于利的。任何一个行业的健康发展不外乎需要政策导向、规划建设、技术支持、运营协调这样的几个环节及各个环节间的关系梳理，政府的主要职能应该定位于政策导向与规划建设这两个环节，相当于宪法系统的"立法"与"司法"，而企业的主要职能应该定位于技术支持与运营协调这样两个环节，相当于宪法系统的"行政"。只要解决好了"立法""司法"与"行政"的问题，"政企合一"还是"政企分开"的问题也就迎刃而解了；抛开"立法""司法"与"行政"的问题，对"政企分开"还是"政企合一"的任何讨论都是不负责任的，也是没有意义的。

第四节　中国铁路经营管理方略的提出

当下出于各种目的所提出的各种中国铁路改革方案，绝大部分都只是着眼于自己所处的领域（譬如货运、客运或者运输组织调度指挥）的片面的看法（或是提出"横切""纵切"分割铁道部管辖的全部铁路局、或是效仿国外提出所谓"网运分离"），但未见有能够统筹全局的切实可行的改革方案。

中国的国土面积特征、人口与资源分布及由人均收入决定的居民的支付意愿上看，铁路在很长一段时期内仍将是主要的首选出行方式，随着铁路的建设项目日益增多，中国的物理规模和服务范围将会日益庞大。基于此，中国铁路有必要作为一个独立的行业存在，但存在的方式也有必要改变，当然，这是一个"仁者见仁，智者见智"的问题。

一、政府的"立法""司法"与企业的"行政"权责界定

为了改变当下中国以铁路局为主体的铁路"企业"的弊病，首要的就是清晰界定政府的"立法""司法"角色与真正意义上的企业的"行政"的角色。

（1）中国铁路企业"立法"部门的主要权责与存在形式。

中国铁路企业的"立法"部门主要涉及政策导向与规划建设的范畴，具体权责应包括拟

定铁路发展建设规划的中、长期战略与主要技术、经济政策，审核主要运行方案，拟定并审批货运的运价、客运的票价及各种运、杂费等。

（2）中国铁路企业"司法"部门的主要权责与存在形式。

中国铁路企业的"司法"部门主要是涉及政策导向与行业监督范畴，具体权责包括下级各行政企业对于上级"立法"部门的方针政策的贯彻执行，考察行政部门的"执行力"并反馈于上级"立法"部门；此外，还应承担对各行政企业的成本支出与运营收入的清分与清算并给予公开，进而作为考核各行政部门的经营状况的主要指标。

（3）中国铁路企业"行政"部门的主要权责与存在形式。

铁路企业的"行政"部门主要是涉及技术支持与运营协调的范畴，要实现真正意义的"企业化"管理，需要施行"现代企业制度"，即在上级"立法"部门赋予一定的自主经营权的条件基础上，实行"职业经理人 CEO"的经营管理模式，以此摆脱国有企业所有人"缺位"的弊端，并且 CEO 要对铁路企业"行政"部门的盈亏肩负直接主要的责任，这也是中国铁路企业改革的一项根本关键措施。

二、基于行业属性的中国铁路"行政"部门管辖方式探讨——通道式管理与运能考评指标

中国铁路已被公认为是一部"大联动机"，但与之相矛盾的是当下现行的铁路局管理方式与各种被提出的改革方案都没有摆脱"割裂各个环节"的衔接关系的弊端，即尚不能够有效实现货运的"无缝衔接"与客运的"零中转换乘"，经营管理存在僵化问题，致使无法充分发挥铁路各种固定设备与移动设备的效能。

在中国铁路规模已经成网的条件下，各种运输通道也即随之形成；而运输通道的形成，也为车流径路与客流径路提供了更多的比选余地，进而也为激发铁路企业活力和引入竞争机制创造了条件。与此同时，这种通道式管理也必将能够最大程度的实现货运的"无缝衔接"与客运的"零中转换乘"。

任何企业想要生存与发展必须注重效率与效益，随着高速铁路的建设运营及既有铁路相继提速改造，中国的铁路企业已经在很大程度上摆脱已往脏、乱、差的面貌，基本具备了实行现代化管理的条件。就运能管理方面而言，传统的扣除系数法及其改进方法不能够完全适应新条件下的中国铁路网，需要运用切实可行的铁路能力评价指标与评价方法，实现铁路运力资源的优化配置，引入标尺竞争，激发铁路运输企业经营管理的活力。

参考文献

[1] 刘作义，赵瑜. 运输市场营销学[M]. 北京：中国铁道出版社，2010.

[2] 杜文. 旅客运输组织[M]. 北京：中国铁道出版社，2012.

[3] 王欢. 基于博弈论的铁路客运产品优化设计[D]. 北京交通大学，2012.

[4] 张明辉. 客货分线条件下铁路客运产品优化设计[D]. 兰州交通大学，2012.

[5] 齐致源. 呼和浩特铁路局客运市场制约条件分析[J]. 内蒙古科技与经济，2014，8：61-61.

[6] 刘卫果. 客运交通方式与体系的关系及其发展[J]. 北方交通大学学报，1998，22（3）：77-81.

[7] 杜春江. 哈尔滨铁路局旅客运输市场调查分析[J]. 中国铁路，2007，11：52-56.

[8] 南敬林. 旅客旅行舒适度的需求分析[J]. 铁道运输与经济，2005，27（6）：79-81.

[9] 陈章明，戚晓峰. 铁路旅客出行行为特性研究[J]. 铁道运输与经济，2008，30（11）：23-25.

[10] 贾俊芳. 基于竞争的高速铁路客运需求量预测[J]. 北京交通大学学报，2013，37（6）：72-77.

[11] 彭其渊. 客运专线运输组织[D]. 北京：科学出版社，2007.

[12] 李明生. 关于铁路客运产品质量的研究[J]. 中国铁路，2005，9：45-48.

[13] 马令. 铁路客运产品结构及供给水平变化分析[J]. 中国铁路，2011，7：45-48.

[14] 王琳颖. 我国铁路客运供给能力分析与市场竞争力研究[D]. 北京交通大学，2010.

[15] 刘延平，张力. 关于我国铁路客运公司组建模式的新构想[J]. 铁道经济研究，2001，5：14-15.

[16] 刘意. 整体路网条件下铁路客运产品开发研究[D]. 西南交通大学，2009.

[17] 景晓志. 客运专线中转换乘与直达模式合理组配研究[D]. 北京交通大学，2009.

[18] 余晓珂. 高速铁路旅客列车开行模式研究[D]. 西南交通大学，2013.

[19] Thomas Linder.Train schedule optimization in public rail transportation[D].Braunschweig：Technical University Braunschweig，2000，7：33-64.

[20] 颜颖，韩宝明. 高速铁路周期化列车开行方案研究[J]. 铁道运输与经济，2011，33（11）：35-39.

[21] 聂磊，客运专线运输组织技术[M]. 北京：北京交通大学出版社，2009.

[22] 金宏伟. 基于人机交互的客运专线节拍式列车开行方案编制方法研究[D]. 北京交通大学，2012.

[23] 徐行方. 公交化列车的概念及其开行条件[J]. 铁道运输与经济，2000，22（10）：21-23.

[24] 徐行方. 城际列车的概念及其开行条件[J]. 同济大学学报，2003，31（4）：432-436.

[25] 冯启富. 关于京津城际轨道交通"公交化"的研究[J]，铁道经济研究，2006，3：28-31.

[26] 方华. 高速铁路公交化运营条件下客运站设备配置研究[D]. 西南交通大学，2009.

[27] 曾蓉娣. 城际客运专线公交化运输组织相关问题研究[D]. 西南交通大学，2013.

[28] 鲍陈希. 区域公交化旅客运输组织相关问题研究[D]. 北京交通大学，2011.

[29] 陈慧. 客运专线跨线运输衔接相关问题研究[D]. 北京交通大学，2007.

[30] 韩宝明. 高速铁路概论[M]. 北京：中国铁道出版社，2006.

[31] 李海鹰，张超. 铁路站场及枢纽[M]. 北京：中国铁道出版社，2011.

[32] Landex，A.& Schittenhelm，B.Measurements of Railway Capacity Utilization[J]. Transportmetrica，2008.

[33] 曲川，王福田. 基于铁路提速调图的客运产品设计[J]. 北京交通大学学报，2005，29（6）：32-37.

[34] 曾琼. 铁路旅客运输核心竞争力研究[J]. 中国铁路，2009（2）：13-15.

[35] 王欢. 基于博弈论的铁路客运产品优化设计[D]. 北京交通大学，2012.

[36] 秦璐. 试论提高铁路运输产品的竞争力[J]. 综合运输，1999（12）：27-30.

[37] 廖弘. 优化客运产品设计，提高铁路运输效益[J]. 铁道运输与经济，2003，25（3）：35-36.

[38] 王苏男. 旅客运输[M]. 北京：中国铁道出版社，1998.

[39] 强丽霞，刘军. 高速铁路客运产品设计方法及策略研究[J]. 铁道运输与经济，2013，35（9）：18-23.

[40] Gossens.J.H.M.，van Hesel，C.P.M.，Kroon，L.G.On solving multi-type railway line planning problems.European Journal of Operational Research，2005（168）：403-424.

[41] 郭根材，聂磊. 基于欧洲列车时刻表的高速铁路列车衔接方案探讨[J]. 北京交通大学学报，2012，36（6）：21-26.

[42] 张嘉敏. 高速铁路能力计算与评估之理论与方法研究[D]. 北京交通大学，2012.

[43] 付慧伶. 高速铁路列车开行方案编制理论与方法研究[D]. 北京交通大学，2010.

[44] Bratman ME.，Intentions，Plans，and Practical Reason[M].Harvard University Press，1987

[45] A.S.Rao，M.P.Georgeff. Modelling rational agents within a BDI-architecture[C].Proceedings of KR&R-91 Morgan Kaufmann Publishers，San Mateo，CA，1991.

[46] Genesereth M.R，Ketchpel SR. Software Agents[C]. Communications of the ACM，1994，37（7）：48-53.

[47] Goossens J，Hoesel S V，Kroon L. On solving multi-type railway line planning problems[J]. European Journal of Operational Research，2006，168（2）：403-424.

[48] M.T.Claessens，N.M.van Dijk；P.J.Zwaneveld.Cost optimal allocation of rail passenger lines[J].European Journal of Operational Research，1998，110：474-489.

[49] 汪波，杨浩. 基于周期运行图的京津城际铁路列车开行方案研究[J]. 铁道学报，2007. 29（2）：8-13.

[50] 徐行方，向劲松. 区域性城际列车开行方案的研究[J]. 同济大学学报（自然科学版），2008，36（5）：620-624.

[51] 李明生. 城际铁路客运市场开发及列车规划研究[M]. 中国铁道出版社，2010.

[52] 刘义全. 成渝城际列车开行方案研究[D]. 西南交通大学，2004.

[53] 蒋丽华. 城际铁路公交化运输组织相关问题的探讨[D]. 西南交通大学，2009.

[54] 周熙霖. 城际铁路跨线客流运输组织模式研究[J]. 铁道运输与经济，2013，35（7）：55-59.

[55] Alex Landex. Methods to estimate railway capacity and passenger delay[D].Technical

University of Denmark，2008.

[56] Cherng-Chwan HWANG，etc. A simulation model for estimating knock-on delay of Taiwan regional Railway，Journal of the Eastern Asia Society for Transportation Studies，2010，11（8）：2-18.

[57] Schöbel A.A model for the delay management problem based on mixed-integer-programming.[J]. Electronic Notes in Theoretical Computer Science，2001，50（1）：1-10.

[58] Andreas Ginkel.To Wait or Not to Wait? The Bicriteria Delay Management Problem in Public Transportation，Transportation Science，Vol. 41，No. 4，November 2007，pp. 527-538.

[59] Twan Dollevoet. Delay Management and train dispatching in railways[D]. Erasmus University，2013.

[60] 张嘉敏，韩宝明. 基于 UIC406 的铁路能力消耗与能力使用分析[J]. 物流技术，2011，31-34.

[61] Nachtigall K. Periodic network optimization and fixed interval timetables[D]. Deutsches Zentrum für Luft–und Raumfahrt，Institut für Flugführung，Braunschweig，1998.

[62] U. P. WEN，Y. H. YANG. Algorithms for solving the mixed integer two-level linear programming problem[J]，Computers Opns Res，1990，17（2）133-142.

[63] 贾新花. 混合整数双层线性规划的性质与算法研究[D]. 山东科技大学，2011.

[64] 王宏刚. 基于遗传算法的高速铁路行车调整模型[J]. 中国铁道科学，2006，27（3）：96-100.

[65] 周磊山，秦作睿. 列车运行计划与调整的通用算法及其计算实现[J]. 铁道学报，1994，16（3）：56-65.

[66] 李平. 面向对象遗传算法及其在铁路行车指挥中的应用[D]. 铁道部科学研究院，2001.

[67] 查伟雄，陈治亚. 复线列车运行调整理论与方法研究[J]. 铁道学报，2000，22（1）：12-16.

[68] 金福才，胡思继. 基于最小列车秩序熵的列车运行调整算法研究[J]，铁道学报，2004，26（4）：1-4.

[69] 曹家明，单线铁路列车运行调整优化模型及算法[J]. 铁道学报，1994，16（3）：72-78.

[70] 叶峻青，李夏苗，繁忙单线铁路区段列车运行调整计划的优化[J]. 交通运输工程学报，2002，2（2）：120-122

[71] 赵强，严余松. 单线铁路列车运行调整计算机辅助决策系统研究[J]. 铁道学报，2000，22（4）：1-7

[72] 程宇，孔庆钤. 用计算机编制列车运行调整计划的研究[J]. 铁道学报. 1988. 1O（2）：41-49.

[73] 聂磊，高速铁路列车运行调整优化理论与方法研究[D]. 北京交通大学，1999.

[74] 许红，马建军. 客运专线运行图编制模型及计算方法研究[J]. 铁道学报，2007，29（2）：1-7

[75] 朴爱华，高速铁路运行组织优化问题的研究[D]. 北方交通大学，1996.

[76] 胡安洲，杨浩. 关于铁路运输问题的系列研究[J]. 铁道经济研究，1994，（1）：39-42.

[77] 刘仍奎，评价车站系统能力协调的新方法[J]. 北方交通大学学报，1994，18（4）：459-463.

[78] 张星臣. 铁路运营线路能力储备问题的研究[D]. 北京交通大学，1995.

[79] 徐瑞华. 铁路运输能力利用问题研究[D]. 北京交通大学，1995.

[80] 雷中林，铁路网系统运输能力可靠性研究[D]. 北京交通大学，2006.

[81] 刘澜，王南，杜文，车站咽喉通过能力网络优化模型及算法研究[J]. 铁道学报，2002，24（6）：1：5.

[82] 徐杰，杜文，区段站阶段计划自动编制模型和算法研究[J]. 中国铁道科学，2004，12：134-136.

[83] 史峰，谢楚农，于桂芳，铁路车站咽喉区进路排列优化方法[J]. 铁道学报，2004， 26（4）：5-11.

[84] 杜彦华，刘春煌，层次扩展模糊时间 Petri 网及车站通过能力评定[J]. 系统仿真学报，2005，10：178-183.

[85] 文东，客运专线车站通过能力研究[D]. 西南交通大学，2006.

[86] 赵明，移动自动闭塞系统基本理论研究[D]. 北方交通大学，1996.

[87] 刘英，移动自动闭塞条件下的能力利用分析[D]. 北方交通大学，1998.

[88] Malin Forsgren, Computation of capacity on railway networks, Master of Science Project Report, 2003.

[89] Schwanhäußer, W., The Status of German Railway Operations Management in Research and Practice[J]. Transportation Research Part A, vol.28, no.6, pp.495-500, 1994.

[90] O.Lindfeldt, Impact of Infrastructure, Timetable and Perturbations in Operation of Double-Track Railway Lines with Mixed Traffic, 12th WCTR, July 11-15, 2010-Lisbon, Portugal.

[91] Malin Forsgren, Computation of capacity on railway networks, Master of Science Project Report, 2003.

[92] Robert-Jan van Egmond. Railway Capacity Assessment, an Algebraic Approach. Number S99/2 in TRAIL Studies in Transportation Science, Delft University Press, Delft, the Nehterlands, July 1999.

[93] Kettner, M. & Sewcyk.B. Integrating microscopic and macroscopic models for railway network evaluation, Proceedings of the European Transport Conference, European Transport Conference, Strasbourg, France 2002.

[94] 中国铁道百科全书——通信与信号[M]. 北京：中国铁道出版社，2003.

[95] Leaflet UIC406-Capacity [M]. International Union of railways （UIC）, Paris, 2004, ISBN-7461-0862-X.

[96] Landex, A., kaas, A.H., Schittenhelm, B. & Schneider-Tilli, J., Evaluation of railway capacity[J], Proceedings of the Annual Transport Conference at Aalborg University, Denmark, 2006.

[97] Landex, A.& Schittenhelm, B., Measurements of Railway Capacity Utilization[J]. Transportmetrica, 2008.

[98] Burdett, Robert L. and Kozan, Erhan（2006）,Techniques for absolute capacity determination in railways, Transportation Research Part B：Methodological 40（8）：pp. 616-632.

[99] 中国铁道百科全书——运输与经济[M]. 北京：中国铁道出版社，2001.

[100] Alex Landex, Capacity Statement for Railways, Annual Transport Conference at Aalborg

University 2007.

[101] Harald Krueger，Parametric modeling in railway capacity planning，Proceedings of the 1999 Winter Simulation Conference，1194-1200.

[102] 刘海东，基于准移动闭塞方式的铁路区间信号布置模型及优化算法研究[D]. 北京交通大学，2010.

[103] 黄玲颖，客运专线客流节点聚类与换乘协调研究[D]. 北京交通大学，2008.

[104] 何华武，中国铁路既有线 200km/h 等级提速技术[M]. 北京：中国铁道出版社，2007.

[105] Peter van Reeven，State of the art in railway infrastructure capacity and access management，April 2002.

[106] 王素姣，客运专线列车运行控制系统[J]. 铁道标准设计，2007（8）：101-103.

[107] Sebastian Georg Klabes. Algorithmic railway capacity allocation in a competitive European railway market，PhD thesis，RWTH，Aachen，2010.

[108] 吴亮，高速客运专线的追踪间隔与控制模型计算[J]. 计算机应用，2007，27（11）：2643-2645.

[109] 刘海东，毛保华，不同闭塞方式下城轨列车追踪运行过程及仿真系统研究[J]. 铁道学报，2005，27（2）：120-125.

[110] 石先明，我国客运专线列车追踪间隔时分的研究[J]. 中国铁路，2005，5：32-38.

[111] 潘登，郑应平，铁路移动闭塞系统列车追踪运行的安全间隔[J]. 同济大学学报，2008，36（9）：1-6.

[112] M. Abril，an Assessment of Railway Capacity，Transportation Research Part E：Logistics and Transportation Review Volume 44，Issue 5，September 2008，Pages 774-806.

[113] 路飞，基于移动闭塞原理的地铁列车追踪运行控制研究[J]. 系统仿真学报，2005（08）.

[114] 纪嘉伦，杨肇夏，移动闭塞方式下列车运行组织及区间通过能力计算方法探讨[J]. 铁道学报，1992，（14）：38-46.

[115] 李本刚，CBTC 移动闭塞和准移动闭塞列车运行安全间隔时间的计算[J]. 铁路通信信号工程技术，2008，5（6）：8-14.

[116] 巴博，双线铁路列车运行图缓冲时间优化分配研究[D]. 西南交通大学，2008.

[117] 贾文峥，毛保华，刘海东，枢纽站列车作业缓冲时间研究[J]. 物流技术，2009，28（12）：98-102.

[118] 赵鹏，高速铁路运营组织[M]. 北京：中国铁道出版社，2009.

[119] Steven S. Harrod，Railway Capacity Management and Planning，Ph.D thesis，University of Cincinnati，2007.

[120] 徐行方，徐瑞华，高速客运专线列车运行组织相关问题的研究[J]. 同济大学学报，2003，31（5）：572-575.

[121] 孟令云，杨肇夏，基于列车运行线分布的客运专线列车运行图动态性能分析[J]. 中国铁道科学，2010，31（2）：90-95.

[122] 彭其渊，张羽成，列车运行图均衡性评价方法研究[J]. 西南交通大学学报，1998，33（4）：372-377.

[123] 杨帅华，郑武客运专线运输组织模式研究[D]. 西南交通大学，2007.

[124] A Landex， Planning the most suitable travel speed for high frequency railway lines， 1st International Seminar on Railway Operations，2005.

[125] 刘澜，客运专线列车速度——间隔控制机理与计算[J]. 西南交通大学学报，2006、41 （5）：576-582.

[126] Cherng-Chwan HWANG，etc，A simulation model for estimating knock-on delay of Taiwan regional Railway，Journal of the Eastern Asia Society for Transportation Studies，2010，11 （8）：2-18.

[127] Alex Landex，etc，network effects in railways [J].Annual Transport Conference at Aalborg University 2007.

[128] 荀径，宁滨，网络条件下列车追踪模型及延迟传播的研究[J]. 物理学报，2007，56（9）5159-5176.

[129] Michiel J.C.M. Vromans，Reliability and heterogeneity of railway services [J]. European Journal of Operational Research 172 （2006） 647-665.

[130] Lindfeldt，Railway operation analysis，Ph. D thesis，KTH，2010.

[131] Vromans, M.J.C.M., & Kroon, L. G. 2004. Stochastic Optimization of Railway Timetables，In：Proceedings Trail 8th Annual Congress.

[132] 第七届世界高速铁路大会论文集[M]. 北京：中国铁道出版社，2010.

[133] 杜文，文东，客运专线客运站通过能力仿真研究[J]. 西南交通大学学报，2006，10：549-553.

[134] Nie lei &Hanson，system analysis of train operation and occupancy at station [J]. EJTIR，5，no. 1（2005），pp. 31-54.

[135] Dan Max Burkolter，Capacity of Railways in Station Areas using Petri Nets[D]. Swiss Federal Institute of Technology Zurich，2005.

[136] 张英贵，铁路车站股道运用排序模型与算法[J]. 中国铁道科学，2010，31（2）：96-100.

[137] 贾文峥，毛保华，基于 Petri 网的车站股道分配方案瓶颈识别[J]. 交通运输系统工程与信息，2009，9（6）：1-6.

[138] De Kort，A.F.，Heidergott，B.，Van Egmond，R.J.，and Hooghiemstra，G.，Train Movement Analysis at Railway Stations：Procedures & Evaluation of Wakob's Approach，TRAIL Series in Transportation Science[J]. no. S99/1，Delft University Press，Delft，1999.

[139] Peter J. Zwaneveld, Leo G. Kroon, Stan P. M. van Hoesel，Routing trains through a railway station based on node packing model[J]. European Journal of Operational Research 128 （2001）14-33.

[140] Richard Lusby，Jesper Larsen，David Ryan，Matthias Ehrgott Routing Trains Through Railway Junctions：A New Set Packing Approach[J]. IMM TECHNICAL REPORT 2006-21.

[141] Xavier Delorme，Xavier Gandibleux，Joaquin Rodriguez，GRASP for set packing problems[J]，European Journal of Operational Research 153（2004）564-580.

[142] 陈应先，高速铁路线路与车站设计[M]. 北京：中国铁道出版社，2001.

[143] Y. Zhou. T. Murata. T Defanti. Modeling and Performance Analysis using Extended Fuzzy-timing Petri Nets for Networked Virtual Environments [J]. IEEE Transaction on

System，Man and Cybernetics-Part B：Cybernetics，2000，30（5）：737-756.

[144] Farlow，Kasie Geralyn，Max-Plus Algebra [D]. Virginia Polytechnic Institute and State University，2009.

[145] Martin Fuchsberger，Solving the train scheduling problem in a main station area via a resource constrained space-time integer multi-commodity flow[D]. ETH Zurich，2007.

[146] 张雅静，王鹤鸣，铁路行车调度[M]. 中国铁道出版社，2010.

[147] 黄超，王红林，客运专线通过能力计算探讨[J]. 铁道运输与经济，2008，（5）：24-26.

[148] 孙晚华，韩学雷，铁路运输生产力布局理论及应用[M]. 中国铁道出版社，2005.

[149] 姜兴，客运专线区间通过能力计算方法研究[D]. 西南交通大学，2008.

[150] 包维民，网运分离条件下的线路通过能力研究[D]. 西南交通大学，2002.

[151] 魏德勇，平均最小列车间隔通过能力计算法在武广客运专线的应用[J]，铁路工程学报，2004.

[152] Giovanni Longo，Giorgio Medeossi. New methods to increase capacity of railway networks[D]. Delft Technical University，2008.

[153] Tomas Zavodsky，Estimation of the track line capacity，railway transport and logistics 2007，2（3）：7-12.

[154] Robert Burdett，Erhan Kozan，Techniques for absolute capacity determination in railways，Proceedings of the Fifth Asia Pacific Industrial Engineering and Management Systems Conference，30.1.1-30.1.16，2004.

[155] 叶霞飞，顾保南，轨道交通线路设计[M]. 同济大学出版社，2010.

[156] 查伟雄，列车区间运行时分动态特性研究[J]. 系统工程，2001，19（1）：47-51.

[157] Joern Pachl，Railway Operation and Control，VTD Rail Publishing，2002.

[158] W. Sauer. RUT：Computer assisted Route Design. Eisenbahntechnische Rundschau，1999，48（11）：720–725.

[159] Olaf Br¨unger and Elias Dahlhaus. Running time estimation. In RailwayTimetable & Traffic，chapter 4，pages 58–82. Eurailpress，2008.

[160] Tijs Huisman，Richard J. Boucherie，Running times on railway sections with heterogeneous train traffic，Transportation Research Part B 35（2001）271-292.

[161] 汪海龙，钱勇生，基于元胞自动机理论的客运专线通过能力模拟[J]. 铁道运输与经济，2008，30（7）：82-84.

[162] 彭其渊，客运专线上高速列车越行对其他共线列车旅行速度的影响分析[J]. 交通运输工程与信息，2004，2（1）：25-32.

[163] Goverde，R.M.P.，et al，Statistical Analysis of Train Traffic；the Eindhoven Case. Delft University Press，Delft，The Netherlands. 2001.

[164] Transportation Research Board of the National Academies，Transit Capacity and Quality of Service Manual [R]. National Research Council，USA，2003.

[165] Alex Landex，etc，network effects in railways [J].Annual Transport Conference at Aalborg University 2007.

[166] Malachy Carey，Ex ante heuristic measures of schedule reliability[J].Transportation

Research Part B 33（1999）473-494.

[167] D. K. Pratihar 著，王攀译，软计算[M]. 科学出版社，2008.

[168] T.Loukil，Solving multi-objective production scheduling problems using metaheuristics，European Journal of Operational Research 161（2005）42-61.

[169] 李爱菊，城市轨道交通系统的极大代数模型[D]. 北京交通大学，2006.

[170] 周磊山，计算机编制列车运行调整计划的理论与方法研究[D]. 北方交通大学，1994.

[171] 时颢，我国高速铁路列车运行图采用模式的分析[J]. 铁道学报，2000，22（1）：92-97.

[172] Jiamin Zhang，Jun Liu. Analysis on Comprehensive Balance of Train Operation Plan for High Speed Railway under Mixed Traffic Condition，International Conference on Intelligent Rail Transportation，2011.

[173] Cheng，F Y, Multiobjective Optimization Design with Pareto Genetic Algorithm [J]，Journal of Structural Engineering，1997，123：1252-1261.

[174] Carlos A. Coello Coello，Handling Multiple Objectives With Particle Swarm Optimization，IEEE TRANSACTIONS ON EVOLUTIONARY COMPUTATION，VOL.8，NO.3，JUNE 2004.

[175] 崔逊学，多目标进化算法及其应用[M]. 北京：国防工业出版社，2006.

[176] Joshua D. Knowles，David W. Corne，Approximating the Nondominated Front Using the Pareto Archived Evolution Strategy[J]，Evolutionary Computation，1999，7（1）：1-24.

[177] 铁道部运输局，既有线提速 200km/h 行车组织[M]. 北京：中国铁道出版社，2007.

[178] 蒋熙，面向铁路行车组织的仿真建模方法研究[D]. 北京交通大学，2007.

[179] 张铭，城市轨道交通网络运营计划协调优化的研究[D]. 同济大学，2008.

[180] 周磊山，计算机快速处理列车运行图的新方法[J]. 计算机应用，1992，9：20-23.

[181] 马建军，胡思继，许红，基于京沪高速铁路运行图的高速铁路网理论研究[J]. 铁道学报，2002，24（3）：1-4.

[182] 张进川，杨浩，吴玲，高速动车组合理下线范围的决策模型及算法研究[J]. 铁道学报，2007，29（3）.

[183] 凌熙，杨浩，高速列车下线的经济距离分析[J]. 中国铁路，2006（6）.

[184] 何世伟，宋瑞，戴金鎏，路网运输能力及计算方法的研究[J]. 铁道学报，2003，25（2）：5-9.

[185] 陈禹六，大系统理论及其应用[M]. 北京：清华大学出版社，1988.

[186] 钱学森，戴汝为，工程控制论[M]. 上海：上海交通大学出版社，2007.

[187] E Wendler，The scheduled waiting time on railway lines，Transportation Research Part B：Methodological，2007.

[188] 丁洁冰，基于SP调查的客运专线旅客乘车选择行为研究[D]. 北京交通大学，2007.

[189] Neuts，M.F.Some explicit formulas for the steady-state behavior of the queue with semi-Markovian service times.Advances in Applied Probability，1977，141-157.

[190] 倪少权. 客运专线动车组周转图编制优化的研究[J]. 学术动态，2006，3：16-20.

[191] 潘锋，王慈光. 动车组不固定区段运用评价指标的探讨[J]. 铁道运输与经济，2007，29（8）：1-4.

[192] 徐行方，吕正昱. 网运分离条件下旅客列车运行线管理[J]. 同济大学学报，2002，30（2）：193-197.

[193] 赵鹏. 高速铁路动车组和乘务员运用的研究[D]. 北方交通大学，1998.

[194] 徐玖平. 中级运筹学[M]. 北京：科学出版社，2008.

[195] 马士华，林勇. 供应链管理[M]. 北京：高等教育出版社，2011.

[196] 张嘉敏. 城市交通拥堵的根本原因及对策分析[J]. 综合运输，2011. 11（363）：57-60.

[197] 国建华. 铁路货运向第三物流的发展与整合[J]. 铁道学报，2001，（5）：7-10.

[198] Ashok Sinha.SUPPLY CHAIN MANAGEMENT：Collaboration，Planning，Execution and Coordination [M].Global India Publications Pvt Ltd，2009.

附录 A

高速铁路车站 BJSS 普速场各股道列车占用时间项随机去模糊运行结果截图

```
产生的（8，10）间的一个随机数为：8.68
随机数介于（8，9）间的可能性：0.470588235294118
〈0,1〉之间的随机数为：0.250969778397572
普速场第四列车与前一列车间的发车间隔为：9
产生普速场第五列车与前一列车的间隔时间：
产生的（8，10）间的一个随机数为：8.76
随机数介于（8，9）间的可能性：0.315789473684211
〈0,1〉之间的随机数为：0.879665297865712
产生的（8，10）间的一个随机数为：9.82
随机数介于（9，10）间的可能性：0.219512195121951
〈0,1〉之间的随机数为：0.409697609678701
产生的（8，10）间的一个随机数为：8.48
随机数介于（8，9）间的可能性：1.08333333333333
〈0,1〉之间的随机数为：0.534562161906884
普速场第五列车与前一列车间的发车间隔为：8
产生普速场第六列车与前一列车的间隔时间：
产生的（8，10）间的一个随机数为：9.87
随机数介于（9，10）间的可能性：0.149425287356323
〈0,1〉之间的随机数为：0.433157108846016
产生的（8，10）间的一个随机数为：8.1
随机数介于（8，9）间的可能性：9.00000000000004
〈0,1〉之间的随机数为：0.252906825976869
普速场第六列车与前一列车间的发车间隔为：8

普速场通过列车占用咽喉区时间项随机去模糊3.74
```

附录 B　列车占用 BJSS 车站高速场 gsyard 各股道时间顺序优化计算过程

以高速场股道 GS1 为例，说明列车占用 BJSS 车站高速场 gsyard 各股道时间顺序优化计算过程。

一、列车占用股道 GS1 的事件图

令：

$$X_1(k+1) = X_{\text{gs116entry}}(k+1)$$
$$X_2(k+1) = X_{\text{gs116arr}}(k+1)$$
$$X_3(k+1) = X_{\text{gs116dep}}(k+1)$$
$$X_4(k+1) = X_{\text{gs116leave}}(k+1)$$
$$X_5(k+1) = X_{\text{gs1112entry}}(k+1)$$
$$X_6(k+1) = X_{\text{gs1112arr}}(k+1)$$
$$X_7(k+1) = X_{\text{gs1112dep}}(k+1)$$
$$X_8(k+1) = X_{\text{gs1112leave}}(k+1)$$
$$X_9(k+1) = X_{\text{gs2118entry}}(k+1)$$
$$X_{10}(k+1) = X_{\text{gs2118arr}}(k+1)$$
$$X_{11}(k+1) = X_{\text{gs2118dep}}(k+1)$$
$$X_{12}(k+1) = X_{\text{gs2118leave}}(k+1)$$

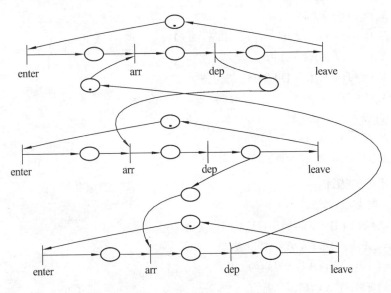

图 1　GS1 列车占用事件图

二、高速场第一股道 GS1 各列车初始排序（gs1l6–gs1l12–gs2l18）

1. 占用股道各时间项随机去模糊控制台运行结果截图

应用去模糊函数 deFuzzy[a，b，c]及股道占用时序优化模型算法流程编写，C#控制台程序运行的初始排序列车占用 GS1 过程中各时间项随机去模糊结果如图 2 所示。

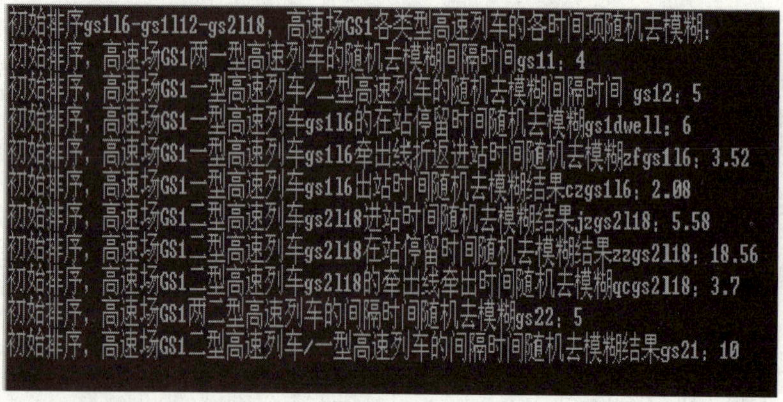

```
初始排序gs1l6-gs1l12-gs2l18，高速场GS1各类型高速列车的各时间项随机去模糊:
初始排序，高速场GS1两一型高速列车的随机去模糊间隔时间gs11: 4
初始排序，高速场GS1一型高速列车/二型高速列车的随机去模糊间隔时间 gs12: 5
初始排序，高速场GS1一型高速列车gs1l6的在站停留时间随机去模糊gs1dwell: 6
初始排序，高速场GS1一型高速列车gs1l6牵出线折返进站时间随机去模糊zfgs1l6: 3.52
初始排序，高速场GS1一型高速列车gs1l6出站时间随机去模糊结果czgs1l6: 2.08
初始排序，高速场GS1二型高速列车gs2l18进站时间随机去模糊结果jzgs2l18: 5.58
初始排序，高速场GS1二型高速列车gs2l18在站停留时间随机去模糊结果zzgs2l18: 18.56
初始排序，高速场GS1二型高速列车gs2l18的牵出线牵出时间随机去模糊qcgs2l18: 3.7
初始排序，高速场GS1两二型高速列车的间隔时间随机去模糊gs22: 5
初始排序，高速场GS1二型高速列车/一型高速列车的间隔时间随机去模糊结果gs21: 10
```

图 2　列车占用 GS1 过程中各时间项随机去模糊结果

2. GS1 初始排序 gs1l6-gs1l12-gs2l18 的数学关系式及 Scilab 计算特征值与特征向量结果

数学关系式：

$$X_1(k+1) = X_4(k)$$
$$X_2(k+1) = \max(X_1(k+1)+3.52, X_{11}(k)+10)$$
$$X_3(k+1) = X_2(k+1)+6$$
$$X_4(k+1) = X_3(k+1)+2.08$$
$$X_5(k+1) = X_8(k)$$
$$X_6(k+1) = \max(X_5(k+1)+3.52, X_3(k+1)+4)$$
$$X_7(k+1) = X_6(k+1)+6$$
$$X_8(k+1) = X_7(k+1)+2.08$$
$$X_9(k+1) = X_{12}(k)$$
$$X_{10}(k+1) = \max(X_9(k+1)+5.58, X_7(k+1)+5)$$
$$X_{11}(k+1) = X_{10}(k+1)+18.56$$
$$X_{12}(k+1) = X_{11}(k+1)+3.7$$

max-plus 矩阵式描述：

$$X(k+1)$$
$$= AX(k+1) \oplus BX(k) \oplus CX(k+1)$$
$$= AX(k+1) \oplus CX(k+1) \oplus BX(k)$$
$$= (A \oplus C)X(k+1) \oplus BX(k)$$
$$= (A \oplus C)^* BX(k)$$

$$A = \begin{pmatrix}
-\text{Inf} & -\text{Inf} & -\text{Inf} & -\text{Inf} & -\text{Inf} & -\text{Inf} & -\text{Inf} & -\text{Inf} & -\text{Inf} & -\text{Inf} & -\text{Inf} & -\text{Inf} \\
3.52 & -\text{Inf} & -\text{Inf} & -\text{Inf} & -\text{Inf} & -\text{Inf} & -\text{Inf} & -\text{Inf} & -\text{Inf} & -\text{Inf} & -\text{Inf} & -\text{Inf} \\
-\text{Inf} & 6. & -\text{Inf} & -\text{Inf} & -\text{Inf} & -\text{Inf} & -\text{Inf} & -\text{Inf} & -\text{Inf} & -\text{Inf} & -\text{Inf} & -\text{Inf} \\
-\text{Inf} & -\text{Inf} & 2.08 & -\text{Inf} & -\text{Inf} & -\text{Inf} & -\text{Inf} & -\text{Inf} & -\text{Inf} & -\text{Inf} & -\text{Inf} & -\text{Inf} \\
-\text{Inf} & -\text{Inf} & -\text{Inf} & -\text{Inf} & -\text{Inf} & -\text{Inf} & -\text{Inf} & -\text{Inf} & -\text{Inf} & -\text{Inf} & -\text{Inf} & -\text{Inf} \\
-\text{Inf} & -\text{Inf} & -\text{Inf} & -\text{Inf} & 3.52 & -\text{Inf} & -\text{Inf} & -\text{Inf} & -\text{Inf} & -\text{Inf} & -\text{Inf} & -\text{Inf} \\
-\text{Inf} & -\text{Inf} & -\text{Inf} & -\text{Inf} & -\text{Inf} & 6. & -\text{Inf} & -\text{Inf} & -\text{Inf} & -\text{Inf} & -\text{Inf} & -\text{Inf} \\
-\text{Inf} & -\text{Inf} & -\text{Inf} & -\text{Inf} & -\text{Inf} & -\text{Inf} & 2.08 & -\text{Inf} & -\text{Inf} & -\text{Inf} & -\text{Inf} & -\text{Inf} \\
-\text{Inf} & -\text{Inf} & -\text{Inf} & -\text{Inf} & -\text{Inf} & -\text{Inf} & -\text{Inf} & -\text{Inf} & -\text{Inf} & -\text{Inf} & -\text{Inf} & -\text{Inf} \\
-\text{Inf} & -\text{Inf} & -\text{Inf} & -\text{Inf} & -\text{Inf} & -\text{Inf} & -\text{Inf} & 5.58 & -\text{Inf} & -\text{Inf} & -\text{Inf} & -\text{Inf} \\
-\text{Inf} & -\text{Inf} & -\text{Inf} & -\text{Inf} & -\text{Inf} & -\text{Inf} & -\text{Inf} & -\text{Inf} & 18.56 & -\text{Inf} & -\text{Inf} & -\text{Inf} \\
-\text{Inf} & -\text{Inf} & -\text{Inf} & -\text{Inf} & -\text{Inf} & -\text{Inf} & -\text{Inf} & -\text{Inf} & -\text{Inf} & 3.7 & -\text{Inf} & -\text{Inf}
\end{pmatrix}$$

$$B = \begin{pmatrix}
-\text{Inf} & -\text{Inf} & -\text{Inf} & 0. & -\text{Inf} & -\text{Inf} & -\text{Inf} & -\text{Inf} & -\text{Inf} & -\text{Inf} & -\text{Inf} & -\text{Inf} \\
-\text{Inf} & -\text{Inf} & -\text{Inf} & -\text{Inf} & -\text{Inf} & -\text{Inf} & -\text{Inf} & -\text{Inf} & -\text{Inf} & 10. & -\text{Inf} \\
-\text{Inf} & -\text{Inf} & -\text{Inf} & -\text{Inf} & -\text{Inf} & -\text{Inf} & -\text{Inf} & -\text{Inf} & -\text{Inf} & -\text{Inf} & -\text{Inf} \\
-\text{Inf} & -\text{Inf} & -\text{Inf} & -\text{Inf} & -\text{Inf} & -\text{Inf} & -\text{Inf} & -\text{Inf} & -\text{Inf} & -\text{Inf} & -\text{Inf} \\
-\text{Inf} & -\text{Inf} & -\text{Inf} & -\text{Inf} & -\text{Inf} & -\text{Inf} & 0. & -\text{Inf} & -\text{Inf} & -\text{Inf} & -\text{Inf} \\
-\text{Inf} & -\text{Inf} & -\text{Inf} & -\text{Inf} & -\text{Inf} & -\text{Inf} & -\text{Inf} & -\text{Inf} & -\text{Inf} & -\text{Inf} & -\text{Inf} \\
-\text{Inf} & -\text{Inf} & -\text{Inf} & -\text{Inf} & -\text{Inf} & -\text{Inf} & -\text{Inf} & -\text{Inf} & -\text{Inf} & -\text{Inf} & -\text{Inf} \\
-\text{Inf} & -\text{Inf} & -\text{Inf} & -\text{Inf} & -\text{Inf} & -\text{Inf} & -\text{Inf} & -\text{Inf} & -\text{Inf} & -\text{Inf} & 0. \\
-\text{Inf} & -\text{Inf} & -\text{Inf} & -\text{Inf} & -\text{Inf} & -\text{Inf} & -\text{Inf} & -\text{Inf} & -\text{Inf} & -\text{Inf} & -\text{Inf} \\
-\text{Inf} & -\text{Inf} & -\text{Inf} & -\text{Inf} & -\text{Inf} & -\text{Inf} & -\text{Inf} & -\text{Inf} & -\text{Inf} & -\text{Inf} & -\text{Inf} \\
-\text{Inf} & -\text{Inf} & -\text{Inf} & -\text{Inf} & -\text{Inf} & -\text{Inf} & -\text{Inf} & -\text{Inf} & -\text{Inf} & -\text{Inf} & -\text{Inf}
\end{pmatrix}$$

$$C = \begin{pmatrix}
-\text{Inf} & -\text{Inf} & -\text{Inf} & -\text{Inf} & -\text{Inf} & -\text{Inf} & -\text{Inf} & -\text{Inf} & -\text{Inf} & -\text{Inf} & -\text{Inf} \\
-\text{Inf} & -\text{Inf} & -\text{Inf} & -\text{Inf} & -\text{Inf} & -\text{Inf} & -\text{Inf} & -\text{Inf} & -\text{Inf} & -\text{Inf} & -\text{Inf} \\
-\text{Inf} & -\text{Inf} & -\text{Inf} & -\text{Inf} & -\text{Inf} & -\text{Inf} & -\text{Inf} & -\text{Inf} & -\text{Inf} & -\text{Inf} & -\text{Inf} \\
-\text{Inf} & -\text{Inf} & -\text{Inf} & -\text{Inf} & -\text{Inf} & -\text{Inf} & -\text{Inf} & -\text{Inf} & -\text{Inf} & -\text{Inf} & -\text{Inf} \\
-\text{Inf} & -\text{Inf} & 4. & -\text{Inf} & -\text{Inf} & -\text{Inf} & -\text{Inf} & -\text{Inf} & -\text{Inf} & -\text{Inf} & -\text{Inf} \\
-\text{Inf} & -\text{Inf} & -\text{Inf} & -\text{Inf} & -\text{Inf} & -\text{Inf} & -\text{Inf} & -\text{Inf} & -\text{Inf} & -\text{Inf} & -\text{Inf} \\
-\text{Inf} & -\text{Inf} & -\text{Inf} & -\text{Inf} & -\text{Inf} & -\text{Inf} & -\text{Inf} & -\text{Inf} & -\text{Inf} & -\text{Inf} & -\text{Inf} \\
-\text{Inf} & -\text{Inf} & -\text{Inf} & -\text{Inf} & -\text{Inf} & -\text{Inf} & -\text{Inf} & -\text{Inf} & -\text{Inf} & -\text{Inf} & -\text{Inf} \\
-\text{Inf} & -\text{Inf} & -\text{Inf} & -\text{Inf} & -\text{Inf} & 5. & -\text{Inf} & -\text{Inf} & -\text{Inf} & -\text{Inf} & -\text{Inf} \\
-\text{Inf} & -\text{Inf} & -\text{Inf} & -\text{Inf} & -\text{Inf} & -\text{Inf} & -\text{Inf} & -\text{Inf} & -\text{Inf} & -\text{Inf} & -\text{Inf} \\
-\text{Inf} & -\text{Inf} & -\text{Inf} & -\text{Inf} & -\text{Inf} & -\text{Inf} & -\text{Inf} & -\text{Inf} & -\text{Inf} & -\text{Inf} & -\text{Inf}
\end{pmatrix}$$

运行 Scilab 求得转置特征向量 v' 与特征值 I：

$v' = (117.2,158.68,164.68,166.76,127.72,168.68,174.68,176.76,152.38,179.68,198.24,201.94)'$

$I = 49.56$，即初始特征值 TZZ0=49.56，初始特征向量：

TZXL0=[117.2，158.68，164.68，166.76，127.2，168.68，174.68，176.76，152.38，179.68，198.24，201.94]′

$$X_{\text{gs1l6arr}} = 158.68, X_{\text{gs1l6dep}} = 164.68; X_{\text{gs1l12arr}} = 168.68, X_{\text{gs1l12dep}} = 174.68;$$

$$X_{\text{gs2l18arr}} = 179.68, X_{\text{gs2l18dep}} = 198.24$$

三、高速场第一股道 GS1 各列车第一次变换排序（gs1l6–gs2l18–gs1l12）

1. 占用股道各时间项随机去模糊控制台运行结果截图

应用去模糊函数 deFuzzy[a，b，c]及股道占用时序优化模型算法流程编写 C#控制台，程序运行的第一次变异排序列车占用 GS1 过程中各时间项随机去模糊结果如图 3 所示。

图 3　列车占用 GS1 过程中各时间项随机去模糊结果

2. GS1 第一次变换排序 gs1l6-gs2l18-gs1l12 的数学关系式及 Scilab 计算特征值与特征向量

数学关系式：

$$X_1(k+1) = X_4(k)$$
$$X_2(k+1) = \max(X_1(k+1)+3.5, X_7(k)+4)$$
$$X_3(k+1) = X_2(k+1)+7$$
$$X_4(k+1) = X_3(k+1)+1.69$$
$$X_5(k+1) = X_8(k)$$
$$X_6(k+1) = \max(X_5(k+1)+4.63, X_{11}(k+1)+11)$$
$$X_7(k+1) = X_6(k+1)+7$$
$$X_8(k+1) = X_7(k+1)+1.69$$
$$X_9(k+1) = X_{12}(k)$$
$$X_{10}(k+1) = \max(X_9(k+1)+4.63, X_3(k+1)+4.65)$$
$$X_{11}(k+1) = X_{10}(k+1)+17.2$$
$$X_{12}(k+1) = X_{11}(k+1)+3.62$$

max-plus 矩阵式描述：

$$X(k+1)$$
$$= AX(k+1) \oplus BX(k) \oplus CX(k+1) = AX(k+1) \oplus CX(k+1) \oplus BX(k)$$
$$= (A \oplus C)X(k+1) \oplus BX(k) = (A \oplus C)^* BX(k)$$

$$
A = \begin{pmatrix}
-\text{Inf} & -\text{Inf} & -\text{Inf} & -\text{Inf} & -\text{Inf} & -\text{Inf} & -\text{Inf} & -\text{Inf} & -\text{Inf} & -\text{Inf} & -\text{Inf} & -\text{Inf} \\
3.5 & -\text{Inf} & -\text{Inf} & -\text{Inf} & -\text{Inf} & -\text{Inf} & -\text{Inf} & -\text{Inf} & -\text{Inf} & -\text{Inf} & -\text{Inf} & -\text{Inf} \\
-\text{Inf} & 7. & -\text{Inf} & -\text{Inf} & -\text{Inf} & -\text{Inf} & -\text{Inf} & -\text{Inf} & -\text{Inf} & -\text{Inf} & -\text{Inf} & -\text{Inf} \\
-\text{Inf} & -\text{Inf} & 1.69 & -\text{Inf} & -\text{Inf} & -\text{Inf} & -\text{Inf} & -\text{Inf} & -\text{Inf} & -\text{Inf} & -\text{Inf} & -\text{Inf} \\
-\text{Inf} & -\text{Inf} & -\text{Inf} & -\text{Inf} & -\text{Inf} & -\text{Inf} & -\text{Inf} & -\text{Inf} & -\text{Inf} & -\text{Inf} & -\text{Inf} & -\text{Inf} \\
-\text{Inf} & -\text{Inf} & -\text{Inf} & -\text{Inf} & 4.63 & -\text{Inf} & -\text{Inf} & -\text{Inf} & -\text{Inf} & -\text{Inf} & -\text{Inf} & -\text{Inf} \\
-\text{Inf} & -\text{Inf} & -\text{Inf} & -\text{Inf} & -\text{Inf} & 7. & -\text{Inf} & -\text{Inf} & -\text{Inf} & -\text{Inf} & -\text{Inf} & -\text{Inf} \\
-\text{Inf} & -\text{Inf} & -\text{Inf} & -\text{Inf} & -\text{Inf} & -\text{Inf} & 1.69 & -\text{Inf} & -\text{Inf} & -\text{Inf} & -\text{Inf} & -\text{Inf} \\
-\text{Inf} & -\text{Inf} & -\text{Inf} & -\text{Inf} & -\text{Inf} & -\text{Inf} & -\text{Inf} & -\text{Inf} & -\text{Inf} & -\text{Inf} & -\text{Inf} & -\text{Inf} \\
-\text{Inf} & -\text{Inf} & -\text{Inf} & -\text{Inf} & -\text{Inf} & -\text{Inf} & -\text{Inf} & -\text{Inf} & 4.63 & -\text{Inf} & -\text{Inf} & -\text{Inf} \\
-\text{Inf} & -\text{Inf} & -\text{Inf} & -\text{Inf} & -\text{Inf} & -\text{Inf} & -\text{Inf} & -\text{Inf} & -\text{Inf} & 17.2 & -\text{Inf} & -\text{Inf} \\
-\text{Inf} & -\text{Inf} & -\text{Inf} & -\text{Inf} & -\text{Inf} & -\text{Inf} & -\text{Inf} & -\text{Inf} & -\text{Inf} & -\text{Inf} & 3.62 & -\text{Inf}
\end{pmatrix}
$$

$$
B = \begin{pmatrix}
-\text{Inf} & -\text{Inf} & -\text{Inf} & 0. & -\text{Inf} & -\text{Inf} & -\text{Inf} & -\text{Inf} & -\text{Inf} & -\text{Inf} & -\text{Inf} & -\text{Inf} \\
-\text{Inf} & -\text{Inf} & -\text{Inf} & -\text{Inf} & -\text{Inf} & -\text{Inf} & 4. & -\text{Inf} & -\text{Inf} & -\text{Inf} & -\text{Inf} & -\text{Inf} \\
-\text{Inf} & -\text{Inf} & -\text{Inf} & -\text{Inf} & -\text{Inf} & -\text{Inf} & -\text{Inf} & -\text{Inf} & -\text{Inf} & -\text{Inf} & -\text{Inf} & -\text{Inf} \\
-\text{Inf} & -\text{Inf} & -\text{Inf} & -\text{Inf} & -\text{Inf} & -\text{Inf} & -\text{Inf} & -\text{Inf} & -\text{Inf} & -\text{Inf} & -\text{Inf} & -\text{Inf} \\
-\text{Inf} & -\text{Inf} & -\text{Inf} & -\text{Inf} & -\text{Inf} & -\text{Inf} & 0. & -\text{Inf} & -\text{Inf} & -\text{Inf} & -\text{Inf} & -\text{Inf} \\
-\text{Inf} & -\text{Inf} & -\text{Inf} & -\text{Inf} & -\text{Inf} & -\text{Inf} & -\text{Inf} & -\text{Inf} & -\text{Inf} & -\text{Inf} & -\text{Inf} & -\text{Inf} \\
-\text{Inf} & -\text{Inf} & -\text{Inf} & -\text{Inf} & -\text{Inf} & -\text{Inf} & -\text{Inf} & -\text{Inf} & -\text{Inf} & -\text{Inf} & -\text{Inf} & -\text{Inf} \\
-\text{Inf} & -\text{Inf} & -\text{Inf} & -\text{Inf} & -\text{Inf} & -\text{Inf} & -\text{Inf} & -\text{Inf} & -\text{Inf} & -\text{Inf} & -\text{Inf} & -\text{Inf} \\
-\text{Inf} & -\text{Inf} & -\text{Inf} & -\text{Inf} & -\text{Inf} & -\text{Inf} & -\text{Inf} & -\text{Inf} & -\text{Inf} & -\text{Inf} & -\text{Inf} & 0. \\
-\text{Inf} & -\text{Inf} & -\text{Inf} & -\text{Inf} & -\text{Inf} & -\text{Inf} & -\text{Inf} & -\text{Inf} & -\text{Inf} & -\text{Inf} & -\text{Inf} & -\text{Inf} \\
-\text{Inf} & -\text{Inf} & -\text{Inf} & -\text{Inf} & -\text{Inf} & -\text{Inf} & -\text{Inf} & -\text{Inf} & -\text{Inf} & -\text{Inf} & -\text{Inf} & -\text{Inf}
\end{pmatrix}
$$

$$
C = \begin{pmatrix}
-\text{Inf} & -\text{Inf} & -\text{Inf} & -\text{Inf} & -\text{Inf} & -\text{Inf} & -\text{Inf} & -\text{Inf} & -\text{Inf} & -\text{Inf} & -\text{Inf} & -\text{Inf} \\
-\text{Inf} & -\text{Inf} & -\text{Inf} & -\text{Inf} & -\text{Inf} & -\text{Inf} & -\text{Inf} & -\text{Inf} & -\text{Inf} & -\text{Inf} & -\text{Inf} & -\text{Inf} \\
-\text{Inf} & -\text{Inf} & -\text{Inf} & -\text{Inf} & -\text{Inf} & -\text{Inf} & -\text{Inf} & -\text{Inf} & -\text{Inf} & -\text{Inf} & -\text{Inf} & -\text{Inf} \\
-\text{Inf} & -\text{Inf} & -\text{Inf} & -\text{Inf} & -\text{Inf} & -\text{Inf} & -\text{Inf} & -\text{Inf} & -\text{Inf} & -\text{Inf} & -\text{Inf} & -\text{Inf} \\
-\text{Inf} & -\text{Inf} & -\text{Inf} & -\text{Inf} & -\text{Inf} & -\text{Inf} & -\text{Inf} & -\text{Inf} & -\text{Inf} & -\text{Inf} & 11. & -\text{Inf} \\
-\text{Inf} & -\text{Inf} & -\text{Inf} & -\text{Inf} & -\text{Inf} & -\text{Inf} & -\text{Inf} & -\text{Inf} & -\text{Inf} & -\text{Inf} & -\text{Inf} & -\text{Inf} \\
-\text{Inf} & -\text{Inf} & -\text{Inf} & -\text{Inf} & -\text{Inf} & -\text{Inf} & -\text{Inf} & -\text{Inf} & -\text{Inf} & -\text{Inf} & -\text{Inf} & -\text{Inf} \\
-\text{Inf} & -\text{Inf} & 5. & -\text{Inf} & -\text{Inf} & -\text{Inf} & -\text{Inf} & -\text{Inf} & -\text{Inf} & -\text{Inf} & -\text{Inf} & -\text{Inf} \\
-\text{Inf} & -\text{Inf} & -\text{Inf} & -\text{Inf} & -\text{Inf} & -\text{Inf} & -\text{Inf} & -\text{Inf} & -\text{Inf} & -\text{Inf} & -\text{Inf} & -\text{Inf} \\
-\text{Inf} & -\text{Inf} & -\text{Inf} & -\text{Inf} & -\text{Inf} & -\text{Inf} & -\text{Inf} & -\text{Inf} & -\text{Inf} & -\text{Inf} & -\text{Inf} & -\text{Inf}
\end{pmatrix}
$$

运行 Scilab 求得转置特征向量 v' 与特征值 I :

$v' = (166.29, 208.8, 215.8, 217.49, 206.49, 249, 256, 257.69, 190.42, 220.8, 238, 241.62)'$, $I = 51.2$,

第一次变异后的特征向量 TZXL1=51.2，经模拟退火算法优化后，在初始温度下，保留第一次变异排序的特征值与特征向量，进行第二次内部排序变异优化。

四、高速场第一股道 GS1 各列车第二次变换排序（gs2l18–gs1l6–gs1l12）

1. 占用股道各时间项随机去模糊控制台运行结果截图

应用去模糊函数 deFuzzy[a，b，c]及股道占用时序优化模型算法流程编写 C#控制台，程序运行的第二次变异排序列车占用 GS1 过程中各时间项随机去模糊结果如图 4 所示。

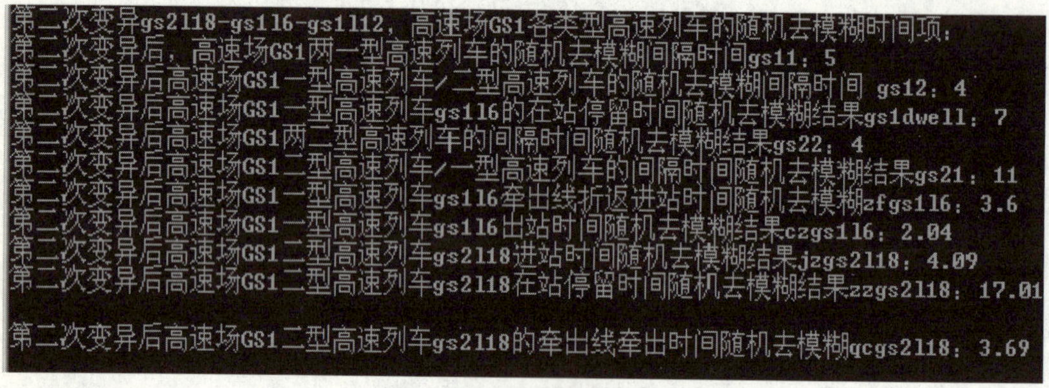

第二次变异gs2l18-gs1l6-gs1l12，高速场GS1各类型高速列车的随机去模糊时间项：
第二次变异后，高速场GS1两一型高速列车的随机去模糊间隔时间gs11: 5
第二次变异后高速场GS1一型高速列车／二型高速列车的随机去模糊间隔时间 gs12: 4
第二次变异后高速场GS1一型高速列车gs1l6的在站停留时间随机去模糊结果gs1dwell: 7
第二次变异后高速场GS1两二型高速列车的间隔时间随机去模糊结果gs22: 4
第二次变异后高速场GS1二型高速列车／一型高速列车的间隔时间随机去模糊结果gs21: 11
第二次变异后高速场GS1一型高速列车gs1l6牵出线折返进站时间随机去模糊zfgs1l6: 3.6
第二次变异后高速场GS1一型高速列车gs1l6出站时间随机去模糊结果czgs1l6: 2.04
第二次变异后高速场GS1二型高速列车gs2l18进站时间随机去模糊结果jzgs2l18: 4.09
第二次变异后高速场GS1二型高速列车gs2l18在站停留时间随机去模糊结果zzgs2l18: 17.01
第二次变异后高速场GS1二型高速列车gs2l18的牵出线牵出时间随机去模糊qcgs2l18: 3.69

图 4　列车占用 GS1 过程中各时间项随机去模糊结果

2. GS1 第二次变换排序 gs2l18-gs1l6-gs1l12 的数学关系式及特征值与特征向量

数学关系式：

$$X_1(k+1) = X_4(k)$$
$$X_2(k+1) = \max(X_1(k+1)+3.6, X_{11}(k)+11)$$
$$X_3(k+1) = X_2(k+1)+7$$
$$X_4(k+1) = X_3(k+1)+2.04$$
$$X_5(k+1) = X_8(k)$$
$$X_6(k+1) = \max(X_5(k+1)+3.6, X_3(k+1)+5)$$
$$X_7(k+1) = X_6(k+1)+7$$
$$X_8(k+1) = X_7(k+1)+2.04$$
$$X_9(k+1) = X_{12}(k)$$
$$X_{10}(k+1) = \max(X_9(k+1)+4.09, X_7(k)+4)$$
$$X_{11}(k+1) = X_{10}(k+1)+17.01$$
$$X_{12}(k+1) = X_{11}(k+1)+3.69$$

max-plus 矩阵式描述：

$$X(k+1)$$
$$= AX(k+1) \oplus BX(k) \oplus CX(k+1)$$
$$= AX(k+1) \oplus CX(k+1) \oplus BX(k)$$
$$= (A \oplus C)X(k+1) \oplus BX(k)$$
$$= (A \oplus C)^* BX(k)$$

$$A = \begin{pmatrix}
-\text{Inf} & -\text{Inf} & -\text{Inf} & -\text{Inf} & -\text{Inf} & -\text{Inf} & -\text{Inf} & -\text{Inf} & -\text{Inf} & -\text{Inf} & -\text{Inf} & -\text{Inf} \\
3.6 & -\text{Inf} & -\text{Inf} & -\text{Inf} & -\text{Inf} & -\text{Inf} & -\text{Inf} & -\text{Inf} & -\text{Inf} & -\text{Inf} & -\text{Inf} & -\text{Inf} \\
-\text{Inf} & 7. & -\text{Inf} & -\text{Inf} & -\text{Inf} & -\text{Inf} & -\text{Inf} & -\text{Inf} & -\text{Inf} & -\text{Inf} & -\text{Inf} & -\text{Inf} \\
-\text{Inf} & -\text{Inf} & 2.04 & -\text{Inf} & -\text{Inf} & -\text{Inf} & -\text{Inf} & -\text{Inf} & -\text{Inf} & -\text{Inf} & -\text{Inf} & -\text{Inf} \\
-\text{Inf} & -\text{Inf} & -\text{Inf} & -\text{Inf} & -\text{Inf} & -\text{Inf} & -\text{Inf} & -\text{Inf} & -\text{Inf} & -\text{Inf} & -\text{Inf} & -\text{Inf} \\
-\text{Inf} & -\text{Inf} & -\text{Inf} & -\text{Inf} & 3.6 & -\text{Inf} & -\text{Inf} & -\text{Inf} & -\text{Inf} & -\text{Inf} & -\text{Inf} & -\text{Inf} \\
-\text{Inf} & -\text{Inf} & -\text{Inf} & -\text{Inf} & -\text{Inf} & 7. & -\text{Inf} & -\text{Inf} & -\text{Inf} & -\text{Inf} & -\text{Inf} & -\text{Inf} \\
-\text{Inf} & -\text{Inf} & -\text{Inf} & -\text{Inf} & -\text{Inf} & -\text{Inf} & 2.04 & -\text{Inf} & -\text{Inf} & -\text{Inf} & -\text{Inf} & -\text{Inf} \\
-\text{Inf} & -\text{Inf} & -\text{Inf} & -\text{Inf} & -\text{Inf} & -\text{Inf} & -\text{Inf} & -\text{Inf} & -\text{Inf} & -\text{Inf} & -\text{Inf} & -\text{Inf} \\
-\text{Inf} & -\text{Inf} & -\text{Inf} & -\text{Inf} & -\text{Inf} & -\text{Inf} & -\text{Inf} & -\text{Inf} & 4.09 & -\text{Inf} & -\text{Inf} & -\text{Inf} \\
-\text{Inf} & -\text{Inf} & -\text{Inf} & -\text{Inf} & -\text{Inf} & -\text{Inf} & -\text{Inf} & -\text{Inf} & -\text{Inf} & 17.01 & -\text{Inf} & -\text{Inf} \\
-\text{Inf} & -\text{Inf} & -\text{Inf} & -\text{Inf} & -\text{Inf} & -\text{Inf} & -\text{Inf} & -\text{Inf} & -\text{Inf} & -\text{Inf} & 3.69 & -\text{Inf}
\end{pmatrix}$$

$$B = \begin{pmatrix}
-\text{Inf} & -\text{Inf} & -\text{Inf} & 0. & -\text{Inf} & -\text{Inf} & -\text{Inf} & -\text{Inf} & -\text{Inf} & -\text{Inf} & -\text{Inf} & -\text{Inf} \\
-\text{Inf} & -\text{Inf} & -\text{Inf} & -\text{Inf} & -\text{Inf} & -\text{Inf} & -\text{Inf} & -\text{Inf} & -\text{Inf} & -\text{Inf} & -\text{Inf} & -\text{Inf} \\
-\text{Inf} & -\text{Inf} & -\text{Inf} & -\text{Inf} & -\text{Inf} & -\text{Inf} & -\text{Inf} & -\text{Inf} & -\text{Inf} & -\text{Inf} & -\text{Inf} & -\text{Inf} \\
-\text{Inf} & -\text{Inf} & -\text{Inf} & -\text{Inf} & -\text{Inf} & -\text{Inf} & 0. & -\text{Inf} & -\text{Inf} & -\text{Inf} & -\text{Inf} & -\text{Inf} \\
-\text{Inf} & -\text{Inf} & -\text{Inf} & -\text{Inf} & -\text{Inf} & -\text{Inf} & -\text{Inf} & -\text{Inf} & -\text{Inf} & -\text{Inf} & -\text{Inf} & -\text{Inf} \\
-\text{Inf} & -\text{Inf} & -\text{Inf} & -\text{Inf} & -\text{Inf} & -\text{Inf} & -\text{Inf} & -\text{Inf} & -\text{Inf} & -\text{Inf} & -\text{Inf} & -\text{Inf} \\
-\text{Inf} & -\text{Inf} & -\text{Inf} & -\text{Inf} & -\text{Inf} & -\text{Inf} & -\text{Inf} & -\text{Inf} & -\text{Inf} & -\text{Inf} & -\text{Inf} & 0. \\
-\text{Inf} & -\text{Inf} & -\text{Inf} & -\text{Inf} & -\text{Inf} & -\text{Inf} & 4. & -\text{Inf} & -\text{Inf} & -\text{Inf} & -\text{Inf} & -\text{Inf} \\
-\text{Inf} & -\text{Inf} & -\text{Inf} & -\text{Inf} & -\text{Inf} & -\text{Inf} & -\text{Inf} & -\text{Inf} & -\text{Inf} & -\text{Inf} & -\text{Inf} & -\text{Inf} \\
-\text{Inf} & -\text{Inf} & -\text{Inf} & -\text{Inf} & -\text{Inf} & -\text{Inf} & -\text{Inf} & -\text{Inf} & -\text{Inf} & -\text{Inf} & -\text{Inf} & -\text{Inf}
\end{pmatrix}$$

$$C = \begin{pmatrix}
-\text{Inf} & -\text{Inf} & -\text{Inf} & -\text{Inf} & -\text{Inf} & -\text{Inf} & -\text{Inf} & -\text{Inf} & -\text{Inf} & -\text{Inf} & -\text{Inf} & -\text{Inf} \\
-\text{Inf} & -\text{Inf} & -\text{Inf} & -\text{Inf} & -\text{Inf} & -\text{Inf} & -\text{Inf} & -\text{Inf} & -\text{Inf} & 11. & -\text{Inf} \\
-\text{Inf} & -\text{Inf} & -\text{Inf} & -\text{Inf} & -\text{Inf} & -\text{Inf} & -\text{Inf} & -\text{Inf} & -\text{Inf} & -\text{Inf} & -\text{Inf} & -\text{Inf} \\
-\text{Inf} & -\text{Inf} & -\text{Inf} & -\text{Inf} & -\text{Inf} & -\text{Inf} & -\text{Inf} & -\text{Inf} & -\text{Inf} & -\text{Inf} & -\text{Inf} & -\text{Inf} \\
-\text{Inf} & -\text{Inf} & 5. & -\text{Inf} & -\text{Inf} & -\text{Inf} & -\text{Inf} & -\text{Inf} & -\text{Inf} & -\text{Inf} & -\text{Inf} & -\text{Inf} \\
-\text{Inf} & -\text{Inf} & 0.04 & -\text{Inf} & -\text{Inf} & -\text{Inf} & -\text{Inf} & -\text{Inf} & -\text{Inf} & -\text{Inf} & -\text{Inf} & -\text{Inf} \\
-\text{Inf} & -\text{Inf} & -\text{Inf} & -\text{Inf} & -\text{Inf} & -\text{Inf} & -\text{Inf} & -\text{Inf} & -\text{Inf} & -\text{Inf} & -\text{Inf} & -\text{Inf} \\
-\text{Inf} & -\text{Inf} & -\text{Inf} & -\text{Inf} & -\text{Inf} & -\text{Inf} & -\text{Inf} & -\text{Inf} & -\text{Inf} & -\text{Inf} & -\text{Inf} & -\text{Inf} \\
-\text{Inf} & -\text{Inf} & -\text{Inf} & -\text{Inf} & -\text{Inf} & -\text{Inf} & -\text{Inf} & -\text{Inf} & -\text{Inf} & -\text{Inf} & -\text{Inf} & -\text{Inf}
\end{pmatrix}$$

运行 Scilab 求得转置特征向量 v' 与特征值 I:

$v' = (194.17, 236.14, 243.14, 245.18, 206.17, 248.14, 255.14, 257.18, 177.82, 208.13, 225.14, 228.83,)'$,

$I = 51.01$，第二次变异后的特征值 TZZ1=51.01，大于第一次变异后的特征值。保留第二次变异结果，进行第三次变异。

五、高速场第一股道 GS1 各列车第三次变异，循环至初始排序（gs1l6–gs1l12–gs2l18）

1. 占用股道各时间项随机去模糊控制台运行结果截图

应用去模糊函数 deFuzzy[a，b，c]及股道占用时序优化模型算法流程编写 C#控制台程序，运行的变异排序列车占用 GS1 过程中各时间项随机去模糊结果如图 5 所示。

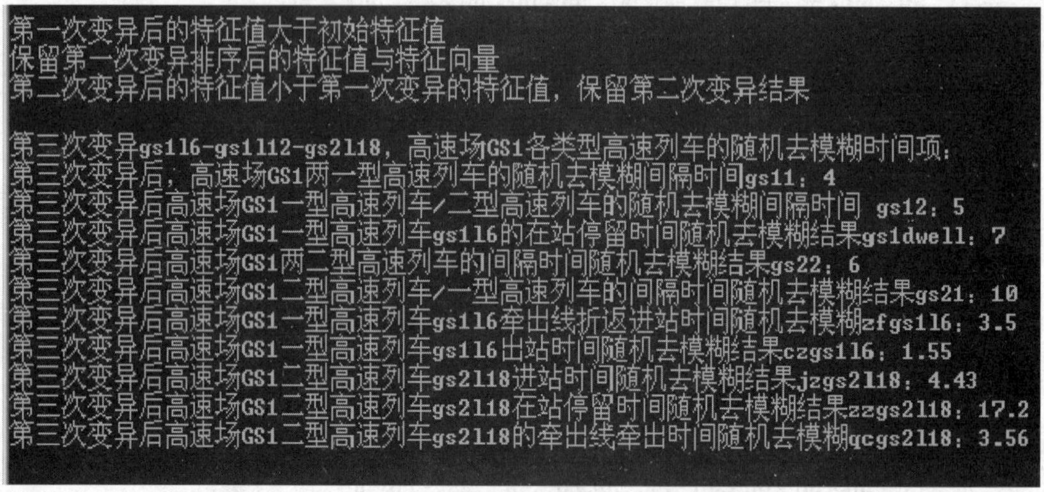

```
第一次变异后的特征值大于初始特征值
保留第一次变异排序后的特征值与特征向量
第二次变异后的特征值小于第一次变异的特征值，保留第二次变异结果

第三次变异gs1l6-gs1l12-gs2l18，高速场GS1各类型高速列车的随机去模糊时间项：
第三次变异后，高速场GS1两一型高速列车的随机去模糊间隔时间gs11：4
第三次变异后高速场GS1一型高速列车/二型高速列车的随机去模糊间隔时间 gs12：5
第三次变异后高速场GS1一型高速列车gs1l6的在站停留时间随机去模糊结果gs1dwell：7
第三次变异后高速场GS1两二型高速列车的间隔时间随机去模糊结果gs22：6
第三次变异后高速场GS1二型高速列车/一型高速列车的间隔时间随机去模糊结果gs21：10
第三次变异后高速场GS1一型高速列车gs1l6牵出线折返进站时间随机去模糊zfgs1l6：3.5
第三次变异后高速场GS1一型高速列车gs1l6出站时间随机去模糊结果czgs1l6：1.55
第三次变异后高速场GS1二型高速列车gs2l18进站时间随机去模糊结果jzgs2l18：4.43
第三次变异后高速场GS1二型高速列车gs2l18在站停留时间随机去模糊结果zzgs2l18：17.2
第三次变异后高速场GS1二型高速列车gs2l18的牵出线牵出时间随机去模糊qcgs2l18：3.56
```

图 5　列车占用 GS1 过程中各时间项随机去模糊结果

2. GS1 第三次变异，轮回至初始排序（gs1l6-gs1l12-gs2l18）的数学关系式及特征值与特征向量

数学关系式：

$$X_1(k+1) = X_4(k)$$
$$X_2(k+1) = \max(X_1(k+1)+3.5, X_{11}(k)+10)$$
$$X_3(k+1) = X_2(k+1)+7$$
$$X_4(k+1) = X_3(k+1)+1.55$$
$$X_5(k+1) = X_8(k)$$
$$X_6(k+1) = \max(X_5(k+1)+3.5, X_3(k+1)+4)$$
$$X_7(k+1) = X_6(k+1)+7$$
$$X_8(k+1) = X_7(k+1)+1.55$$
$$X_9(k+1) = X_{12}(k)$$
$$X_{10}(k+1) = \max(X_9(k+1)+4.43, X_7(k+1)+5)$$
$$X_{11}(k+1) = X_{10}(k+1)+17.2$$
$$X_{12}(k+1) = X_{11}(k+1)+3.59$$

max-plus 矩阵式描述：

$$X(k+1)$$
$$= AX(k+1) \oplus BX(k) \oplus CX(k+1) = AX(k+1) \oplus CX(k+1) \oplus BX(k)$$
$$= (A \oplus C)X(k+1) \oplus BX(k) = (A \oplus C)^* BX(k)$$

$$A = \begin{pmatrix}
-\text{Inf} & -\text{Inf} & -\text{Inf} & -\text{Inf} & -\text{Inf} & -\text{Inf} & -\text{Inf} & -\text{Inf} & -\text{Inf} & -\text{Inf} & -\text{Inf} & -\text{Inf} \\
3.5 & -\text{Inf} & -\text{Inf} & -\text{Inf} & -\text{Inf} & -\text{Inf} & -\text{Inf} & -\text{Inf} & -\text{Inf} & -\text{Inf} & -\text{Inf} & -\text{Inf} \\
-\text{Inf} & 7. & -\text{Inf} & -\text{Inf} & -\text{Inf} & -\text{Inf} & -\text{Inf} & -\text{Inf} & -\text{Inf} & -\text{Inf} & -\text{Inf} & -\text{Inf} \\
-\text{Inf} & -\text{Inf} & 1.55 & -\text{Inf} & -\text{Inf} & -\text{Inf} & -\text{Inf} & -\text{Inf} & -\text{Inf} & -\text{Inf} & -\text{Inf} & -\text{Inf} \\
-\text{Inf} & -\text{Inf} & -\text{Inf} & -\text{Inf} & -\text{Inf} & -\text{Inf} & -\text{Inf} & -\text{Inf} & -\text{Inf} & -\text{Inf} & -\text{Inf} & \text{Inf} \\
-\text{Inf} & -\text{Inf} & -\text{Inf} & -\text{Inf} & 3.5 & -\text{Inf} & -\text{Inf} & -\text{Inf} & -\text{Inf} & -\text{Inf} & -\text{Inf} & -\text{Inf} \\
-\text{Inf} & -\text{Inf} & -\text{Inf} & -\text{Inf} & -\text{Inf} & 7. & -\text{Inf} & -\text{Inf} & -\text{Inf} & -\text{Inf} & -\text{Inf} & -\text{Inf} \\
-\text{Inf} & -\text{Inf} & -\text{Inf} & -\text{Inf} & -\text{Inf} & -\text{Inf} & 1.55 & -\text{Inf} & -\text{Inf} & -\text{Inf} & -\text{Inf} & -\text{Inf} \\
-\text{Inf} & -\text{Inf} & -\text{Inf} & -\text{Inf} & -\text{Inf} & -\text{Inf} & -\text{Inf} & -\text{Inf} & -\text{Inf} & -\text{Inf} & -\text{Inf} & -\text{Inf} \\
-\text{Inf} & -\text{Inf} & -\text{Inf} & -\text{Inf} & -\text{Inf} & -\text{Inf} & -\text{Inf} & 4.43 & -\text{Inf} & -\text{Inf} & -\text{Inf} & \\
-\text{Inf} & -\text{Inf} & -\text{Inf} & -\text{Inf} & -\text{Inf} & -\text{Inf} & -\text{Inf} & -\text{Inf} & 17.2 & -\text{Inf} & -\text{Inf} & \\
-\text{Inf} & -\text{Inf} & -\text{Inf} & -\text{Inf} & -\text{Inf} & -\text{Inf} & -\text{Inf} & -\text{Inf} & \text{Inf} & 3.56 & -\text{Inf} &
\end{pmatrix}$$

$$B = \begin{pmatrix}
-\text{Inf} & -\text{Inf} & \text{Inf} & 0. & -\text{Inf} & -\text{Inf} & -\text{Inf} & -\text{Inf} & -\text{Inf} & -\text{Inf} & -\text{Inf} & -\text{Inf} \\
-\text{Inf} & -\text{Inf} & -\text{Inf} & -\text{Inf} & -\text{Inf} & -\text{Inf} & -\text{Inf} & -\text{Inf} & -\text{Inf} & \text{Inf} & 10. & -\text{Inf} \\
-\text{Inf} & -\text{Inf} & -\text{Inf} & -\text{Inf} & -\text{Inf} & -\text{Inf} & -\text{Inf} & -\text{Inf} & -\text{Inf} & -\text{Inf} & -\text{Inf} & -\text{Inf} \\
-\text{Inf} & -\text{Inf} & -\text{Inf} & -\text{Inf} & -\text{Inf} & -\text{Inf} & -\text{Inf} & -\text{Inf} & -\text{Inf} & -\text{Inf} & -\text{Inf} & -\text{Inf} \\
-\text{Inf} & -\text{Inf} & -\text{Inf} & -\text{Inf} & -\text{Inf} & -\text{Inf} & 0. & -\text{Inf} & -\text{Inf} & -\text{Inf} & \text{Inf} & \\
-\text{Inf} & -\text{Inf} & -\text{Inf} & -\text{Inf} & -\text{Inf} & -\text{Inf} & -\text{Inf} & -\text{Inf} & -\text{Inf} & -\text{Inf} & -\text{Inf} & -\text{Inf} \\
-\text{Inf} & -\text{Inf} & -\text{Inf} & -\text{Inf} & -\text{Inf} & -\text{Inf} & -\text{Inf} & -\text{Inf} & -\text{Inf} & -\text{Inf} & -\text{Inf} & -\text{Inf} \\
-\text{Inf} & -\text{Inf} & -\text{Inf} & -\text{Inf} & -\text{Inf} & -\text{Inf} & -\text{Inf} & -\text{Inf} & -\text{Inf} & -\text{Inf} & \text{Inf} & 0. \\
-\text{Inf} & -\text{Inf} & -\text{Inf} & -\text{Inf} & -\text{Inf} & -\text{Inf} & -\text{Inf} & -\text{Inf} & -\text{Inf} & -\text{Inf} & -\text{Inf} & -\text{Inf} \\
-\text{Inf} & -\text{Inf} & -\text{Inf} & -\text{Inf} & -\text{Inf} & -\text{Inf} & -\text{Inf} & -\text{Inf} & -\text{Inf} & -\text{Inf} & -\text{Inf} & -\text{Inf} \\
-\text{Inf} & -\text{Inf} & -\text{Inf} & -\text{Inf} & -\text{Inf} & -\text{Inf} & -\text{Inf} & -\text{Inf} & -\text{Inf} & -\text{Inf} & -\text{Inf} & -\text{Inf}
\end{pmatrix}$$

$$C = \begin{pmatrix}
-\text{Inf} & -\text{Inf} & -\text{Inf} & -\text{Inf} & -\text{Inf} & -\text{Inf} & -\text{Inf} & -\text{Inf} & -\text{Inf} & -\text{Inf} & -\text{Inf} & -\text{Inf} \\
-\text{Inf} & -\text{Inf} & -\text{Inf} & -\text{Inf} & -\text{Inf} & -\text{Inf} & -\text{Inf} & -\text{Inf} & -\text{Inf} & -\text{Inf} & -\text{Inf} & -\text{Inf} \\
-\text{Inf} & -\text{Inf} & -\text{Inf} & -\text{Inf} & -\text{Inf} & -\text{Inf} & -\text{Inf} & -\text{Inf} & -\text{Inf} & -\text{Inf} & -\text{Inf} & -\text{Inf} \\
-\text{Inf} & -\text{Inf} & -\text{Inf} & -\text{Inf} & -\text{Inf} & -\text{Inf} & -\text{Inf} & -\text{Inf} & -\text{Inf} & -\text{Inf} & -\text{Inf} & -\text{Inf} \\
-\text{Inf} & -\text{Inf} & -\text{Inf} & -\text{Inf} & -\text{Inf} & -\text{Inf} & \text{Inf} & -\text{Inf} & -\text{Inf} & -\text{Inf} & \text{Inf} & \\
-\text{Inf} & -\text{Inf} & 4. & -\text{Inf} & -\text{Inf} & -\text{Inf} & -\text{Inf} & -\text{Inf} & -\text{Inf} & -\text{Inf} & -\text{Inf} & -\text{Inf} \\
-\text{Inf} & -\text{Inf} & -\text{Inf} & -\text{Inf} & -\text{Inf} & -\text{Inf} & -\text{Inf} & -\text{Inf} & -\text{Inf} & -\text{Inf} & -\text{Inf} & -\text{Inf} \\
-\text{Inf} & -\text{Inf} & -\text{Inf} & -\text{Inf} & -\text{Inf} & -\text{Inf} & -\text{Inf} & -\text{Inf} & -\text{Inf} & -\text{Inf} & -\text{Inf} & -\text{Inf} \\
-\text{Inf} & -\text{Inf} & -\text{Inf} & -\text{Inf} & -\text{Inf} & -\text{Inf} & 5. & -\text{Inf} & -\text{Inf} & -\text{Inf} & -\text{Inf} & -\text{Inf} \\
-\text{Inf} & -\text{Inf} & -\text{Inf} & -\text{Inf} & -\text{Inf} & -\text{Inf} & -\text{Inf} & -\text{Inf} & -\text{Inf} & -\text{Inf} & -\text{Inf} & -\text{Inf} \\
-\text{Inf} & -\text{Inf} & -\text{Inf} & -\text{Inf} & -\text{Inf} & -\text{Inf} & -\text{Inf} & -\text{Inf} & -\text{Inf} & -\text{Inf} & -\text{Inf} & -\text{Inf}
\end{pmatrix}$$

运行 Scilab 求得转置特征向量 v' 与特征值 I：

$v' = (169.15, 210.8, 217.8, 219.35, 180.15, 221.8, 238.8, 230.35, 204.36, 233.8, 251, 254.56)'$ ，$I = 50.2$ ，第三次变异后的特征值 TZZ2=50.2 ，小于第二次变异结果，保留第三次变异结果。

六、温度下降，高速场第一股道 GS1 各列车第四次变异，依排序（gs1l6-gs2l18-gs1l12）

1. 占用股道各时间项随机去模糊控制台运行结果截图

应用去模糊函数 deFuzzy[a，b，c]及股道占用时序优化模型算法流程编写 C#控制台程序，运行的变异排序列车占用 GS1 过程中各时间项随机去模糊结果如图 6 所示。

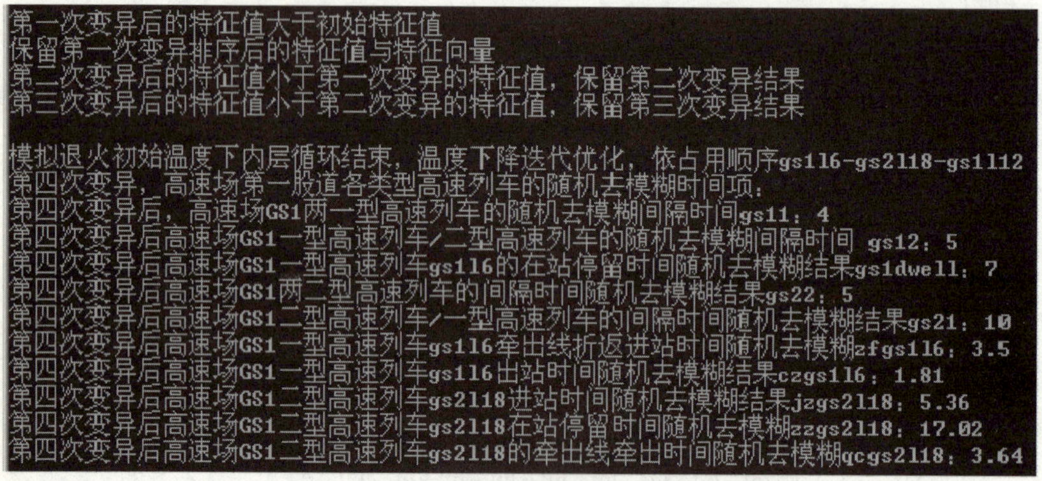

第一次变异后的特征值大于初始特征值
保留第一次变异排序后的特征值与特征向量
第二次变异后的特征值小于第一次变异的特征值，保留第二次变异结果
第三次变异后的特征值小于第二次变异的特征值，保留第三次变异结果

模拟退火初始温度下内层循环结束，温度下降迭代优化，依占用顺序gs1l6-gs2l18-gs1l12
第四次变异，高速场第一股道各类型高速列车的随机去模糊时间项：
第四次变异后，高速场GS1两一型高速列车的随机去模糊间隔时间gs11：4
第四次变异后高速场GS1一型高速列车/二型高速列车的随机去模糊间隔时间 gs12：5
第四次变异后高速场GS1一型高速列车gs1l6的在站停留时间随机去模糊结果gs1dwell：7
第四次变异后高速场GS1两二型高速列车的间隔时间随机去模糊结果gs22：5
第四次变异后高速场GS1二型高速列车/一型高速列车的间隔时间随机去模糊结果gs21：10
第四次变异后高速场GS1一型高速列车gs1l6牵出线折返进站时间随机去模糊zfgs1l6：3.5
第四次变异后高速场GS1一型高速列车gs1l6出站时间随机去模糊结果czgs1l6：1.81
第四次变异后高速场GS1二型高速列车gs2l18进站时间随机去模糊结果jzgs2l18：5.36
第四次变异后高速场GS1二型高速列车gs2l18在站停留时间随机去模糊zzgs2l18：17.02
第四次变异后高速场GS1二型高速列车gs2l18的牵出线牵出时间随机去模糊qcgs2l18：3.64

图 6 列车占用 GS1 过程中各时间项随机去模糊结果

2. GS1 第一次变换排序 gs1l6-gs2l18-gs1l12 的数学关系式及特征值与特征向量

数学关系式：

$$
\begin{aligned}
&X_1(k+1)=X_4(k)\\
&X_2(k+1)=\max(X_1(k+1)+3.5, X_7(k)+4)\\
&X_3(k+1)=X_2(k+1)+7\\
&X_4(k+1)=X_3(k+1)+1.81\\
&X_5(k+1)=X_8(k)\\
&X_6(k+1)=\max(X_5(k+1)+3.5, X_{11}(k+1)+10)\\
&X_7(k+1)=X_6(k+1)+7\\
&X_8(k+1)=X_7(k+1)+1.81\\
&X_9(k+1)=X_{12}(k)\\
&X_{10}(k+1)=\max(X_9(k+1)+5.36, X_3(k+1)+4)\\
&X_{11}(k+1)=X_{10}(k+1)+17.02\\
&X_{12}(k+1)=X_{11}(k+1)+3.64
\end{aligned}
$$

max-plus 矩阵式描述：

$$
\begin{aligned}
&X(k+1)\\
&=AX(k+1)\oplus BX(k)\oplus CX(k+1)\\
&=AX(k+1)\oplus CX(k+1)\oplus BX(k)\\
&=(A\oplus C)X(k+1)\oplus BX(k)\\
&=(A\oplus C)^{*}BX(k)
\end{aligned}
$$

$$A = \begin{pmatrix}
-\text{Inf} & -\text{Inf} & -\text{Inf} & -\text{Inf} & -\text{Inf} & -\text{Inf} & -\text{Inf} & -\text{Inf} & -\text{Inf} & -\text{Inf} & -\text{Inf} & -\text{Inf} \\
3.5 & -\text{Inf} & -\text{Inf} & -\text{Inf} & -\text{Inf} & -\text{Inf} & -\text{Inf} & -\text{Inf} & -\text{Inf} & -\text{Inf} & -\text{Inf} & -\text{Inf} \\
-\text{Inf} & 7. & -\text{Inf} & -\text{Inf} & -\text{Inf} & -\text{Inf} & -\text{Inf} & -\text{Inf} & -\text{Inf} & -\text{Inf} & -\text{Inf} & -\text{Inf} \\
-\text{Inf} & -\text{Inf} & 1.8 & -\text{Inf} & -\text{Inf} & -\text{Inf} & -\text{Inf} & -\text{Inf} & -\text{Inf} & -\text{Inf} & -\text{Inf} & -\text{Inf} \\
-\text{Inf} & -\text{Inf} & -\text{Inf} & -\text{Inf} & -\text{Inf} & -\text{Inf} & -\text{Inf} & -\text{Inf} & -\text{Inf} & -\text{Inf} & -\text{Inf} & -\text{Inf} \\
-\text{Inf} & -\text{Inf} & -\text{Inf} & -\text{Inf} & 3.5 & -\text{Inf} & -\text{Inf} & -\text{Inf} & -\text{Inf} & -\text{Inf} & -\text{Inf} & -\text{Inf} \\
-\text{Inf} & -\text{Inf} & -\text{Inf} & -\text{Inf} & -\text{Inf} & 7. & -\text{Inf} & -\text{Inf} & -\text{Inf} & -\text{Inf} & -\text{Inf} & -\text{Inf} \\
-\text{Inf} & -\text{Inf} & -\text{Inf} & -\text{Inf} & -\text{Inf} & -\text{Inf} & 1.8 & -\text{Inf} & -\text{Inf} & -\text{Inf} & -\text{Inf} & -\text{Inf} \\
-\text{Inf} & -\text{Inf} & -\text{Inf} & -\text{Inf} & -\text{Inf} & -\text{Inf} & -\text{Inf} & -\text{Inf} & -\text{Inf} & -\text{Inf} & -\text{Inf} & -\text{Inf} \\
-\text{Inf} & -\text{Inf} & -\text{Inf} & -\text{Inf} & -\text{Inf} & -\text{Inf} & -\text{Inf} & -\text{Inf} & 5.36 & -\text{Inf} & -\text{Inf} & -\text{Inf} \\
-\text{Inf} & -\text{Inf} & -\text{Inf} & -\text{Inf} & -\text{Inf} & -\text{Inf} & -\text{Inf} & -\text{Inf} & -\text{Inf} & 17.02 & -\text{Inf} & -\text{Inf} \\
-\text{Inf} & -\text{Inf} & -\text{Inf} & -\text{Inf} & -\text{Inf} & -\text{Inf} & -\text{Inf} & -\text{Inf} & -\text{Inf} & -\text{Inf} & 3.64 & -\text{Inf}
\end{pmatrix}$$

$$B = \begin{pmatrix}
-\text{Inf} & -\text{Inf} & -\text{Inf} & 0. & -\text{Inf} & -\text{Inf} & -\text{Inf} & -\text{Inf} & -\text{Inf} & -\text{Inf} & -\text{Inf} & -\text{Inf} \\
-\text{Inf} & -\text{Inf} & -\text{Inf} & -\text{Inf} & -\text{Inf} & -\text{Inf} & 4. & -\text{Inf} & -\text{Inf} & -\text{Inf} & -\text{Inf} & -\text{Inf} \\
-\text{Inf} & -\text{Inf} & -\text{Inf} & -\text{Inf} & -\text{Inf} & -\text{Inf} & -\text{Inf} & -\text{Inf} & -\text{Inf} & -\text{Inf} & -\text{Inf} & -\text{Inf} \\
-\text{Inf} & -\text{Inf} & -\text{Inf} & -\text{Inf} & -\text{Inf} & -\text{Inf} & -\text{Inf} & -\text{Inf} & -\text{Inf} & -\text{Inf} & -\text{Inf} & -\text{Inf} \\
-\text{Inf} & -\text{Inf} & -\text{Inf} & -\text{Inf} & -\text{Inf} & -\text{Inf} & -\text{Inf} & 0. & -\text{Inf} & -\text{Inf} & -\text{Inf} & -\text{Inf} \\
-\text{Inf} & -\text{Inf} & -\text{Inf} & -\text{Inf} & -\text{Inf} & -\text{Inf} & -\text{Inf} & -\text{Inf} & -\text{Inf} & -\text{Inf} & -\text{Inf} & -\text{Inf} \\
-\text{Inf} & -\text{Inf} & -\text{Inf} & -\text{Inf} & -\text{Inf} & -\text{Inf} & -\text{Inf} & -\text{Inf} & -\text{Inf} & -\text{Inf} & -\text{Inf} & -\text{Inf} \\
-\text{Inf} & -\text{Inf} & -\text{Inf} & -\text{Inf} & -\text{Inf} & -\text{Inf} & -\text{Inf} & -\text{Inf} & -\text{Inf} & -\text{Inf} & -\text{Inf} & 0. \\
-\text{Inf} & -\text{Inf} & -\text{Inf} & -\text{Inf} & -\text{Inf} & -\text{Inf} & -\text{Inf} & -\text{Inf} & -\text{Inf} & -\text{Inf} & -\text{Inf} & -\text{Inf} \\
-\text{Inf} & -\text{Inf} & -\text{Inf} & -\text{Inf} & -\text{Inf} & -\text{Inf} & -\text{Inf} & -\text{Inf} & -\text{Inf} & -\text{Inf} & -\text{Inf} & -\text{Inf}
\end{pmatrix}$$

$$C = \begin{pmatrix}
-\text{Inf} & -\text{Inf} & -\text{Inf} & -\text{Inf} & -\text{Inf} & -\text{Inf} & -\text{Inf} & -\text{Inf} & -\text{Inf} & -\text{Inf} & -\text{Inf} & -\text{Inf} \\
-\text{Inf} & -\text{Inf} & -\text{Inf} & -\text{Inf} & -\text{Inf} & -\text{Inf} & -\text{Inf} & -\text{Inf} & -\text{Inf} & -\text{Inf} & -\text{Inf} & -\text{Inf} \\
-\text{Inf} & -\text{Inf} & -\text{Inf} & -\text{Inf} & -\text{Inf} & -\text{Inf} & -\text{Inf} & -\text{Inf} & -\text{Inf} & -\text{Inf} & -\text{Inf} & -\text{Inf} \\
-\text{Inf} & -\text{Inf} & -\text{Inf} & -\text{Inf} & -\text{Inf} & -\text{Inf} & -\text{Inf} & -\text{Inf} & -\text{Inf} & -\text{Inf} & -\text{Inf} & -\text{Inf} \\
-\text{Inf} & -\text{Inf} & -\text{Inf} & -\text{Inf} & -\text{Inf} & -\text{Inf} & -\text{Inf} & -\text{Inf} & -\text{Inf} & 10. & -\text{Inf} \\
-\text{Inf} & -\text{Inf} & -\text{Inf} & -\text{Inf} & -\text{Inf} & -\text{Inf} & -\text{Inf} & -\text{Inf} & -\text{Inf} & -\text{Inf} & -\text{Inf} & -\text{Inf} \\
-\text{Inf} & -\text{Inf} & -\text{Inf} & -\text{Inf} & -\text{Inf} & -\text{Inf} & -\text{Inf} & -\text{Inf} & -\text{Inf} & -\text{Inf} & -\text{Inf} & -\text{Inf} \\
-\text{Inf} & -\text{Inf} & 4. & -\text{Inf} & -\text{Inf} & -\text{Inf} & -\text{Inf} & -\text{Inf} & -\text{Inf} & -\text{Inf} & -\text{Inf} & -\text{Inf} \\
-\text{Inf} & -\text{Inf} & -\text{Inf} & -\text{Inf} & -\text{Inf} & -\text{Inf} & -\text{Inf} & -\text{Inf} & -\text{Inf} & -\text{Inf} & -\text{Inf} & -\text{Inf} \\
-\text{Inf} & -\text{Inf} & -\text{Inf} & -\text{Inf} & -\text{Inf} & -\text{Inf} & -\text{Inf} & -\text{Inf} & -\text{Inf} & -\text{Inf} & -\text{Inf} & -\text{Inf}
\end{pmatrix}$$

运行 Scilab 求得转置特征向量 v' 与特征值 I：

$v' = (275.91, 298.12, 305.12, 306.93, 295.93, 336.14, 343.14, 344.95, 280.76, 309.12, 326.14, 329.78)'$ ，

$I = 49.02$ ，即第四次变异后的特征值 TZZ3=49.02，小于第三次变异的特征值，保留本次变异结果。

七、温度下降，高速场第一股道 GS1 各列车第五次变异，依排序（gs2l18–gs1l6–gs1l12）

1. 占用股道各时间项随机去模糊控制台运行结果截图

应用去模糊函数 deFuzzy[a，b，c]及股道占用时序优化模型算法流程编写 C#控制台程序，运行的变异排序列车占用 GS1 过程中各时间项随机去模糊结果如图 7 所示。

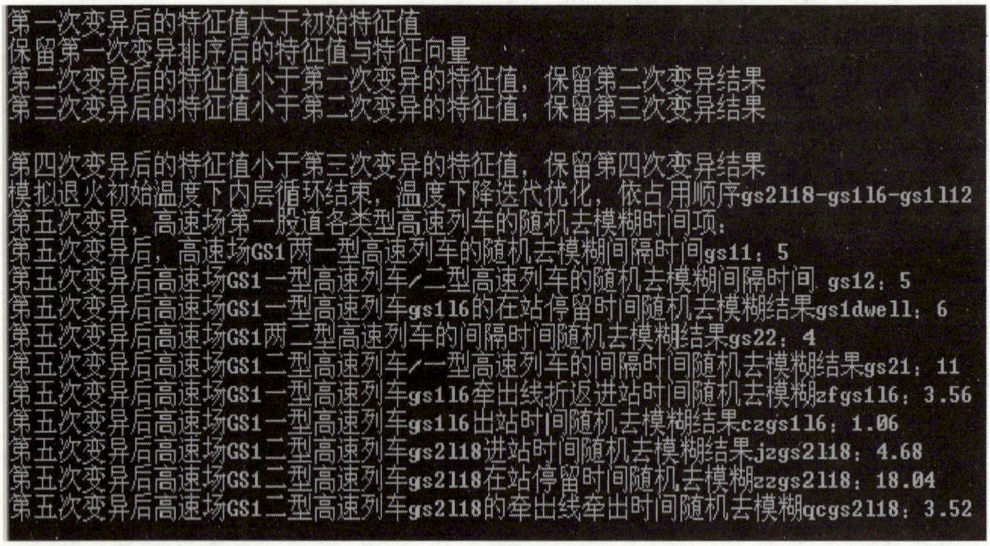

图 7　列车占用 GS1 过程中各时间项随机去模糊结果

2. GS1 第五次变换排序 gs2l18-gs1l6-gs1l12 的数学关系式及特征值与特征向量

数学关系式：

$$X_1(k+1) = X_4(k)$$
$$X_2(k+1) = \max(X_1(k+1)+3.56, X_{11}(k+1)+11)$$
$$X_3(k+1) = X_2(k+1)+6$$
$$X_4(k+1) = X_3(k+1)+1.06$$
$$X_5(k+1) = X_8(k)$$
$$X_6(k+1) = \max(X_5(k+1)+3.56, X_3(k+1)+5)$$
$$X_7(k+1) = X_6(k+1)+6$$
$$X_8(k+1) = X_7(k+1)+1.06$$
$$X_9(k+1) = X_{12}(k)$$
$$X_{10}(k+1) = \max(X_9(k+1)+4.68, X_7(k)+5)$$
$$X_{11}(k+1) = X_{10}(k+1)+18.04$$
$$X_{12}(k+1) = X_{11}(k+1)+3.52$$

max-plus 矩阵式描述：

$$X(k+1)$$
$$= AX(k+1) \oplus BX(k) \oplus CX(k+1) = AX(k+1) \oplus CX(k+1) \oplus BX(k)$$
$$= (A \oplus C)X(k+1) \oplus BX(k) = (A \oplus C)^* BX(k)$$

$$
A = \begin{pmatrix}
-\text{Inf} & -\text{Inf} & -\text{Inf} & -\text{Inf} & -\text{Inf} & -\text{Inf} & -\text{Inf} & -\text{Inf} & -\text{Inf} & -\text{Inf} & -\text{Inf} & -\text{Inf} \\
3.56 & -\text{Inf} & -\text{Inf} & -\text{Inf} & -\text{Inf} & -\text{Inf} & -\text{Inf} & -\text{Inf} & -\text{Inf} & -\text{Inf} & -\text{Inf} & -\text{Inf} \\
-\text{Inf} & 6 & -\text{Inf} & -\text{Inf} & -\text{Inf} & -\text{Inf} & -\text{Inf} & -\text{Inf} & -\text{Inf} & -\text{Inf} & -\text{Inf} & -\text{Inf} \\
-\text{Inf} & -\text{Inf} & 1.06 & -\text{Inf} & -\text{Inf} & -\text{Inf} & -\text{Inf} & -\text{Inf} & -\text{Inf} & -\text{Inf} & -\text{Inf} & -\text{Inf} \\
-\text{Inf} & -\text{Inf} & -\text{Inf} & -\text{Inf} & -\text{Inf} & -\text{Inf} & -\text{Inf} & -\text{Inf} & -\text{Inf} & -\text{Inf} & -\text{Inf} & -\text{Inf} \\
-\text{Inf} & -\text{Inf} & -\text{Inf} & -\text{Inf} & 3.56 & -\text{Inf} & -\text{Inf} & -\text{Inf} & -\text{Inf} & -\text{Inf} & -\text{Inf} & -\text{Inf} \\
-\text{Inf} & -\text{Inf} & -\text{Inf} & -\text{Inf} & -\text{Inf} & 6 & -\text{Inf} & -\text{Inf} & -\text{Inf} & -\text{Inf} & -\text{Inf} & -\text{Inf} \\
-\text{Inf} & -\text{Inf} & -\text{Inf} & -\text{Inf} & -\text{Inf} & -\text{Inf} & 1.06 & -\text{Inf} & -\text{Inf} & -\text{Inf} & -\text{Inf} & -\text{Inf} \\
-\text{Inf} & -\text{Inf} & -\text{Inf} & -\text{Inf} & -\text{Inf} & -\text{Inf} & -\text{Inf} & -\text{Inf} & -\text{Inf} & -\text{Inf} & -\text{Inf} & -\text{Inf} \\
-\text{Inf} & -\text{Inf} & -\text{Inf} & -\text{Inf} & -\text{Inf} & -\text{Inf} & -\text{Inf} & 4.68 & -\text{Inf} & -\text{Inf} & -\text{Inf} & -\text{Inf} \\
-\text{Inf} & -\text{Inf} & -\text{Inf} & -\text{Inf} & -\text{Inf} & -\text{Inf} & -\text{Inf} & -\text{Inf} & 18.4 & -\text{Inf} & -\text{Inf} & -\text{Inf} \\
-\text{Inf} & -\text{Inf} & -\text{Inf} & -\text{Inf} & -\text{Inf} & -\text{Inf} & -\text{Inf} & -\text{Inf} & -\text{Inf} & 3.52 & -\text{Inf} & -\text{Inf}
\end{pmatrix}
$$

$$
B = \begin{pmatrix}
-\text{Inf} & -\text{Inf} & -\text{Inf} & 0. & -\text{Inf} & -\text{Inf} & -\text{Inf} & -\text{Inf} & -\text{Inf} & -\text{Inf} & -\text{Inf} & -\text{Inf} \\
-\text{Inf} & -\text{Inf} & -\text{Inf} & -\text{Inf} & -\text{Inf} & -\text{Inf} & -\text{Inf} & -\text{Inf} & -\text{Inf} & -\text{Inf} & -\text{Inf} & -\text{Inf} \\
-\text{Inf} & -\text{Inf} & -\text{Inf} & -\text{Inf} & -\text{Inf} & -\text{Inf} & -\text{Inf} & -\text{Inf} & -\text{Inf} & -\text{Inf} & -\text{Inf} & -\text{Inf} \\
-\text{Inf} & -\text{Inf} & -\text{Inf} & -\text{Inf} & -\text{Inf} & -\text{Inf} & -\text{Inf} & -\text{Inf} & -\text{Inf} & -\text{Inf} & -\text{Inf} & -\text{Inf} \\
-\text{Inf} & -\text{Inf} & -\text{Inf} & -\text{Inf} & -\text{Inf} & -\text{Inf} & -\text{Inf} & 0. & -\text{Inf} & -\text{Inf} & -\text{Inf} & -\text{Inf} \\
-\text{Inf} & -\text{Inf} & -\text{Inf} & -\text{Inf} & -\text{Inf} & -\text{Inf} & -\text{Inf} & -\text{Inf} & -\text{Inf} & -\text{Inf} & -\text{Inf} & -\text{Inf} \\
-\text{Inf} & -\text{Inf} & -\text{Inf} & -\text{Inf} & -\text{Inf} & -\text{Inf} & -\text{Inf} & -\text{Inf} & -\text{Inf} & -\text{Inf} & -\text{Inf} & -\text{Inf} \\
-\text{Inf} & -\text{Inf} & -\text{Inf} & -\text{Inf} & -\text{Inf} & -\text{Inf} & -\text{Inf} & -\text{Inf} & -\text{Inf} & -\text{Inf} & -\text{Inf} & 0. \\
-\text{Inf} & -\text{Inf} & -\text{Inf} & -\text{Inf} & -\text{Inf} & -\text{Inf} & 5. & -\text{Inf} & -\text{Inf} & -\text{Inf} & -\text{Inf} & -\text{Inf} \\
-\text{Inf} & -\text{Inf} & -\text{Inf} & -\text{Inf} & -\text{Inf} & -\text{Inf} & -\text{Inf} & -\text{Inf} & -\text{Inf} & -\text{Inf} & -\text{Inf} & -\text{Inf}
\end{pmatrix}
$$

$$
C = \begin{pmatrix}
-\text{Inf} & -\text{Inf} & -\text{Inf} & -\text{Inf} & -\text{Inf} & -\text{Inf} & -\text{Inf} & -\text{Inf} & -\text{Inf} & -\text{Inf} & -\text{Inf} & -\text{Inf} \\
-\text{Inf} & -\text{Inf} & -\text{Inf} & -\text{Inf} & -\text{Inf} & -\text{Inf} & -\text{Inf} & -\text{Inf} & -\text{Inf} & -\text{Inf} & 11. & -\text{Inf} \\
-\text{Inf} & -\text{Inf} & -\text{Inf} & -\text{Inf} & -\text{Inf} & -\text{Inf} & -\text{Inf} & -\text{Inf} & -\text{Inf} & -\text{Inf} & -\text{Inf} & -\text{Inf} \\
-\text{Inf} & -\text{Inf} & -\text{Inf} & -\text{Inf} & -\text{Inf} & -\text{Inf} & -\text{Inf} & -\text{Inf} & -\text{Inf} & -\text{Inf} & -\text{Inf} & -\text{Inf} \\
-\text{Inf} & -\text{Inf} & 5. & -\text{Inf} & -\text{Inf} & -\text{Inf} & -\text{Inf} & -\text{Inf} & -\text{Inf} & -\text{Inf} & -\text{Inf} & -\text{Inf} \\
-\text{Inf} & -\text{Inf} & -\text{Inf} & -\text{Inf} & -\text{Inf} & -\text{Inf} & -\text{Inf} & -\text{Inf} & -\text{Inf} & -\text{Inf} & -\text{Inf} & -\text{Inf} \\
-\text{Inf} & -\text{Inf} & -\text{Inf} & -\text{Inf} & -\text{Inf} & -\text{Inf} & -\text{Inf} & -\text{Inf} & -\text{Inf} & -\text{Inf} & -\text{Inf} & -\text{Inf} \\
-\text{Inf} & -\text{Inf} & -\text{Inf} & -\text{Inf} & -\text{Inf} & -\text{Inf} & -\text{Inf} & -\text{Inf} & -\text{Inf} & -\text{Inf} & -\text{Inf} & -\text{Inf} \\
-\text{Inf} & -\text{Inf} & -\text{Inf} & -\text{Inf} & -\text{Inf} & -\text{Inf} & -\text{Inf} & -\text{Inf} & -\text{Inf} & -\text{Inf} & -\text{Inf} & -\text{Inf} \\
-\text{Inf} & -\text{Inf} & -\text{Inf} & -\text{Inf} & -\text{Inf} & -\text{Inf} & -\text{Inf} & -\text{Inf} & -\text{Inf} & -\text{Inf} & -\text{Inf} & -\text{Inf}
\end{pmatrix}
$$

运行 Scilab 求得转置特征向量 v' 与特征值 I :

$v' = (143.18,187.16,193.16,194.22,154.18,198.16,204.16,205.22,-\inf,158.12,176.12,179.68)'$,

$I = 51.04$,第五次变异后的特征值 TZZ4=51.04,大于第四次变异结果,进行模拟退火优化;保留第五次变异结果。

八、温度下降，高速场第一股道 GS1 各列车第六次变异，依排序（gs2l18-gs1l12-gs1l6）

1. 占用股道各时间项随机去模糊控制台运行结果截图

应用去模糊函数 deFuzzy[a，b，c]及股道占用时序优化模型算法流程编写 C#控制台程序，运行的变异排序列车占用 GS1 过程中各时间项随机去模糊结果如图 8 所示。

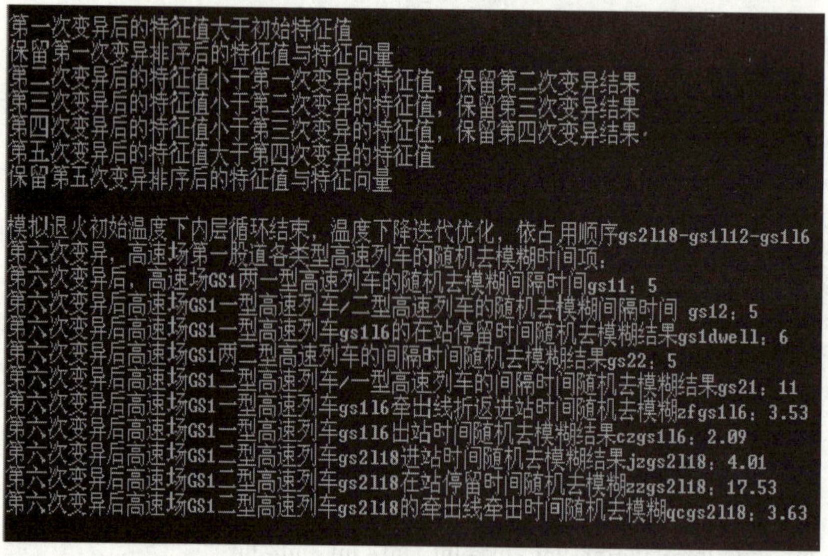

第一次变异后的特征值大于初始特征值
保留第一次变异排序后的特征值与特征向量
第二次变异后的特征值小于第一次变异的特征值，保留第二次变异结果
第三次变异后的特征值小于第二次变异的特征值，保留第三次变异结果
第四次变异后的特征值小于第三次变异的特征值，保留第四次变异结果
第五次变异后的特征值大于第四次变异的特征值
保留第五次变异排序后的特征值与特征向量

模拟退火初始温度下内层循环结束，温度下降迭代优化，依占用顺序gs2l18-gs1l12-gs1l6
第六次变异，高速场第一股道各类型高速列车的随机去模糊时间项：
第六次变异后，高速场GS1两一型高速列车的随机去模糊间隔时间gs11：5
第六次变异后高速场GS1一型高速列车/二型高速列车的随机去模糊间隔时间 gs12：5
第六次变异后高速场GS1一型高速列车gs1l6的在站停留时间随机去模糊结果gs1dwell：6
第六次变异后高速场GS1两二型高速列车的间隔时间随机去模糊结果gs22：5
第六次变异后高速场GS1二型高速列车/一型高速列车的间隔时间随机去模糊结果gs21：11
第六次变异后高速场GS1一型高速列车gs1l6牵出线折返进站时间随机去模糊zfgs1l6：3.53
第六次变异后高速场GS1一型高速列车gs1l6出站时间随机去模糊结果czgs1l6：2.09
第六次变异后高速场GS1二型高速列车gs2l18进站时间随机去模糊结果jzgs2l18：4.01
第六次变异后高速场GS1二型高速列车gs2l18在站停留时间随机去模糊zzgs2l18：17.53
第六次变异后高速场GS1二型高速列车gs2l18的牵出线牵出时间随机去模糊qcgs2l18：3.63

图 8 列车占用 GS1 过程中各时间项随机去模糊结果

2. GS1 第六次变换排序 gs2l18-gs1l12-gs1l6 的数学关系式及特征值与特征向量

数学关系式：

$$X_1(k+1)=X_4(k)$$
$$X_2(k+1)=\max(X_1(k+1)+3.53,X_7(k+1)+5)$$
$$X_3(k+1)=X_2(k+1)+6$$
$$X_4(k+1)=X_3(k+1)+2.09$$
$$X_5(k+1)=X_8(k)$$
$$X_6(k+1)=\max(X_5(k+1)+3.53,X_{11}(k+1)+11)$$
$$X_7(k+1)=X_6(k+1)+6$$
$$X_8(k+1)=X_7(k+1)+2.09$$
$$X_9(k+1)=X_{12}(k)$$
$$X_{10}(k+1)=\max(X_9(k+1)+4.01,X_3(k)+5)$$
$$X_{11}(k+1)=X_{10}(k+1)+17.53$$
$$X_{12}(k+1)=X_{11}(k+1)+3.63$$

max-plus 矩阵式描述：

$$\begin{aligned}&X(k+1)\\&=AX(k+1)\oplus BX(k)\oplus CX(k+1)=AX(k+1)\oplus CX(k+1)\oplus BX(k)\\&=(A\oplus C)X(k+1)\oplus BX(k)=(A\oplus C)^*BX(k)\end{aligned}$$

$$A = \begin{pmatrix}
\text{- Inf - Inf - Inf - Inf - Inf - Inf - Inf - Inf - Inf - Inf - Inf - Inf} \\
\text{3.53 - Inf - Inf - Inf - Inf - Inf - Inf - Inf - Inf - Inf - Inf - Inf} \\
\text{- Inf 6. - Inf - Inf - Inf - Inf - Inf - Inf - Inf - Inf - Inf - Inf} \\
\text{- Inf - Inf 2.09 - Inf - Inf - Inf - Inf - Inf - Inf - Inf - Inf - Inf} \\
\text{- Inf - Inf - Inf - Inf - Inf - Inf - Inf - Inf - Inf - Inf - Inf- Inf} \\
\text{- Inf - Inf - Inf - Inf 3.53 - Inf - Inf - Inf - Inf - Inf - Inf - Inf} \\
\text{- Inf - Inf - Inf - Inf - Inf 6. - Inf - Inf - Inf - Inf - Inf - Inf} \\
\text{- Inf - Inf - Inf - Inf - Inf - Inf 2.09 - Inf - Inf - Inf - Inf - Inf} \\
\text{- Inf - Inf - Inf - Inf - Inf - Inf - Inf 4.0 - Inf - Inf - Inf - Inf} \\
\text{- Inf - Inf - Inf - Inf - Inf - Inf - Inf - Inf 17.53 - Inf - Inf - Inf} \\
\text{- Inf - Inf - Inf - Inf - Inf - Inf - Inf - Inf - Inf 3.63 - Inf}
\end{pmatrix}$$

$$B = \begin{pmatrix}
\text{- Inf - Inf - Inf 0. - Inf - Inf - Inf - Inf - Inf - Inf - Inf - Inf} \\
\text{- Inf - Inf - Inf - Inf - Inf - Inf - Inf - Inf - Inf - Inf - Inf - Inf} \\
\text{- Inf - Inf - Inf - Inf - Inf - Inf - Inf - Inf - Inf - Inf - Inf - Inf} \\
\text{- Inf - Inf - Inf - Inf - Inf - Inf - Inf - Inf - Inf - Inf - Inf - Inf} \\
\text{- Inf - Inf - Inf - Inf - Inf - Inf - Inf 0. - Inf - Inf - Inf- Inf} \\
\text{- Inf - Inf - Inf - Inf - Inf - Inf - Inf - Inf - Inf - Inf - Inf - Inf} \\
\text{- Inf - Inf - Inf - Inf - Inf - Inf - Inf - Inf - Inf - Inf - Inf 0.} \\
\text{- Inf - Inf 5.- Inf - Inf - Inf - Inf - Inf - Inf - Inf - Inf - Inf} \\
\text{- Inf - Inf - Inf - Inf - Inf - Inf - Inf - Inf - Inf - Inf - Inf - Inf} \\
\text{- Inf - Inf - Inf - Inf - Inf - Inf - Inf - Inf - Inf - Inf - Inf - Inf}
\end{pmatrix}$$

$$C = \begin{pmatrix}
\text{- Inf - Inf - Inf - Inf - Inf - Inf - Inf - Inf - Inf - Inf - Inf - Inf} \\
\text{- Inf - Inf - Inf - Inf - Inf - Inf - Inf 5. - Inf - Inf - Inf - Inf} \\
\text{- Inf - Inf - Inf - Inf - Inf - Inf - Inf - Inf - Inf - Inf - Inf - Inf} \\
\text{- Inf - Inf - Inf - Inf - Inf - Inf - Inf - Inf - Inf - Inf - Inf- Inf} \\
\text{- Inf - Inf - Inf - Inf - Inf - Inf - Inf - Inf - Inf - Inf 11. - Inf} \\
\text{- Inf - Inf - Inf - Inf - Inf - Inf - Inf - Inf - Inf - Inf - Inf - Inf} \\
\text{- Inf - Inf - Inf - Inf - Inf - Inf - Inf - Inf - Inf - Inf - Inf - Inf} \\
\text{- Inf - Inf - Inf - Inf - Inf - Inf - Inf - Inf - Inf - Inf - Inf - Inf} \\
\text{- Inf - Inf - Inf - Inf - Inf - Inf - Inf - Inf - Inf - Inf - Inf - Inf} \\
\text{- Inf - Inf - Inf - Inf - Inf - Inf - Inf - Inf - Inf - Inf - Inf - Inf}
\end{pmatrix}$$

运行 Scilab 求得转置特征向量 v' 与特征值 I：

$v' = (52.62, 95.06, 101.06, 103.15, 41.62, 84.06, 90.06, 26.16, 55.53, 73.06, 76.69)'$，$I = 50.53$，第六次变异的特征值为 TZZ5=50.53，第六次变异的特征值小于第五次变异的特征值，保留第六次变异结果，并将其作为 GS1 的最终结果。GS1 各列车到发线时间优化取整后为：

$$X_{\text{gs116arr}} = 96 \quad X_{\text{gs116dep}} = 102 \quad X_{\text{gs1112arr}} = 85 \quad X_{\text{gs1112dep}} = 91 \quad X_{\text{gs2118arr}} = 56 \quad X_{\text{gs2118dep}} = 74$$

附录 C 车站 BJSS 城际场列车占用股道时序优化计算过程

以城际场 CJ1 为例，说明车站 BJSS 城际场列车占用股道 CJ1 的时序优化计算过程

一、CJ1 列车占用事件图

令：

$$X_1 = X_{cj122fenter}$$

$$X_2 = X_{cj122farr}$$

$$X_3 = X_{cj122fdep}$$

$$X_4 = X_{cj122fleave}$$

$$X_5 = X_{cj123fenter}$$

$$X_6 = X_{cj123farr}$$

$$X_7 = X_{cj123fdep}$$

$$X_8 = X_{cj123fleave}$$

$$X_9 = X_{cj124fenter}$$

$$X_{10} = X_{cj124farr}$$

$$X_{11} = X_{cj124fdep}$$

$$X_{12} = X_{cj124fleave}$$

$$X_{13} = X_{cj128center}$$

$$X_{14} = X_{cj128carr}$$

$$X_{15} = X_{cj128cdep}$$

$$X_{16} = X_{cj128cleave}$$

$$X_{17} = X_{cj129center}$$

$$X_{18} = X_{cj129carr}$$

$$X_{19} = X_{cj129cdep}$$

$$X_{20} = X_{cj129cleave}$$

$$X_{21} = X_{cj130center}$$

$$X_{22} = X_{cj130carr}$$

$$X_{23} = X_{cj130cdep}$$

$$X_{24} = X_{cj130cleave}$$

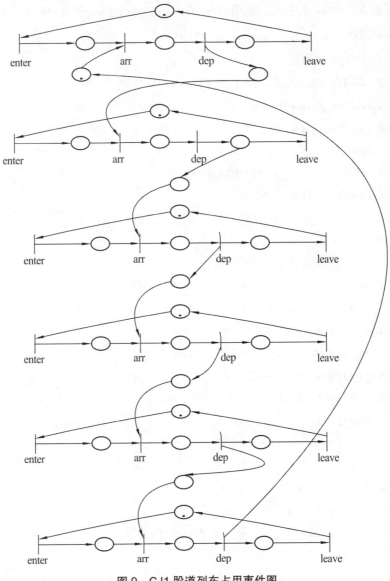

图 9   CJ1 股道列车占用事件图

二、CJ1 列车初始排序 cjl22f–cjl23f–cjl24f–cjl28c–cjl29c–cjl30c

1. 初始排序下各时间项的随机去模糊结果截图

应用去模糊函数 deFuzzy[a，b，c]及股道占用时序优化模型算法流程编写 C#控制台程序，运行的变初始序列车占用 CJ1 过程中各时间项随机去模糊结果如图 10 所示。

图 10   CJ1 列车占用股道时间项随机去模糊结果

2. CJ1 列车占用初始排序 cjl22f-cjl23f-cjl24f-cjl28c-cjl29c-cjl30c 特征值与特征向量数学关系式描述：

$$X_1(k+1) = X_4(k)$$
$$X_2(k+1) = \max(X_1(k+1) + 2.73, X_{23}(k) + 5)$$
$$X_3(k+1) = X_2(k+1) + 6.29$$
$$X_4(k+1) = X_3(k+1) + 2.73$$
$$X_5(k+1) = X_8(k)$$
$$X_6(k+1) = \max(X_7(k+1) + 2.73, X_3(k+1) + 5)$$
$$X_7(k+1) = X_6(k+1) + 6.29$$
$$X_8(k+1) = X_7(k+1) + 2.73$$
$$X_9(k+1) = X_{12}(k)$$
$$X_{10}(k+1) = \max(X_9(k+1) + 2.73, X_7(k+1) + 5)$$
$$X_{11}(k+1) = X_{10}(k+1) + 6.29$$
$$X_{12}(k+1) = X_{11}(k+1) + 2.73$$
$$X_{13}(k+1) = X_{16}(k)$$
$$X_{14}(k+1) = \max(X_{13}(k+1) + 2.73, X_{11}(k+1) + 5)$$
$$X_{15}(k+1) = X_{14}(k+1) + 6.29$$
$$X_{16}(k+1) = X_{15}(k+1) + 2.73$$
$$X_{17}(k+1) = X_{20}(k)$$
$$X_{18}(k+1) = \max(X_{17}(k+1) + 2.73, X_{15}(k+1) + 5)$$
$$X_{19}(k+1) = X_{18}(k+1) + 6.29$$
$$X_{20}(k+1) = X_{19}(k+1) + 2.73$$
$$X_{21}(k+1) = X_{24}(k)$$
$$X_{22}(k+1) = \max(X_{21}(k+1) + 2.73, X_{19}(k+1) + 5)$$
$$X_{23}(k+1) = X_{22}(k+1) + 6.29$$
$$X_{24}(k+1) = X_{23}(k+1) + 2.73$$

max-plus 矩阵式描述：

$$X(k+1)$$
$$= AX(k+1) \oplus BX(k) \oplus CX(k+1)$$
$$= AX(k+1) \oplus CX(k+1) \oplus BX(k)$$
$$= (A \oplus C)X(k+1) \oplus BX(k)$$
$$= (A \oplus C)^* BX(k)$$
$$A(2,1) = 2.73$$
$$A(3,2) = 6.29$$
$$A(4,3) = 2.73$$
$$A(6,7) = 2.73$$
$$A(7,6) = 6.29$$

$A(8,7) = 2.73$

$A(10,9) = 2.73$

$A(11,10) = 6.29$

$A(12,11) = 2.73$

$A(14,13) = 2.73$

$A(15,14) = 6.29$

$A(16,15) = 2.73$

$A(18,17) = 2.73$

$A(19,18) = 6.29$

$A(20,19) = 2.73$

$A(22,21) = 2.73$

$A(23,22) = 6.29$

$A(24,23) = 2.73$

$B(1,4) = 0$

$B(2,23) = 5$

$B(5,8) = 0$

$B(9,12) = 0$

$B(13,16) = 0$

$B(17,20) = 0$

$B(21,24) = 0$

$C(6,3) = 5$

$C(10,7) = 5$

$C(14,11) = 5$

$C(18,15) = 5$

$C(22,19) = 5$

运行 Scilab 以求得特征向量 v' 与特征值 I，无解。

三、CJ1 列车第一次变换排序 cjl22f–cjl29c–cjl23f–cjl24f–cjl28c–cjl30c

1. 第一次变换排序下各时间项的随机去模糊结果截图

应用去模糊函数 deFuzzy[a，b，c]及股道占用时序优化模型算法流程编写 C#控制台程序，运行的变异排序列车占用 CJ1 过程中各时间项随机去模糊结果如图 11 所示。

图 11 CJ1 列车占用股道时间项随机去模糊结果

2. CJ1 列车占用第一次变换排序 cjl22f-cjl29c -cjl23f-cjl24f-cjl28c -cjl30c 特征值与特征向量

数学关系式描述：

$$X_1(k+1) = X_4(k)$$
$$X_2(k+1) = \max(X_1(k+1) + 2.53, X_{23}(k) + 5)$$
$$X_3(k+1) = X_2(k+1) + 7.48$$
$$X_4(k+1) = X_3(k+1) + 2.53$$
$$X_5(k+1) = X_8(k)$$
$$X_6(k+1) = \max(X_7(k+1) + 2.53, X_{19}(k+1) + 5)$$
$$X_7(k+1) = X_6(k+1) + 7.48$$
$$X_8(k+1) = X_7(k+1) + 2.53$$
$$X_9(k+1) = X_{12}(k)$$
$$X_{10}(k+1) = \max(X_9(k+1) + 2.53, X_7(k+1) + 5)$$
$$X_{11}(k+1) = X_{10}(k+1) + 7.48$$
$$X_{12}(k+1) = X_{11}(k+1) + 2.53$$
$$X_{13}(k+1) = X_{16}(k)$$
$$X_{14}(k+1) = \max(X_{13}(k+1) + 4.35, X_{11}(k+1) + 5)$$
$$X_{15}(k+1) = X_{14}(k+1) + 7.48$$
$$X_{16}(k+1) = X_{15}(k+1) + 2.53$$
$$X_{17}(k+1) = X_{20}(k)$$
$$X_{18}(k+1) = \max(X_{17}(k+1) + 4.35, X_3(k+1) + 5)$$
$$X_{19}(k+1) = X_{18}(k+1) + 7.48$$
$$X_{20}(k+1) = X_{19}(k+1) + 2.53$$
$$X_{21}(k+1) = X_{24}(k)$$
$$X_{22}(k+1) = \max(X_{21}(k+1) + 4.35, X_{15}(k+1) + 5)$$
$$X_{23}(k+1) = X_{22}(k+1) + 7.48$$
$$X_{24}(k+1) = X_{23}(k+1) + 2.53$$

max-plus 矩阵式描述：

$$X(k+1)$$
$$= AX(k+1) \oplus BX(k) \oplus CX(k+1)$$
$$= AX(k+1) \oplus CX(k+1) \oplus BX(k)$$
$$= (A \oplus C)X(k+1) \oplus BX(k)$$
$$= (A \oplus C)^* BX(k)$$

其中：

$$A(2,1) = 2.53$$
$$A(3,2) = 7.48$$
$$A(4,3) = 2.53$$
$$A(6,5) = 2.53$$
$$A(7,6) = 7.48$$

$A(8,7) = 2.53$

$A(10,9) = 2.53$

$A(11,10) = 7.48$

$A(12,11) = 2.53$

$A(14,13) = 4.35$

$A(15,14) = 7.48$

$A(16,15) = 2.53$

$A(18,17) = 2.53$

$A(19,18) = 7.48$

$A(20,19) = 2.53$

$A(22,21) = 4.35$

$A(23,22) = 7.48$

$A(24,23) = 2.73$

$B(1,4) = 0$

$B(2,23) = 5$

$B(5,8) = 0$

$B(9,12) = 0$

$B(13,16) = 0$

$B(17,20) = 0$

$B(21,24) = 0$

$C(6,19) = 5$

$C(10,7) = 5$

$C(14,11) = 5$

$C(18,3) = 5$

$C(22,15) = 5$

运行 Scilab 以求得特征向量 v' 与特征值 I，无解。

依此排序再次生成各时间项的随机去模糊值，应用去模糊函数 deFuzzy[a，b，c]及股道占用时序优化模型算法流程编写 C#控制台程序，运行的初始排序列车占用 CJ1 过程中各时间项随机去模糊结果如图 12 所示。

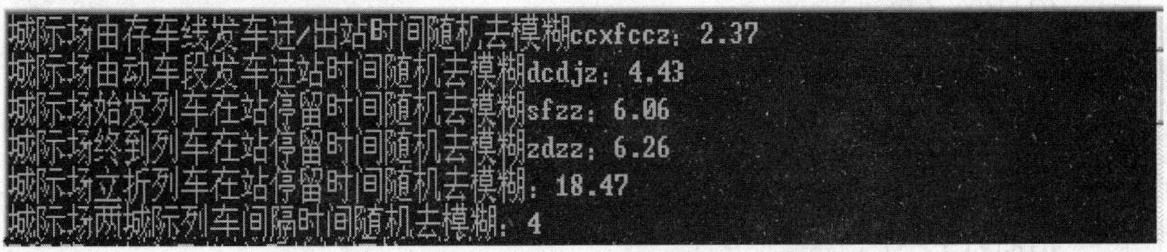

图 12　CJ1 列车占用股道时间项随机去模糊结果

数学关系式描述为：

$$X_1(k+1) = X_4(k)$$
$$X_2(k+1) = \max(X_1(k+1) + 2.37, X_{23}(k) + 4)$$
$$X_3(k+1) = X_2(k+1) + 6.06$$
$$X_4(k+1) = X_3(k+1) + 2.37$$
$$X_5(k+1) = X_8(k)$$
$$X_6(k+1) = \max(X_7(k+1) + 2.37, X_{19}(k+1) + 4)$$
$$X_7(k+1) = X_6(k+1) + 6.06$$
$$X_8(k+1) = X_7(k+1) + 2.37$$
$$X_9(k+1) = X_{12}(k)$$
$$X_{10}(k+1) = \max(X_9(k+1) + 2.37, X_7(k+1) + 4)$$
$$X_{11}(k+1) = X_{10}(k+1) + 6.06$$
$$X_{12}(k+1) = X_{11}(k+1) + 2.37$$
$$X_{13}(k+1) = X_{16}(k)$$
$$X_{14}(k+1) = \max(X_{13}(k+1) + 4.43, X_{11}(k+1) + 4)$$
$$X_{15}(k+1) = X_{14}(k+1) + 6.06$$
$$X_{16}(k+1) = X_{15}(k+1) + 2.37$$
$$X_{17}(k+1) = X_{20}(k)$$
$$X_{18}(k+1) = \max(X_{17}(k+1) + 4.43, X_3(k+1) + 4)$$
$$X_{19}(k+1) = X_{18}(k+1) + 6.06$$
$$X_{20}(k+1) = X_{19}(k+1) + 2.37$$
$$X_{21}(k+1) = X_{24}(k)$$
$$X_{22}(k+1) = \max(X_{21}(k+1) + 4.43, X_{15}(k+1) + 4)$$
$$X_{23}(k+1) = X_{22}(k+1) + 6.06$$
$$X_{24}(k+1) = X_{23}(k+1) + 2.37$$

$$A(2,1) = 2.37$$
$$A(3,2) = 6.06$$
$$A(4,3) = 2.37$$
$$A(6,5) = 2.37$$
$$A(7,6) = 6.06$$
$$A(8,7) = 2.37$$
$$A(10,9) = 2.37$$
$$A(11,10) = 6.06$$
$$A(12,11) = 2.37$$
$$A(14,13) = 4.43$$
$$A(15,14) = 6.06$$
$$A(16,15) = 2.37$$
$$A(18,17) = 2.37$$
$$A(19,18) = 6.06$$
$$A(20,19) = 2.37$$

$A(22,21) = 4.43$

$A(23,22) = 6.06$

$A(24,23) = 2.37$

$B(1,4) = 0$

$B(2,23) = 4$

$B(5,8) = 0$

$B(9,12) = 0$

$B(13,16) = 0$

$B(17,20) = 0$

$B(21,24) = 0$

$C(6,19) = 4$

$C(10,7) = 4$

$C(14,11) = 4$

$C(18,3) = 4$

$C(22,15) = 4$

运行 Scilab 求得特征向量 v' 与特征值 I，无解。

四、CJ1 列车第二次变换排序 cjl29c–cjl22f–cjl23f–cjl24f–cjl28c–cjl30c

1. 各时间项的随机去模糊结果截图

应用去模糊函数 deFuzzy[a，b，c] 及股道占用时序优化模型算法流程编写 C#控制台程序运行的变异排序列车占用 CJ1 过程中各时间项随机去模糊结果如图 13 所示：

```
城际场由存车线发车进/出站时间随机去模糊ccxfccz: 2.63
城际场由动车段发车进站时间随机去模糊dcdjz: 5.05
城际场始发列车在站停留时间随机去模糊sfzz: 7.05
城际场终到列车在站停留时间随机去模糊zdzz: 5.34
城际场立折列车在站停留时间随机去模糊: 18.05
城际场两城际列车间隔时间随机去模糊: 4
```

图 13   CJ1 列车占用股道时间项随机去模糊结果

2. CJ1 列车占用第二次变异排序 cjl29c-cjl22f-cjl23f-cjl24f-cjl28c-cjl30c

特征值与特征向量的 Scilab 计算

数学关系式描述：

$$X_1(k+1) = X_4(k)$$

$$X_2(k+1) = \max(X_1(k+1) + 2.63, X_{19}(k+1) + 4)$$

$$X_3(k+1) = X_2(k+1) + 7.05$$

$$X_4(k+1) = X_3(k+1) + 2.63$$

$$X_5(k+1) = X_8(k)$$

$$X_6(k+1) = \max(X_5(k+1) + 2.63, X_3(k+1) + 4)$$

$$X_7(k+1) = X_6(k+1) + 7.05$$

$$X_8(k+1) = X_7(k+1) + 2.63$$
$$X_9(k+1) = X_{12}(k)$$
$$X_{10}(k+1) = \max(X_9(k+1) + 2.63, X_7(k+1) + 4)$$
$$X_{11}(k+1) = X_{10}(k+1) + 7.05$$
$$X_{12}(k+1) = X_{11}(k+1) + 2.63$$
$$X_{13}(k+1) = X_{16}(k)$$
$$X_{14}(k+1) = \max(X_{13}(k+1) + 5.05, X_{11}(k+1) + 4)$$
$$X_{15}(k+1) = X_{14}(k+1) + 7.05$$
$$X_{16}(k+1) = X_{15}(k+1) + 2.63$$
$$X_{17}(k+1) = X_{20}(k)$$
$$X_{18}(k+1) = \max(X_{17}(k+1) + 5.05, X_{23}(k) + 4)$$
$$X_{19}(k+1) = X_{18}(k+1) + 7.05$$
$$X_{20}(k+1) = X_{19}(k+1) + 2.63$$
$$X_{21}(k+1) = X_{24}(k)$$
$$X_{22}(k+1) = \max(X_{21}(k+1) + 5.05, X_{15}(k+1) + 4)$$
$$X_{23}(k+1) = X_{22}(k+1) + 7.05$$
$$X_{24}(k+1) = X_{23}(k+1) + 2.63$$

max-plus 矩阵式描述:

$$X(k+1)$$
$$= AX(k+1) \oplus BX(k) \oplus CX(k+1)$$
$$= AX(k+1) \oplus CX(k+1) \oplus BX(k)$$
$$= (A \oplus C)X(k+1) \oplus BX(k)$$
$$= (A \oplus C)^* BX(k)$$

其中:

$$A(18,17) = 5.05$$
$$A(19,18) = 7.05$$
$$A(20,19) = 2.63$$
$$A(2,1) = 2.63$$
$$A(3,2) = 7.05$$
$$A(4,3) = 2.63$$
$$A(6,5) = 2.63$$
$$A(7,6) = 7.05$$
$$A(8,7) = 2.63$$
$$A(10,9) = 2.63$$
$$A(11,10) = 7.05$$
$$A(12,11) = 2.63$$
$$A(14,13) = 5.05$$
$$A(15,14) = 7.05$$

$A(16,15) = 2.63$

$A(22,21) = 5.05$

$A(23,22) = 7.05$

$A(24,23) = 2.63$

$B(17,20) = 0$

$B(18,23) = 4$

$B(1,4) = 0$

$B(5,8) = 0$

$B(9,12) = 0$

$B(13,16) = 0$

$B(21,24) = 0$

$C(2,19) = 4$

$C(6,3) = 4$

$C(10,7) = 4$

$C(14,11) = 4$

$C(22,15) = 4$

运行 Scilab 求出特征向量 v 与特征值 I 分别为：

$v=$

330.175

343.91

350.96

353.59

341.225

354.96

- Inf

- Inf

352.275

- Inf

373.06

375.69

363.325

377.06

384.11

386.74

319.125

332.86

339.91

342.54

331.49

345.225

352.275

354.905

$I =$

23.415

依此排序再次生成依此排序的各时间项随机去模糊时间值如图 14 所示:

图 14　CJ1 列车占用股道时间项随机去模糊结果

数学关系描述:

$$X_1(k+1) = X_4(k)$$

$$X_2(k+1) = \max(X_1(k+1) + 2.17, X_{19}(k+1) + 4)$$

$$X_3(k+1) = X_2(k+1) + 7.52$$

$$X_4(k+1) = X_3(k+1) + 2.17$$

$$X_5(k+1) = X_8(k)$$

$$X_6(k+1) = \max(X_5(k+1) + 2.17, X_3(k+1) + 4)$$

$$X_7(k+1) = X_6(k+1) + 7.52$$

$$X_8(k+1) = X_7(k+1) + 2.17$$

$$X_9(k+1) = X_{12}(k)$$

$$X_{10}(k+1) = \max(X_9(k+1) + 2.17, X_7(k+1) + 4)$$

$$X_{11}(k+1) = X_{10}(k+1) + 7.52$$

$$X_{12}(k+1) = X_{11}(k+1) + 2.17$$

$$X_{13}(k+1) = X_{16}(k)$$

$$X_{14}(k+1) = \max(X_{13}(k+1) + 5.19, X_{11}(k+1) + 4)$$

$$X_{15}(k+1) = X_{14}(k+1) + 7.52$$

$$X_{16}(k+1) = X_{15}(k+1) + 2.17$$

$$X_{17}(k+1) = X_{20}(k)$$

$$X_{18}(k+1) = \max(X_{17}(k+1) + 5.19, X_{23}(k) + 4)$$

$$X_{19}(k+1) = X_{18}(k+1) + 7.52$$

$$X_{20}(k+1) = X_{19}(k+1) + 2.17$$
$$X_{21}(k+1) = X_{24}(k)$$
$$X_{22}(k+1) = \max(X_{21}(k+1) + 5.19, X_{15}(k+1) + 4)$$
$$X_{23}(k+1) = X_{22}(k+1) + 7.52$$
$$X_{24}(k+1) = X_{23}(k+1) + 2.17$$

max-plus 矩阵式描述：

$$X(k+1)$$
$$= AX(k+1) \oplus BX(k) \oplus CX(k+1)$$
$$= AX(k+1) \oplus CX(k+1) \oplus BX(k)$$
$$= (A \oplus C)X(k+1) \oplus BX(k)$$
$$= (A \oplus C)^{*} BX(k)$$

其中：

$$A(18,17) = 5.19$$
$$A(19,18) = 7.52$$
$$A(20,19) = 2.17$$
$$A(2,1) = 2.17$$
$$A(3,2) = 7.52$$
$$A(4,3) = 2.17$$
$$A(6,5) = 2.17$$
$$A(7,6) = 7.52$$
$$A(8,7) = 2.17$$
$$A(10,9) = 2.17$$
$$A(11,10) = 7.52$$
$$A(12,11) = 2.17$$
$$A(14,13) = 5.19$$
$$A(15,14) = 7.52$$
$$A(16,15) = 2.17$$
$$A(22,21) = 5.19$$
$$A(23,22) = 7.52$$
$$A(24,23) = 2.17$$

$$B(17,20) = 0$$
$$B(18,23) = 4$$
$$B(1,4) = 0$$
$$B(5,8) = 0$$
$$B(9,12) = 0$$
$$B(13,16) = 0$$
$$B(21,24) = 0$$

$C(2,19) = 4$

$C(6,3) = 4$

$C(10,7) = 4$

$C(14,11) = 4$

$C(22,15) = 4$

运行 Scilab 求得特征向量 v 与特征值 I 分别为：

$v =$

291.775

306.21

313.73

315.9

303.295

317.73

325.25

327.42

314.815

329.25

336.77

338.94

326.335

340.77

348.29

350.46

280.255

294.69

302.21

304.38

292.86

307.295

314.815

316.985

$I =$

24.125

以此作为 CJ1 列车占用优化排序排序方案。

附录 D

表 1　普速场运行线径路资源占用起止时刻

序号	列车运行线	列车运行径路	车站咽喉区 a 占用起止时刻		车站咽喉区 b 占用起止时刻		股道占用起止时刻	
			开始时刻	结束时刻	开始时刻	结束时刻	开始时刻	结束时刻
1	Ps10	a-ps1-b	−3.74	00	00	3.74	00	00
2	Ps11	a-ps2-b	39.26	43	43	46.74	43	43
3	Ps12	a-ps3-b	5.26	09	09	12.74	09	09
4	Ps13	a-ps4-b	14.26	18	18	21.74	18	18
5	Ps14	a-ps5-b	23.26	27	27	30.74	27	27
6	Ps15	a-ps1-b	31.26	35	35	38.74	35	35

表 2　高速场运行线径路资源占用起止时刻

序号	列车运行线	列车运行径路	车站咽喉区 c 占用起止时刻		车站咽喉区 d 占用起止时刻		股道占用起止时刻				作业类型
			开始时刻	结束时刻	开始时刻	结束时刻	开始时刻	结束时刻	开始时刻	结束时刻	
1	gs2118	c-GS1-d-GS7-c	−4.01	00	08	11.63	00	08	GS1		上行到达
			33	36.55	12.45	16	GS7		16	33	折返出发
2	gs1112	c-GS1-d-GS7-c	16.91	19	25	28.53	19	25	GS1		上行到达
			51	52.17	41.43	45	GS7		45	51	折返出发
3	gs116	c-GS8-d-GS1-c	152	154.09	142.47	146	146	152	GS1		下行始发
			134.44	138	138	141.37	GS8		138	138	出段进站
4	gs117	c-GS9-d-GS2-c	69	71.55	59.4	63	63	69	GS2		下行始发
			51.24	55	55	58.53	GS9		55	55	出段进站
5	gs1113	c-GS2-d-GS8-c	71.45	74	80	83.6	74	80	GS2		上行到达
			277	279.23	266.44	270	GS8		270	277	折返出发
6	gs2119	c-GS2-d-GS8-c	79.61	84	102	105.51	84	102	GS2		上行到达
			128	131.53	106.47	110	GS8		110	128	折返出发
7	gs2120	c-GS3-d-GS9-c	137.97	142	159	162.55	142	159	GS3		上行到达
			184	187.62	163.38	167	GS9		167	184	折返出发

序号	列车运行线	列车运行径路	车站咽喉区c占用起止时刻		车站咽喉区d占用起止时刻		股道占用起止时刻				作业类型
			开始时刻	结束时刻	开始时刻	结束时刻	开始时刻	结束时刻	开始时刻	结束时刻	
8	gs2114	c-GS3-d-GS9-c	184.97	189	206	209.55	189	206	GS3		上行到达
			528	531.62	507.38	511	GS9		511	528	折返出发
9	gs118	c-GS10-d-GS3-c	266	267.11	244.48	248	248	266	GS3		下行始发
			237.56	240	240	243.54	GS10		240	240	出段进站
10	gs2121	c-GS4-d-GS10-c	275.9	281	299	302.51	281	299	GS4		上行到达
			351	354.51	329.49	333	GS10		333	351	折返出发
11	gs2115	c-GS4-d-GS10-c	299.9	305	322	308.51	305	322	GS4		上行到达
			348	351.51	326.49	330	GS10		330	348	折返出发
12	gs119	c-GS11-d-GS4-c	375	377.06	365.45	369	369	375	GS4		下行始发
			361	364.74	361	363.52	GS11		361	361	出段进站
13	gs2116	c-GS5-d-GS11-c	373.77	379	397	400.52	379	397	GS5		上行到达
			424	527.58	401.42	405	GS11		405	424	折返出发
14	gs1110	c-GS12-d-GS5-c	451	452.03	439.45	443	443	451	GS5		下行始发
			431.4	435	435	438.53	GS12		435	435	出段进站
15	gs2117	c-GS6-d-GS12-c	451.2	456	475	478.52	456	475	GS6		上行到达
			501	504.53	479.47	483	GS12		483	501	折返出发
16	gs1111	c-GS8-d-GS6-c	544	546.1	533.49	537	537	544	GS6		下行始发
			512	508.63	512	515.6	GS12		512	512	出段进站

表3　城际场运行线径路资源占用起止时刻

序号	列车运行线	列车运行径路	车站咽喉区c占用起止时刻		车站咽喉区e占用起止时刻		车站咽喉区f占用起止时刻		车站咽喉区g占用起止时刻		股道占用		股道占用		作业类型
			开始时刻	结束时刻	开始时刻	结束时刻	开始时刻	结束时刻	开始时刻	结束时刻	开始时刻	结束时刻	开始时刻	结束时刻	
1	cjl29c	c-e-f-CJ1-g	-5.19	-2.6	-2.6	-1.3	-1.3	00	08	10.17	00	08	CJ1		由动车段所发车
2	cjl22f	e-f-CJ1-g			9.83	10.1	10.1	12	20	22.17	12	20	CJ1		由存车线发车
3	cjl23f	e-f-CJ1-g			21.83	22.92	22.92	24	32	34.17	24	32	CJ1		由存车线发车
4	cjl24f	e-f-CJ1-g			33.83	34.92	34.92	36	44	46.17	36	44	CJ1		由存车线发车
5	cjl28c	c-e-f-CJ1-g	42.9	45.46	45.46	46.73	46.73	48	56	58.17	48	56	CJ1		由动车段所发车

续表

序号	列车运行线	列车运行径路	车站咽喉区c占用起止时刻		车站咽喉区e占用起止时刻		车站咽喉区f占用起止时刻		车站咽喉区g占用起止时刻		股道占用		股道占用		作业类型
			开始时刻	结束时刻	开始时刻	结束时刻	开始时刻	结束时刻	开始时刻	结束时刻	开始时刻	结束时刻	开始时刻	结束时刻	
6	cjl30c	c-e-f-CJ1-g	54.81	57.4	57.4	58.7	58.7	60	68	70.17	60	68	CJ1		由动车段所发车
7	cjl31c	c-e-f-CJ2-g	66.36	69.28	69.28	70.64	70.64	72	80	82.03	72	80	CJ2		由动车段所发车
8	cjl25f	e-f-CJ2-g			81.97	82.99	82.99	84	92	94.03	84	92	CJ2		由存车线发车
9	cjl26f	e-f-CJ2-g			93.97	94.99	94.99	96	104	106.03	96	104	CJ2		由存车线发车
10	cjl27f				106	106.99	106.99	108	116	118.03	108	116	CJ2		由存车线发车
11	cjl32h	g-CJ6-f-QCI-f-CJ3-g					163.48	166	184	186.52	166	184	CJ3		折返出发
							139	141	118	121	CJ6		121	139	上行到达
12	cjl33h	g-CJ6-f-QCI-f-CJ3-g					185.48	188	206	208.52	188	206	CJ3		折返出发
							162	164	141	144	CJ6		144	162	上行到达
13	cjl35h	g-CJ7-f-QCI-f-CJ4-g					275.5	278	296	298.5	278	296	CJ4		折返出发
							251	252	230	232	CJ7		232	251	上行到达
14	cjl36h	g-CJ7-f-QCI-f-CJ4-g					297.5	300	318	320.5	300	318	CJ4		折返出发
							274	275	253	255	CJ7		255	274	上行到达
15	cjl34h	gCJ6-g-QCI-f-CJ5-g					228	230	207	210	CJ6		210	228	上行到达
							319.5	322	340	342.5	322	340	CJ5		折返出发

表4　调整后的城际场运行线径路资源占用起止时刻

序号	列车运行线	列车运行径路	车站咽喉区c占用起止时刻		车站咽喉区e占用起止时刻		车站咽喉区f占用起止时刻		车站咽喉区g占用起止时刻		股道占用		股道占用		作业类型
			开始时刻	结束时刻	开始时刻	结束时刻	开始时刻	结束时刻	开始时刻	结束时刻	开始时刻	结束时刻	开始时刻	结束时刻	
1	cjl29c	c-e-f-CJ1-g	-5.19	-2.6	-2.6	-1.3	-1.3	00	08	10.17	00	08	CJ1		由动车段所发车
2	cjl22f	e-f-CJ1-g			9.83	10.1	10.1	12	20	22.17	12	20	CJ1		由存车线发车

续表

序号	列车运行线	列车运行径路	车站咽喉区c占用起止时刻 开始时刻	结束时刻	车站咽喉区e占用起止时刻 开始时刻	结束时刻	车站咽喉区f占用起止时刻 开始时刻	结束时刻	车站咽喉区g占用起止时刻 开始时刻	结束时刻	股道占用 开始时刻	结束时刻	股道占用 开始时刻	结束时刻	作业类型
3	cjl23f	e-f-CJ1-g			21.83	22.92	22.92	24	32	34.17	24	32	CJ1		由存车线发车
4	cjl24f	e-f-CJ1-g			33.83	34.92	34.92	36	44	46.17	36	44	CJ1		由存车线发车
5	cjl28c	c-e-f-CJ1-g	42.9	45.46	45.46	46.73	46.73	48	56	58.17	48	56	CJ1		由动车段所发车
6	cjl30c	c-e-f-CJ1-g	59.81	62.4	62.4	63.7	63.7	65	73	75.17	65	73	CJ1		由动车段所发车
7	cjl31c	c-e-f-CJ2-g	71.36	74.28	74.28	75.64	75.64	77	85	87.03	77	85	CJ2		由动车段所发车
8	cjl25f	e-f-CJ2-g			86.97	87.99	87.99	89	97	99.03	89	97	CJ2		由存车线发车
9	cjl26f	e-f-CJ2-g			98.97	99.99	99.99	101	109	111	101	109	CJ2		由存车线发车
10	cjl27f				111	112	112	113	121	123	113	121	CJ2		由存车线发车
11	cjl32h	g-CJ6-f-QCI-f-CJ3-g					168.5	171	189	191.5	171	189	CJ3		折返出发
12							144	145.5	123	126	CJ6		126	144	上行到达
13	cjl33h	g-CJ6-f-QCI-f-CJ3-g					190.5	193	211	213.5	194	211	CJ3		折返出发
14							168.5	167	146	149	CJ6		149	167	上行到达
15	cjl35h	g-CJ7-f-QCI-f-CJ4-g					280.5	283	301	303.5	283	301	CJ4		折返出发
16							256	257.4	235	237	CJ7		237	256	上行到达
17	cjl36h	g-CJ7-f-QCI-f-CJ4-g					302.5	305	323	325.5	305	323	CJ4		折返出发
18							279	280.4	258	260	CJ7		260	279	上行到达
19	cjl34h	gCJ6-g-QCI-f-CJ5-g					232	234.5	212	215	CJ6		215	233	上行到达
20							324.5	325	345	347.5	327	345	CJ5		折返出发

附录 E

t@l-tsdis 任务列表中列车进入/离开各车站—区间单元时间

BJN-LF

ID	XENTER	XLEAVE	SENTER	SLEAVE
0	0	12	−7	5
1	15	27	9	21
2	25	37	19	31
3	35	47	29	41
4	45	57	39	51
5	65	77	59	71
6	75	87	69	81
7	85	97	79	91
8	95	107	89	101
9	125	137	119	131
10	135	150	126	141
11	145	160	136	151
12	155	170	146	161

LF-TJN

ID	XENTER	XLEAVE	SENTER	SLEAVE
0	12	27	−22	−7
1	27	42	−6	9
2	44	59	9	24
3	54	69	19	34
4	64	79	29	44
5	79	94	44	59
6	94	109	59	74
7	104	119	69	84
8	114	129	79	94
9	144	159	109	124
10	157	175	119	137
11	167	185	129	147
12	177	195	139	157

TJN-CZX

ID	XENTER	XLEAVE	SENTER	SLEAVE
0	27	45	−40	−22
1	42	60	−24	−6
2	61	79	−8	10
3	69	89	2	20
4	79	97	12	30
5	94	112	25	43
6	109	127	42	60
7	119	137	52	70
8	129	147	62	80
9	159	177	92	110
10	175	197	101	121
11	185	207	111	131
12	195	217	123	145

CZX-DZD

ID	XENTER	XLEAVE	SENTER	SLEAVE
0	45	67	−60	−38
1	60	82	−44	−22
2	79	101	−28	−6
3	88	110	−17	5
4	97	119	−7	15
5	113	135	6	28
6	127	149	23	45
7	139	161	33	55
8	147	169	43	67
9	177	199	73	95
10	197	223	82	108
11	207	233	92	118
12	217	243	104	130

DZD-JNX

ID	XENTER	XLEAVE	SENTER	SLEAVE
0	67	86	−79	−60
1	82	101	−63	−44
2	101	120	−49	−30
3	110	129	−36	−17
4	119	138	−36	−7
5	136	155	−12	7
6	149	168	5	24
7	161	180	15	34
8	169	188	27	46
9	201	220	55	74
10	223	246	61	84
11	235	258	71	94
12	246	269	81	104

JNX-TA

ID	XENTER	XLEAVE	SENTER	SLEAVE
0	86	95	−88	−79
1	103	112	−74	−65
2	122	131	−60	−51
3	132	141	−47	−38
4	144	153	−37	−28
5	157	166	−21	−12
6	170	179	−5	4
7	182	191	5	14
8	192	201	17	26
9	222	231	44	53
10	248	259	54	63
11	261	272	64	75
12	271	282	74	85
13	281	292	84	95

TA-QFD

ID	XENTER	XLEAVE	SENTER	SLEAVE
0	95	110	−103	−88
1	112	127	−89	−74
2	131	146	−75	−60
3	144	159	−64	−49
4	155	170	−52	−37
5	166	181	−38	−23
6	181	196	−22	−7
7	191	206	−9	6
8	203	218	1	16
9	231	246	30	45
10	259	277	37	55
11	272	290	48	66
12	282	300	58	76
13	295	317	64	86

QFD-TZD

ID	XENTER	XLEAVE	SENTER	SLEAVE
0	110	122	−115	−103
1	127	139	−101	−89
2	146	158	−87	−75
3	159	171	−76	−64
4	170	182	−64	−52
5	181	193	−50	−38
6	196	208	−34	−22
7	206	218	−21	−9
8	218	230	−10	2
9	248	260	17	29
10	277	291	25	39
11	292	306	35	49
12	302	316	45	59
13	322	339	52	69

TZD-ZZ

ID	XENTER	XLEAVE	SENTER	SLEAVE
0	122	130	−123	−115
1	139	147	−109	−101
2	158	166	−95	−87
3	171	179	−84	−76
4	182	190	−72	−64
5	193	201	−58	−50
6	208	215.2	−42	−34
7	220	228	−29	−21
8	230	238	−18	−10
9	264	272	10	18
10	292	301	19	28
11	306	315	29	38
12	318	327	39	48
13	341	352	46	57

TZD-ZZ

ID	XENTER	XLEAVE	SENTER	SLEAVE
0	122	130	−123	−115
1	139	147	−109	−101
2	158	166	−95	−87
3	171	179	−84	−76
4	182	190	−72	−64
5	193	201	−58	−50
6	208	215.2	−42	−34
7	220	228	−29	−21
8	230	238	−18	−10
9	264	272	10	18
10	292	301	19	28
11	306	315	29	38
12	318	327	39	48
13	341	352	46	57

ZZ-XZD

ID	XENTER	XLEAVE	SENTER	SLEAVE
0	130	143	−136	−123
1	147	160	−122	−109
2	166	179	−108	−95
3	179	192	−97	−84
4	190	203	−85	−72
5	201	214	−71	−58
6	216	229	−55	−42
7	228	241	−42	−29
8	238	251	−31	−18
9	272	285	−2	11
10	301	317	4	20
11	315	331	14	30
12	327	343	24	40
13	361	380	31	50

XZD-SZD

ID	XENTER	XLEAVE	SENTER	SLEAVE
0	143	159	−152	−136
1	162	178	−138	−122
2	181	197	−126	−110
3	192	208	−116	−100
4	205	221	−103	−87
5	217	233	−89	−73
6	229	245	−71	−55
7	241	257	−60	−44
8	253	267	−47	−31
9	287	303	−18	−2
10	317	336	−10	8
11	332	351	0	19
12	348	367	10	29

SZD-BBN

ID	XENTER	SLEAVE	SENTER	SLEAVE
0	159	175	−168	−152
1	178	194	−154	−138
2	197	213	−142	−126
3	208	224	−132	−116
4	221	237	−119	−103
5	233	249	−106	−90
6	245	261	−87	−71
7	257	273	−76	−60
8	269	285	−63	−47
9	303	319	−34	−18
10	338	357	−27	−8
11	351	370	−15	4
12	367	386	−5	14

BBN-DY

ID	XENTER	XLEAVE	SENTER	SLEAVE
0	175	186	−179	−168
1	194	205	−165	−154
2	213	224	−155	−144
3	227	238	−143	−132
4	237	248	−132	−121
5	249	260	−117	−106
6	261	272	−100	−89
7	282	293	−87	−76
8	294	305	−74	−63
9	325	336	−45	−34
10	357	370	−37	−24
11	370	383	−25	−12
12	386	399	−15	−2

DY-CZ

ID	XENTER	XLEAVE	SENTER	SLEAVE
0	186	199	−192	−179
1	205	218	−178	−165
2	224	237	−168	−155
3	238	251	−156	−143
4	248	261	−155	−132
5	260	273	−130	−117
6	272	285	−113	−100
7	293	306	−100	−87
8	305	318	−87	−74
9	338	351	−58	−45
10	370	385	−50	−35
11	383	398	−38	−23
12	399	414	−28	−13

CZ-NJN

ID	XENTER	XLEAVE	SENTER	SLEAVE
0	199	211	−204	−192
1	218	230	−190	−178
2	237	249	−180	−168
3	251	263	−168	−156
4	263	275	−157	−145
5	273	285	−142	−130
6	287	299	−125	−113
7	306	318	−112	−100
8	318	330	−101	−89
9	353	365	−70	−58
10	385	400	−63	−48
11	398	413	−62	−37
12	414	429	−41	−26

NJN-ZJN

ID	XENTER	XLEAVE	SENTER	SLEAVE
0	213	227	−220	−206
1	232	246	−206	−192
2	251	265	−196	−182
3	265	279	−184	−170
4	278	292	−173	−159
5	288	302	−158	−144
6	301	315	−141	−127
7	320	334	−128	−114
8	332	346	−117	−103
9	366	380	−86	−72
10	402	419	−79	−62
11	415	432	−68	−51
12	432	449	−57	−40

DYB-CZB

ID	XENTER	XLEAVE	SENTER	SLEAVE
0	232	239	−232	−225
1	251	258	−218	−211
2	270	277	−208	−201
3	284	291	−196	−189
4	297	304	−185	−178
5	307	314	−170	−163
6	320	327	−154	−147
7	343	350	−142	−135
8	353	360	−131	−124
9	389	396	−98	−91
10	426	434	−88	−81
11	440	448	−78	−70
12	455	463	−67	−59

CZB-WXD

ID	XENTER	XLEAVE	SENTER	SLEAVE
0	239	251	−244	−232
1	258	270	−230	−218
2	277	289	−220	−208
3	292	304	−209	−197
4	304	316	−197	−185
5	314	326	−184	−172
6	329	341	−166	−154
7	350	362	−154	−142
8	360	372	−143	−131
9	396	408	−110	−98
10	434	448	−103	−89
11	448	462	−94	−80
12	463	477	−83	−69

WXD-SZB

ID	XENTER	XLEAVE	SENTER	SLEAVE
0	251	257	−250	−244
1	270	276	−236	−230
2	291	297	−226	−220
3	304	310	−215	−209
4	316	322	−205	−199
5	328	334	−190	−184
6	341	347	−172	−166
7	362	368	−162	−156
8	373	379	−149	−143
9	411	417	−119	−113
10	448	455	−109	−102
11	462	469	−98	−91
12	479	486	−87	−80

SZB-KSN

ID	XENTER	XLEAVE	SENTER	SLEAVE
0	257	264	−257	−250
1	276	283	−243	−236
2	297	304	−233	−226
3	310	317	−222	−215
4	324	331	−214	−207
5	334	341	−197	−190
6	349	356	−181	−174
7	368	375	−169	−162
8	379	386	−156	−149
9	417	424	−126	−119
10	455	463	−116	−108
11	469	477	−105	−97
12	486	494	−94	−86

KSN-SHHQ

ID	XENTER	XLEAVE	SENTER	SLEAVE
0	264	273	−266	−257
1	283	292	−252	−243
2	304	313	−242	−233
3	319	328	−231	−222
4	331	340	−221	−212
5	341	350	−206	−197
6	358	367	−191	−182
7	375	384	−178	−169
8	386	395	−165	−156
9	426	435	−135	−126
10	465	476	−128	−117
11	477	488	−116	−105
12	494	505	−105	−94